한국어로 내려온
New Bible

새로운
성 경

제**144**권

9부 | 총10부

하얀마음

하나님 말씀 중에서

1. 사랑의 하나님

- 세상을 창조하신 하나님은 모두를 사랑하신다. 인간만 특별히 더 사랑하지 않고, 우주 만물을 다 똑같이 사랑하신다. 그러니 하나님이 창조하신 천지 만물과 화친하고, 미물까지도 소중히 대하라.

- 하나님은 특정 종파나 민족만을 더 사랑하지 않으신다. 자기 자신만 구원받겠다는 욕심을 버리고, 자기 종파만 구원받는다는 편협한 교리에서 벗어나야 한다. 종파를 초월해서, 모두를 사랑하라.

- 원수까지 사랑하라 했으니, 이 세상에 사랑하지 못할 자가 누가 있겠는가? 종파가 다르다고 해서 부모 형제와 원수처럼 지내는 자는 인간의 근본을 모르는 자다. 가장 가까운 가족부터 사랑할 때 남도 진심으로 사랑할 수 있다.

- 한 사람을 원수같이 생각하던 마음에서 사랑하는 마음으로 돌리면, 자기 자신의 마음이 가장 기쁘고 행복하다. 하나님께서는 인간의 마음속에 무거움이 없이 기쁘고 행복한 삶을 살기를 바라신다.

- 이웃을 "내 몸처럼" 사랑하라 했으니, 마지막 한 장 남은 천국의 티켓도 이웃에게 양보하라. 자기 중심적인 신앙에서 벗어나서 남을 위해 살아야 한다.

- 독초도, 약초도, 이단도 사탄도 천사도 다 필요하기에 존재한다. 독초일지라도 극소량을 사용해서 생명을 살릴 수 있고, 약초라 하더라도 남용하면 생명을 잃을 수 있다.

- 세상 모든 것을 명약으로 활용하는 것은 인간의 지혜에 달렸다. 어떤 것이든 어떤 사람이든 적재적소에 꼭 필요한 명약으로 승화시키라.

- 사탄도 이단도 천사도 모두 하나님의 주관하에 존재한다. 진정한 하나님의 백성은 사탄과 마귀까지도 감화시켜서 천사로 거듭나게 한다.

2. 기도

- 하나님은 인간의 생각까지 모두를 다 알고 계신다. 우리의 소원도 이미 알고 계시기에, 소원의 기도를 할 필요가 없다. 우리가 받을 자격이 되면 내려 주신다.

- 죄를 짓고 아무리 회개를 해도 용서받지 못한다. 도둑질한 자는 용서해 달라고 기도하고, 도둑맞은 자는 도둑을 잡게 해 달라고 기도하면, 공의의 하나님은 누구의 편에 서시겠는가?

- 자기가 잘못한 것은 그 사람에게 직접 갚고 용서를 구하라. 그가 용서하면 하나님도 용서하신다. 땅에서 매면 하늘에서도 매이고, 땅에서 풀리면 하늘에서도 풀리는 이치다.

- "회당에서 기도하지 말고 골방에서 기도하라" 했다. 눈에 보이는 골방이 아니라, 골방과 같이 고요한 마음이다. 잡념을 버리고 하나님을 향해 마음을 집중하며, 사랑하고 용서하는 아름다운 생각만 나오도록 하라.

- "두드리면 열릴 것이다." 하는 것은 육의 소원을 위해 두드리라는 것이 아니라, 진리의 깨달음을 얻기 위해 두드리라는 것이다.

- 기도하는 방법: 생활 속에서 수시로 기도하는 삶을 살아야 한다.

- "저의 죄를 용서하여 주옵소서." 하는 회개의 기도를 하라.
- 범사에 "하나님! 감사합니다." 하라. 현재 가진 것에 감사하며, 과욕하지 말라. 자기 노력 이상의 것을 더 갖고자 기도하는 것은 도둑놈심보다. 공의의 하나님은 각자 노력한 만큼 주신다.
- "하나님 뜻대로 살아가겠나이다." 하며 마음의 각오를 다지라.

- 기도는 하나님의 말씀을 받아서 "행하는 것"이다. 하나님이 계심을 굳건히 믿고, 하늘을 향하여 한 점 부끄럼 없이 사는 삶 자체가 가장 위대한 기도이며, 삶이 곧 예배다.

3. 지도자

- 똑같이 사랑한다는 말을 해도, 순수하게 하는 말은 천사의 말이지만, 사기 쳐서 재산을 가로채려고 하는 말은 사탄의 말이다.

- 종교 지도자가 아무리 훌륭한 설교를 해도, 신도의 재물을 거둬서 더 큰 교회를 짓고 자기의 부귀영화를 바라며 설교하면 사탄의 가르침이 된다.

- "저희 교회는 만원사례요, 믿음은 다 같으니 이웃의 개척 교회에 가서 예배를 드리시오." 하며, 이웃 교회의 부흥을 먼저 생각하여 제 신도를 보내는 종교 지도자가 있다면 그를 따르라. 그가 하나님의 사랑을 실천하는 자다.

- "부자가 천국에 들어가는 것은 낙타가 바늘구멍을 통과하는 것보다 더 힘들다" 하였거늘, 지금의 교회에서는 부자가 되기만을 기도하고 소원하니, 이는 곧 천국을 포기하고 지옥 행 열차의 티켓을 사는 것과 같다.

- 예수는 빈손이었다. 종교 지도자가 예수보다 더 호화롭고 편안하게 살아간다면 잘못된 것이다. 부귀영화와 명예를 바라는 자는 절대로 갈 수 없는 좁고 협착한 길이 종교 지도자의 길이다.

- 종교 지도자는 유리로 비춰 봐 한 점의 부끄러움이 없이 살아야 한다. 의식주도 직접 일해서 해결하고, 예수의 가르침과 행함을 그대로 따라야 한다.

- 종말은 없다. 지금의 잘못 가는 종교 집단에게만 종말이 있다. 보이지 않는 하나님은 보이는 육의 종말은 관여하지 않으신다. 환경 파괴로 인간이 스스로 멸망을 자초하는 것이다. 종파끼리 싸우기 전에, 무너진 인성을 바로잡고 지구의 몸살을 해결하는 데 뜻을 모으는 게 급선무다.

4. 성전이란

- 이 세상 자체가 하나님께서 만드신 성전이다. 자연보다 더 아름다운 성전이 있는가? 보이는 건물이 성전이 아니라, 성스러운 마음가짐이 성전이다.

- 반석 위에 교회를 지으라 했다. 지상의 단단한 돌은 인간이 쪼갤 수 있으나, 마음속의 굳은 결의는 세상 무엇으로도 쪼갤 수 없다. 바르고 굳건한 믿음으로 성경의 가르침을 실천하는 것이 마음의 반석 위에 교회를 짓는 것이다.

- 손으로 지은 건물의 교회에 모여서 복음을 전하는 것이 아니라, 교회를 개인과 가정에 심어 주어야 한다. 무너지고 부서지는 건물을 짓지 말고, 마음속에 영원히 불변하는 참진리의 교회를 지으라.

5. 십계명

- 십계명은 인간이 죽어서 반드시 통과해야만 하는 열 개의 관문이다.
  - 부모를 공경하지 아니한 자는 "네 부모를 공경하라." 하는 제5계명의 관문이 열리지 않으니 구원받을 수 없다.
  - 살인, 간음, 거짓, 우상 등의 나머지 계명도 마찬가지다.

- 십계명은 하나님의 친필이다. 모기소리만 한 하나님의 음성이라도 들어 보겠다고 여기저기 찾아 헤매지 말고, 십계명부터 암송하고 지키라.

- 십계명은 영혼을 구원하는 양식이며, 십계명을 지키는 것이 구원을 받는 길이다. 인간이기에 지키고자 노력하고 또 노력한다면 지킬 수 있다.

- 십계명을 지키고 천사처럼 아름답게 살아가는 그 마음 하나면 세상에 이루어지지 않는 것이 없다.

6. 보물

- 하나님은 재물이 아니라 우리의 마음을 받으신다. 사랑을 실천하며 천사처럼 변하는 마음이 하나님께 바치는 보물이다.

- 보이지 않는 하나님께 재물을 바치려 하지 말고, 너희를 길러 준 부모에게 용돈 드리고, 찾아뵙고, 효성을 다하라. 그것이 하나님께 효도하는 것이다.

- 하늘에는 선과 악의 창고가 있다. 자기 창고에 선이 많으면 천국으로 구원을 받고, 악이 많으면 심판받아 지옥으로 간다. 그것이 바로 "선한 일을 행한 자는 생명의 부활로, 악한 일을 행한 자는 심판의 부활로" 나오는 것이다.

- "선악과를 따먹지 말라"는 것은 양심을 지키라는 것이다. 선과 악을 구분할 수 있는 양심을 최초에 인간에게 주셨다. 선한 열매는 취하고, 악한 열매는 버리며, 양심에 비추어 부끄럼 없는 삶을 살아가라.

- 가장 작은 거짓말을 하지 않고, 가장 작은 죄를 짓지 않으며, 가장 작은 선행을 하고, 가장 작은 악행을 멀리하는 것이 율법의 일점 일획도 빠뜨리지 말고 다 지키는 삶을 사는 것이다.

7. 우상

- 박물관에 있는 불상은 하나의 예술품이다. 그 조각품에 대고 제 소원을 빌 때 우상숭배가 된다. 십자가라 하여도 그 앞에서 소원을 빈다면 우상숭배하는 것이며, 하나님께 소원을 빈다면 하나님을 우상으로 전락시키는 것이다.

- 지금 기복신앙에 젖어 있는 모든 사람이 우상 앞에 절을 하고 있다. 조각품을 우상이라며 파괴하지 말고, 네 마음속에 있는 욕심의 우상을 무너트리라.

- 생수를 약초가 먹으면 약을 만들고 독사가 먹으면 독을 만든다. 같은 성경을 봐도 선한 지도자는 신도를 천사로 만드는 데 활용한다. 그러나 욕심이 가득한 지도자는 재물을 거두어들여 제가 부귀영화를 누리는 데 악용한다. 그가 바로 성경을 우상숭배의 도구로 전락시키는 거짓 선지자다.

- 성경을 한 획도 빼거나 더하지 말라는 것은, 그 가르침을 빠트리지 말고 온전히 지키라는 것이다. 성경 속에서 자기에게 유리한 구절만 보는 것은, 자기에게 불리한 구절들을 빼 버리는 것이다. 믿음이 제일이요, 행함은 구원과는 관계없다는 것은 자신에게 유리한 쪽으로 성경을 악용하는 것이다.

- 진정한 종교 지도자는 종파에 관계없이 어떤 종파든 어떤 책이든 접하고 보고 깨우쳐 견문을 넓히도록 인도한다. 참진리를 모르고 자신이 없는 자가 남을 이단이라며 배척하고, 신도들의 눈과 귀를 가린다.

8. 예수

- 예수의 재림은 없다. 예수가 다시 온다 해도, 과연 누가 그를 예수라고 믿겠는가? 예수와 같은 삶의 행함이 곧 예수의 재림이다. 각자 모두가 "재림 예수"가 되는, 차원 높은 믿음으로 가야 한다.

- 예수는 "주여 주여 하지 말고, 아버지의 뜻대로 행하라"고 했다. 예수가 전한 하나님의 뜻이 곧 "길이요, 진리요, 생명"이며, 그 가르침이 예수의 보혈처럼 소중한 것이다. 예수를 믿는 것은, 예수의 가르침을 믿고 따르는 것이다.

- 예수는 낮은 자로서 만백성을 섬기고자 했다. 만나는 모든 사람을 다 하나님이라 생각하라. 돈을 벌수록 겸손하고, 높은 지위를 얻을수록 낮아지라.

- 예수는 종파를 만들지 않았다. 인간이 만든 종교와 인간의 교리를 따르지 말고, 예수를 통해 전한 하나님의 참진리를 연구하고 따르라.

- 예수가 2천 년 전에 만백성을 위해 죽었으니, 지금 이 땅에는 예수의 가르침대로 사는 천사만 존재해야 한다. 예수가 죽어 가면서 바란 것은 만백성이 천사가 되어 예수의 자리를 채워 주는 것이지, 지금과 같이 재물을 바치면서 중언부언 제 소원만을 비는 백성들을 바란 것이 아니다.

9. 구원

- 천사가 사는 천국에는 천사만 갈 수 있으니, 천사 같은 마음을 길러야 한다.

- "천국 열쇠를 네게 주리니 땅에서 무엇이든지 매면 하늘에서도 매일 것이라" 했다. 땅에서 천사같이 사는 자가 하늘에서도 천사가 되어 천국에 들어간다. 모든 사람에게 천사같다는 말을 듣는 삶을 살아야 한다.

- 천사의 곱고 아름다운 마음은 부모를 공경하고 어른을 어른으로 대접하는 데에서 출발한다. 효도하는 자는 형제와 화목하게 지내기에 가정이 화목해지고, 이웃과 화목해지고, 국가가 화목해지고, 온 인류가 화목해진다.

- 그러므로 지상의 아름다운 소왕국은 가정에서부터 이루어야 한다.

- 선택된 14만 명만 구원받는 것이 아니라, 천사처럼 변하고자 하는 14만 명을 기초로 온 인류가 천사처럼 거듭나는 영적인 개혁이 시작되는 것이다.

- 천 년에 걸쳐서 하늘에서 이루어진 것같이 이 세상을 낙원으로 만들어, 만백성이 지상의 천국에서 살다가 죽어서 그대로 하늘의 천국으로 들어가는, 영원한 지상 낙원을 건설하는 것이 하나님의 계획이다.

- **이것이 구약과 신약에 이어 "새로운 성경"으로 역사하시는 하나님의 창조의 완성이다.**

- 지금의 믿음으로 구원받을 수 있다면 그 길을 가라. 그러나 자신이 없다면 하나님께서 직접 내리신 160권의 "새로운 성경"을 읽고 구원의 길을 보라!

하나님 머리말씀

이 새로운 성경을 읽는 너희 모두는
이 율법에 따라 행하면 영원히 구원받을 것이니라.

너희 인간이 수년, 수십 년, 평생
성서를 공부하고 기도하는 것은
하늘나라 나의 곁으로 오고 싶은 소망일진대,

몇천 년 전의 너희 인성과 생각이
지금의 너희와는 판이하게 다르니,

꺾여 가고 병들어 가는 너희를 고칠 수 있는 길은,
오늘 내가 선지자에게 내리는 새로운 성경과 같이
너희가 변화되는 것뿐이니라.

나의 예수가 태어난 것처럼
내가 아들 선지자를 선택하여
나의 새로운 성경을 온 세계에 전하고자 하니,

묵은 것은 버리고 새로운 것은 취하여,
너희 모두는
'여호와 하나님! 저의 죄를 용서하여 주옵소서.'
하는 기도문으로 기도하고, 죄를 뉘우치라.

이 새로운 성경은
수천 년간 내려온 성서를 요약한 것이니,
너희는 이 책을 정독하여 쉽게 깨달음을 얻고,
이대로 실천하여 하늘에 오르라.

대역자 머리말

■ 하나님의 율법을 지키는 선지자로 선택을 받도다.

저는 남들처럼 그저 열심히 살아온 평범한 사람이었습니다. 그러나 50대 중반에 사업에 실패하여 많은 부채에 시달렸으며, 건강도 악화되어 눈이 잘 안 보이고, 걷기도 어렵고, 두통이 심해서 잠을 이룰 수 없는 고통의 나날을 보냈습니다. 그때 제가 선택할 수 있는 것은 육의 삶을 끝내는 길뿐이었습니다.

죽기 직전에 그동안에 죄를 지은 이들에게 용서를 빌고 인생을 끝내기로 작정하였습니다. 어려서부터 지은 죄를 빌고 빌다 보니 끝이 없었고, 죽음으로도 그 많은 죄를 용서받을 길이 없다는 생각에 하염없이 눈물이 흘렀습니다. 그 순간 '재래식 화장실의 구더기는 죄를 짓지 않는데, 나는 인간으로서 구더기만도 못한 삶을 살았구나.' 하는 생각이 들면서 괴로움에 몸부림칠 때, 갑자기 하나님의 음성이 들렸습니다.

"나는 여호와 하나님이니라. 너는 십계명을 암송하고 내가 내려 주는 메시지를 받아 책으로 만들어 만백성을 구하라." 하시며, 제 눈을 손으로 문지르게 하시고, 아픈 머리와 다리를 손으로 두드리게 하셨습니다. 그러고 나니 눈도 잘 보이고 걸을 수 있었으며 머리의 통증도 말끔히 낫게 되었습니다. 그때부터 십계명을 암송하고 나면 들려주시는 말씀을 기록하였고, 1999년 8월부터 2004년 7월까지 권당 288쪽, 총 160권을 받아서 "새로운 성경"이라는 책으로 펴내게 되었습니다.

그러한 저에게 죽기보다도 힘든 길이 시작되었습니다. 모든 교인들이 저에게 사탄이요, 이단이요, 악마요, 마지막 시대에 온 거짓 선지자라 하면서 공격하였고, 저를 짐승을 보듯이 대하는가 하면, 편협한 종교 지도자들의 선동으로 신도들이 이 책을 직접 읽어보고 평가할 기회마저 막아 버렸습니다. 그래서 하나님의 말씀을 세상에 내는 데 많은 어려움을 겪으며, 피를 토하는 심정으로 책을 전하고 있습니다.

그러나 아무리 인간의 힘으로 막으려 해도, 하나님의 뜻이 세상에 전해지는 위대한 역사는 계속될 것입니다. 책으로 전해지는 "하나님의 말씀"은 세상 끝날까지 항상 우리와 함께하실 것입니다. 사람은 죽어도, 책에 기록된 말씀은 영원히 남으니까요.

■ 따뜻한 실천

하나님께서는 어려운 사람들에게 삶의 터전을 마련해 주고, 미래를 열어 주는 것을 기뻐하십니다. 어려운 이웃이 스스로 자립할 수 있도록 이끌어 주는 것이 진정으로 이웃을 돕는 것이라고 말씀하셨습니다. 그래서 일자리가 없는 제자들에게 작은 사업장을 만들어 주는 "달란트 사업"을 하고 있습니다. 식당, 반찬 가게 등을 차려 주고, 기존의 어려운 사업장이 자립할 수 있도록 돕고 있습니다(커피숍, 미용실, 의상실 등).

하나님께서는 교회에 나와서 모든 시간과 재물을 쏟기를 원하지 않으시고, 그 시간과 재물을 교육에 투자하여 스스로 미래를 열어 가기를 원하십니다. 그래서 제때 공부하지 못한 제자들에게 학업을 이어 가도록 하였습니다. 중화요리 주방장을 하며 초등학교 검정고시부터 공부하여 2012년에 방통대를 졸업한 36세 남성, 만학도들의 2년제 중학교에 입학해서 2007년에 명지대학을 졸업한 38세 여성, 중학교 검정고시를 시작으로 숭의여자대학을 졸업한 47세 여성 등이 있습니다. 그밖에도 많은 제자들에게 나이를 초월하여 배우고 깨우쳐서 사회 속의 당당한 일원이 되도록 인도하고 있습니다.

학자금 대출로 힘겨워하는 젊은이들을 위해 "따뜻한 바람 장학회"를 발족하여(2016년 12월) 대출받은 학자금 전액을 매월 갚아 주고 있습니다. 또한, 다문화 가정을 위해 "다문화 가족 랜드"를 조성하여, 각종 시설을 무료로 활용하도록 하고 있습니다.

이러한 따뜻한 실천이 아직은 미약합니다. 그러나 책의 수입이 늘고, 저와 뜻을 같이하는 분들이 늘어나면 계속 확대할 것입니다. 지도자로서 신도의 재물을 헌금으로 거둬들여 착복하는 것이 아니라, 하나님께서 기뻐하시는 일에 사용하도록 중매 역할만 하며 살아가고자 합니다. 이런 제가 과연 사탄이고 이단인가요? 하나님께서 기뻐하시는 일이라면, 저에게 사탄이라 하든 거짓 선지자라 하든 굽히지 않고 실천해 나갈 것입니다.

끝으로, 일상의 삶 속에서 "지금 내가 하는 행동이 과연 하나님께서 기뻐하실까, 슬퍼하실까?" 생각하고, 매사에 하나님께서 기뻐하시는 길을 택하기 바랍니다. 교회에 모여서 집단적으로 예배 드리는 것이 아니라, 개인이나 가정 단위로 새로운 성경을 읽어 스스로 깨우치고 그대로 행하면 충분합니다. 그것이 마음속에 성전을 짓고, 신령과 진정으로 예배 드리는 길입니다. 그러면 천국의 문에 들어서게 됩니다.

2017. 2. 1.

하나님 말씀 대역자 김용철

차 례

십 계 명

이 책은 십계명을 암송하고 나면 내려 주시는 "하나님의 음성"을 듣고 그대로 받아쓴 기록입니다. 하나님께서 십계명을 모세에게 내려 주셨지만, 그것은 만백성에게 내려 주신 것입니다. 마찬가지로 이 책의 모든 말씀도 저에게 내려 주셨지만, 만백성 각자에게 들려주시는 말씀입니다. 여러분도 이 책을 접할 때마다 십계명을 암송하고 나서 정독해 주시기 바랍니다.

제일은, 너는 나 외에는 다른 신들을 네게 있게 말지니라.
제이는, 너를 위하여 새긴 우상을 만들지 말고, 또 위로 하늘에 있는 것이나, 아래로 땅에 있는 것이나, 땅 아래 물 속에 있는 것의 아무 형상이든지 만들지 말며, 그것들에게 절하지 말며, 그것들을 섬기지 말라.
제삼은, 너는 너의 하나님 여호와의 이름을 망령되이 일컫지 말라.
제사는, 안식일을 기억하여 거룩히 지키라.
제오는, 네 부모를 공경하라.
제육은, 살인하지 말지니라.
제칠은, 간음하지 말지니라.
제팔은, 도적질하지 말지니라.
제구는, 네 이웃에 대하여 거짓 증거하지 말지니라.
제십은, 네 이웃의 집을 탐내지 말지니라.

나 여호와가 존재함을 믿는 그 자체가 구원의 길에 들어서는 기본이요, 근본이며, 나의 새로운 성경을 가슴에 안고 정독하는 자, 반석 위에 서서 하늘에 오르는 찬란한 빛을 보게 되는 영광을 얻게 됨이니라. 진정 나를 따르고 믿는 자는 감히 사탄이나 마귀도 근접하지 못하느니라.

〈하나님 말씀〉

2004년 4월

10,808 번째 하나님 말씀

2004년 4월 27일 18시 41분

1 사랑하는 나의 아들아!
2 "네, 아버님! 말씀하옵소서."
3 너를 따르는 선택된 제자들이요, 그리
고 만백성, 너희들은 들어야 될 것이
니라.
4 내가 너희들에게 무어라 말하였느냐?
5 감히 그 누구도 말할 수 없으며 상상
할 수 없는 그와 같은 것을 내가 너희
들에게 명하여 전했느니라.
6 너희들은 지금 육의 세상에서 살고 있
으나, 하늘나라의 법도에 의하여 살아
가고 있는 백성들이요,
7 이미 너희들이 하늘나라에 진입하기
시작한 백성들이라 그리하지 않았더
냐?
8 너희들은 육의 세상에 살면서 벌써 하
늘나라에 진입하는 그와 같은 길에 서
있어 나를 향하여 달려오고 있음이니,
너희들이 이미 진입이 시작된 백성이
라 내가 그리 말하였느니라.
9 그러니 이와 같은 말을 선할 때, '육의
세상에 살면서 어찌하여 하늘나라의
법도에 의해 살며 하늘나라에 들어가
는 그 진입된 길을 가고 있다 말하는
가, 그러니 사탄이요, 이단이라' 그리
말할 것이니라.
10 그러나 저희들이 재물을 바치며 금화
와 은화를 하늘에 쌓으면 상이요, 영
광이요, 재물을 바치면 모든 죄가 지
워지며 그것으로써 너희들이 상을 받
는다 말하나,
11 허황된 너희들의 그 말보다 얼마나 천
배 만배 진실된 이야기며, 이 사실에
의하여 내가 나의 아들을 통하여 가르
치는가?
12 내가 성경에 그와 같은 뜻을 미리 기
록하여 전한 대목을 너희들은 알아야
될 것이니라.
13 성경에 기록된 그 내용이요, 그와 같
은 대목이 없다면, 너희들이 지금 너
희들보다 더 허황된 자요, 너희들보다
더 사악한 것이 나의 아들이라 그리
말할 수 있으나,
14 너희들은 이와 같은 이치요, 이와 같
은 뜻을 내가 이미 나의 아들 예수를
통하여 성서에 기록했음을 알라.
15 나의 아들 예수를 통하여 그 제자들에
게 예수가 어떻게 하였는가?
16 어떠한 제자들이 되라 그들에게 말했
느냐?
17 나의 아들 예수는 그와 같은 제자들에
게 육의 세상에 살면서 다음과 같은
백성이 되기를 바라며 다음과 같은 제
자로서 거듭나기를 바라는 대목이 있
지 않으냐?
18 '너희들이 무엇을 먹을까를 생각하지
말며, 무엇을 마실까를 생각하지 말
며, 너희들이 무엇이 어찌 될까 하는
것을 염려하지 말라.' 그리하지 아니
하였더냐?
19 너희들이 이 세상에 쓰지 않는 것과

이 세상에 쓰고 있는 그 모두를 구분
하는 그와 같은 안목을 가져야 될 것
이며,
20 너희들이 무엇을 마실까, 무엇을 가질
까, 그리고 무엇을 얻을까, 먹을까 하
는 그와 같은 염려를 하는 것은 바로
그것이 무엇이더냐?
21 이 세상 사람들이 찾는 것이라 너희들
에게 그리 나의 아들 예수가 가르치지
아니하였더냐?
22 그러니 나의 아들 예수가 이 세상에
사는 그 백성들이 무엇을 먹을까, 무
엇을 마실까 염려하는 것, 그 모든 것
을 애쓰지 말라 한 것, 그것의 세상사
의 사람들이 찾는 것이기 때문에 너희
들은 거기에 연연하지 말라는 그 깊은
의미의 뜻이 무엇이더냐?
23 그러면서 나의 아들 예수는 그리 말하
였느니라.
24 '창조주 아버지께서 너희들에게 있어
야 할 것을 다 알고 계시니' 그리 전하
여 너희들에게 가르치지 아니하였더
냐?
25 그러니 어떠한 의미가 거기에 있는가?
26 이 세상에 살면서 너희들이 인간이 세
상에서 찾는 것, 그와 같은 것을 다 버
리고 지워 버리라 하였음이니,
27 그것을 지우고 버릴 수 있는 그것이
너희들이 하늘에 오르는 길에 와 있는
자라는 그와 같은 의미의 가르침이 아
니더냐?
28 너희들은 여기서 잘 깨우쳐 너희들 것
으로 만들어야 될 것이니라.
29 그 제자들에게 이 세상에 살면서 이
세상 사람들이 찾는 것을 저희는 찾지
말라 하였음이니라.
30 그러니 그 의미를 너희들이 돌이켜 보
도록 그리하라.
31 그러니 지금 이 세상에서 벗어난 삶을
사는 너희 그 제자들이요, 그 모두는
과연 너희들이 어찌 가야 되는 것인가
를, 이 깨달음을 알아야 될 것이니라.
32 이미 그들은 무엇이라 말하였느냐?
33 무엇을 마실 것인가, 무엇을 먹을 것
인가 염려하지 말며 그와 같은 걸 애
쓰지 말라 그리하지 아니하였던가?
34 그러나 다만, 지금 나의 아들을 통하
여 선택된 너희들은 내가 부른 자요,
내가 선택한 백성들이기에,
35 너희들이 지금 나의 법전을 읽고 깨우
쳐 이미 너희들이 하늘나라에 진입하
는 그와 같은 삶을 살고 있기에,
36 너희들은 지금 무엇을 마실 것인가,
먹을 것인가, 인간 세상에 살아가는
그 모두에 치우치지 말고 모두를 다
버려야 된다는 너희들의 그 깨우침을
얻도록 그리하라, 사랑하는 나의 아들
딸들아!
37 지금 너희들이 하늘에 오르는 길에 진
입한 백성이기에, 너희들이 인간 세상
에서 찾고 추구하는 것, 무엇을 마실
까, 무엇을 입을까, 무엇을 얻을까 하
는 그 모두를 하지 말라 하였음이니,
그것이 하늘에 오르는 백성이요,
38 그러니 나의 아들 예수가 2천 년 전에
'너희들이 무엇을 먹을까, 무엇을 마
실까 모두를 염려하지 말며, 무엇을
얻고자 애쓰지 말라, 그것은 이 세상
사람들이 찾는 것이요, 행하는 것이
라' 그리 가르쳤음이니, 그 뜻이 이미

여기에 기록되었음을 너희들은 알아
야 될 것이며 그 의미를 알 것이니라.
39 모든 백성들이 이 의미를 알든 모르든
깨우치든 깨우치지 못하든 그것은 관
계없음이니라.
40 다만, 나의 아들을 따르는 제자들이
요, 그리고 나의 법전을 읽고 깨우친
만백성, 너희들은 내가 나의 아들을
통하여 너희들이 이미 하늘나라에 오
르기 시작했으며, 그 길에 진입해 있
으며,
41 그리고 너희들이 지금 거듭나는 그 백
성으로서 하늘나라의 법도에 적용되
는 삶을 산다는 그 의미를 너희들이
믿을 것이며, 그 모든 법전을 읽고 깨
우친 백성 너희들이 믿으면 될 것이니
라.
42 그러니 너희들이 무엇을 먹을까, 무엇
을 입을까 그와 같이 두려워하는 생
각의 모두를 오늘의 삶에서 다 지워
버리며, 그 모두를 너희들이 교훈으로
삼아 너희들 것으로 만들어 그리하라.
43 그러니 이 의미의 뜻을 너의 제자들
에게 깊이 깨우쳐 줄 것이며, 이 법전
을 읽고 접하는 백성 너희들은 이것을
읽고 또 읽어 이 의미하는 것을 알게
되며 그를 깨달을 때,
44 내가 너희들에게 크나큰 지혜의 열쇠
를 열어 줄 것이니, 이 대목을 읽고 또
읽어 깨우치도록 그리하라 전하라.

10,809 번째 하나님 말씀

2004년 4월 27일 18시 46분

1 사랑하는 나의 아들아!
2 "네, 아버님! 말씀하옵소서."
3 악한 것은 악한 사람의 악한 마음에서
나오니, 그 악한 마음은 그 악한 것이
사람의 마음에서 나오며, 그 사람에서
나오는 그 악한 마음이 결국 어찌하던
가?
4 너희들 자신을 자멸케 하며 너희들을
패망의 길로 인도하는 것이 너희들 마
음속에 나오는 그 악의 행함이니, 너
희들은 이 무서움을 알아야 될 것이니
라.
5 그러니 너희들을 무너지게 하고 너희
들을 지옥으로 인도하는 것, 그 모두
는 너희들의 마음속에 있는 악한 생각
이요, 더럽고 추한 마음에서 모두가
자멸하며 그리 쓰러져 간다는 것을 너
희들은 깨우쳐야 될 것이니라.
6 너희 몸에서 나오는 그 악함이 너희들
을 지옥으로 이끌어 가며,
7 너희들 몸에서 천사와 같은 마음이요,
그와 같은 것이 나온다면, 너희들은
하늘나라의 그 천국의 문을 들어서는
것이요,
8 그리고 너희들이 나에게 올 수 있는
영원히 너희들이 존재하는 그 세상,
그리 갈구하고 원하던 그 세상에서 너
희들이 영원히 모두를 누리며 살아가
는 그와 같은 길을 얻게 됨이니,
9 모두는 너희들의 마음이요, 너희 몸에
서 이루어진다는 걸 잊지 말라 그리
전하라.
10 너희 몸에서 악한 것이 나오면 그 악
함으로 너희가 지옥으로 갈 것이요,
네 몸에서 선한 것이 나오면 너 스스
로 그 선함에 의하여 너희들이 나에게

오른다는 그 무서운 사실을 절대 잊지
말라.
11 너희들이 더럽고 추한 마음에서 모두
가 나온다면, 그로 인하여 너희들이
추하게 만들어지며 멸망하게 된다는
이 이치를 깊이 깨우쳐 전하도록 하라.
12 그리하여 너희들의 행함과 너희들의
생각이 얼마나 중하고 귀한 것인가를
너희들은 다시 한 번 깊이 깨우치라.
13 그러니 모든 종교 집단이요, 지도자들
이 말하기를, 악도 네 몸에서 나오며
선도 네 몸에서 나와, 네 몸에서 나오
는 것이 너를 죽이고 살림이니, 그게
바로 내가 너희들에게 깨우쳐 주고자
함이니,
14 너희들이 행함은 소중히 생각하지 아
니하며, 육의 행동은 그리 귀하고 소
중하다 생각하지 아니함이니,
15 이리하여 너희들이 가장 귀하고 소중
하며 너희들이 경계해야 될 육신의
말과 행동과 그 생각을 다스리지 못
하여 너희들이 영원히 돌이킬 수 없으
며 나를 볼 수 없는 그 지옥 불로 떨어
진다는 것을 알라 그리 전하라.
16 너희들이 바로 무엇인 줄 알겠느냐?
17 네 몸에서 이루어지는 그 모든 것을
가지고 너희들이 악이요, 선을 선택하
여 그 길을 간다 했음이니, 너희들이
행하는 것은 얼마나 귀하고 소중하더
냐?
18 너희들이 아름다운 마음으로써 나오
는 것은 아름다움을 행함이니, 그게
나에게 오르는 길이요,
19 너희들이 악한 마음에서 나오는 악함
을 행하게 됨이니, 그게 바로 지옥으
로 가는 것이요, 나를 볼 수 없음이니,
20 너희들이 오늘의 생각이요, 행동함이
얼마나 귀하고 소중하게 다루어져야
되는 것인가를 그들에게 깨우쳐 주라.
21 그 귀하고 소중한 기본을 벗어나며 그
것을 모르고 가는 자들이 바로 무엇인
줄 알겠느냐?
22 밭을 가는 그 소가 멍에라는 것을 벗
어던지고 밭을 간다 생각하며, 기름이
떨어진 그 기계라는 것이 갈 수 없는
것을 갈 수 있다 말하는 것이 너희들
이 아니더냐?
23 에너지가 떨어져 아무런 역사도 할 수
없는 것이 에너지가 없이도 모두가 역
사할 수 있으며 그를 지킬 수 있다 너
희들이 그와 같이 하니,
24 그것이 거짓된 자요, 사기를 치는 자
요, 모든 백성들을 지옥으로 이끌어
가는 그 대표적인 자들이 오늘의 그와
같은 행위를 하고 있음이니, 너희들은
알라.
25 너희들의 몸에서 나오는 것으로써 모
두를 심판하며 모두가 역사함이니, 행
동이 귀하며 소중함이 아니라는 그 거
짓된 자들의 말을 듣지 말고,
26 너희들이 나의 법전을 읽고 깨우쳐 지
혜를 얻어, 너희들이 어찌 다루며, 어
찌 살아가야 되는 것이며, 어떤 것이
하늘의 참진리인가를 알도록 그리하
라.
27 너희들이 참진리요, 나 여호와의 참진
실을 알 수 있는 것은 오로지 내가 세
상에 내보냈던 어린아이 같은 마음이
요, 순박한 마음으로 너희들이 되돌려
지는 자는 알 것이며,

28 되돌아갈 수 없으며 돌리려 하지 아니
하며 돌아가지 아니하는 백성은 참진
리요, 진실이라는 것을 알 수 없으며
접할 수 없다는 것을 그리 전하라.

10,810 번째 하나님 말씀

2004년 4월 27일 18시 57분

1 사랑하는 나의 아들아!
2 "네, 아버님! 말씀하옵소서."
3 이 넓고 넓은 천지요, 그리고 강대국
이요, 그 많은 재력과 힘과 능력을 가
지고 있는 백성, 도저히 동양의 작은
나라로써는 범접할 수 없는 그와 같은
위대한 민족이요, 그와 같은 나라가
있건만,
4 어찌하여 동양의 작은 나라가 선택된
나라라 하며, 나 여호와가 선택한 민
족이요, 그리하여 이 동양의 작은 나
라의 선택된 민족의 그 언어요, 풍습
이요, 그 모두를 가지고, 나 여호와가
세상의 공통어로 만들며, 공통어로 너
희들이 하나가 될 수 있도록 하며, 그
와 같이 된다 함이니,
5 과연 이와 같은 것을 듣는 백성 너희
들이 어찌하느냐?
6 나의 아들을 정신박약아요, 잘못된 자
라 그리 말할 것이니라.
7 그리고 너희들은 지금 비웃고 있을 것
이니라.
8 그리고 그 민족이요, 그 동양의 작은
나라의 가장 은혜와 영광을 받은 백
성 너희들 자신도 그를 믿지 아니하
며, 너희들이 더 그들을 욕하며 핍박
하는 그와 같은 오늘의 삶을 살고 있
는 것이니라.
9 너희들은 들어야 될 것이니라.
10 나의 아들을 따르는 제자들의 그 변함
이요, 하늘에 오르는 길이요, 하늘의
법도에 그들이 진입하여 삶으로 인하
여,
11 그들이 인간관계의 끈을 놓지 아니하
며 고리를 놓지 않을 때, 그 백성의 영
광이요, 축복이 이루 말할 수 없다 하
였음이니라.
12 나의 법전이 그들이 가는 길에 정도
요, 하늘에 오르는 길이기에, 그들을
보고 그들과 답할 수 있는 자, 그 정도
의 길을 올 수 있으며, 진리의 가르침
을 들을 수 있는 그와 같은 것이요,
13 그리하여 막혔던 귀가 뚫리며 닫혀졌
던 눈을 뜨는 그와 같은 은혜요, 영광
을 얻게 된다 했음이니,
14 이 동양의 작은 나라에 160권의 법전
이요, 나의 성령을 만들어 너희들을
구원하는 나의 아들이 지금 이 세상에
존재함이니,
15 그 빛이요, 그 역사함이 이 동양의 작
은 나라를 덮고도 남을 것이니, 너희
들이 지금 작고 큰 그 은혜요, 축복 속
에 존재한다는 것을 모르고 감히 너희
들이 나의 아들을 욕하니,
16 그 민족이요, 그 백성이 너희들에게
손해 갈 것이 무엇이며 잃는 것이 무
엇이 있느냐?
17 너희들이 동양의 작은 나라의 언어요,
그 풍습이요, 그 모두로 세상을 지배
하고 다스린다 할 때,
18 과연 너희들에게 얻어지는 것이 있으
며, 또한 너희들이 잃는 것이 없으며,

너희들이 명예가 더럽혀지는 것이 없
으며, 너희들이 욕되는 것이 무엇이
있으며, 너희들이 손실이 되는 게 무
어가 있더냐?
19 그와 같은 것을 역사를 하지 못하는
자가 역사한다 할 때, 귀를 기울여 들
어볼 수 있는 그와 같은 마음의 여유
도 없는 것이 너희들이요,
20 그저 모든 종교 집단이요, 지도자들이
앞에서 사탄이요, 이단이요, 마귀라
그리 몰아붙이니, 너희들은 알아야 될
것이니라.
21 너희들은 이 동양의 작은 나라가 지금
까지 존재해 오는 것이 어찌 존재했
는가?
22 그 수많은 외부의 침입이요, 그 모두
의 핍박이요, 너희들이 헬 수 없는 그
많은 역사 속에서 너희들이 굽히지 아
니하고 그 고난과 그 모두를 견디고
살아온 것이 이 동양의 백성들이니,
23 이는 바로 내가 그 훈련 속에서 너희
들을 다루고자 했으며, 너희들이 단련
된 백성임을 알라.
24 그 과정이요, 그 모두를 거쳐 너희들
이 어떠한 백성이 되었더냐?
25 너희들이 모든 환란과 수모요, 너희들
이 말하는 인간의 전쟁이요, 외침으
로부터 모두를 견디고 이길 수 있는
것이 인간인 너희들의 능력이요, 너희
들의 한계로 일어설 수 있다 했더냐?
26 나 여호와에게 선택한 민족이요, 준비
된 백성이기 때문에 너희들이 무너트
리면 일어서고, 밀면 일어서는 오뚝이
라는 것보다도 더 너희들이 강하게,
더 열심히 일어선 백성이라는 걸 알라.
27 그러니 나 여호와가 쓰고자 준비된 나
라요, 내가 쓰고자 하는 백성이 바로
너희들이니,
28 그리하여 너희들이 생각할 수 없으며
너희들이 받는 그 은혜를 감당할 수
없는, 나의 아들이 이 동양의 작은 나
라에 내려와 너희들과 더불어 같이하
며, 나의 160권의 법전을 만들어 너희
들에게 은혜와 축복을 내리고 있으며,
29 너희들은 모르나 지금 너희들이 얼마
나 큰 것을 받고 있는 것인지 그것을
모르는 어리석은 너희들이니,
30 하늘의 이치요, 하늘에 대하여, 하늘
을 향하여 그 오만된 말이요, 너희들
이 할 수 없는 그 욕된 짓을 하지 말라
그리 전하라.
31 너희들이 말하지 않느냐?
32 동양의 작은 나라에 사는 모든 백성
너희들이 이와 같은 구절을 스스로든
타의든 외치고 있을 것이니라.
33 너희가 말하는 그 구절 하나를 내가
기록하여 너희들에 전함이니 너희들
은 명심하여 들으라.
34 '하느님이 보우하사 우리나라 만세'라
이와 같은 말을 이 동양의 작은 나라
에 사는 백성 너희들이 입으로 부르지
아니하며 입으로 역사하지 않는 백성
이 있느냐?
35 너희들이 수없이 부른 것이 동양의 작
은 나라의 백성이니,
36 이 세상 작고 큰 나라에 너희들보다
방대한 힘이요, 능력을 가진 나라도
그 백성들이 창조주 아버지께서 보우
하사 우리나라 만세라 부르짖고 그를
의무적으로 또한 타의적으로 부르짖

고 외치는 백성이 어디 있는가?
37 그 뿌리가 몇천 년이 흘러왔는가?
38 너희들이 말할 수 없는 수천 년의 역사가 흘러오며 너희 백성들이 부르짖고 너희들이 그리 암송하고 외운 것이 너희들이니라.
39 이를 암송하지 아니하는 백성이 없으며 이를 부르지 않는 백성이 없는 것이 동양의 작은 나라가 아니더냐?
40 '하느님이 보우하사 우리나라 만세'라 하였음이니, 바로 나의 성령으로써 이 동양의 작은 나라에 임함이니라.
41 그리하여 이 성령으로 임하여 이 모든 세상을 다 내가 다스리고 역사하는 그 일이 여기서 이루어짐이니,
42 너희들은 바로 내가 예언한 것이요, 내가 약속한 것이 실천되고 있음을 알라 그리 깨우쳐 전하라.
43 너희들이 고난과 시련을 겪은 것도 너희들의 힘으로 견딜 수 없었음이니라.
44 모든 외침이요, 그 공격을 받을 때 오뚝이처럼 너희들이 지키고 그 단련된 훈련 속이요, 고통과 인내를 가져 너희들이 오늘의 이와 같은 백성으로 된 것이니,
45 내가 너희들을 쓰고자 너희들을 다스리고 준비하지 아니하였으면, 너희들은 이 세상에 존재하지도 아니하며 너희들의 흔적은 이미 없어졌을 것이니라.
46 그러나 그 모두를 너희들이 돌이켜 생각해 본다 해도, 나 여호와가 선택한 나라요, 너희들이 준비된 나라요, 언약된 나라이기 때문에,
47 나의 아들이 세상에 내려와 나의 법전을 동양의 작은 나라의 그 언이요, 풍습으로써 세상에 전함이니,
48 너희들이 말하듯이 '하느님이 보우하사 우리나라 만세'요, 너희들이 '우리가 역사한다는 것', 바로 너희들이 그와 같은 것이 미리 예약된 것이며, 그리 너희들이 준비된 백성이요, 그와 같이 역사한다는 것을 믿고 또 믿으라.
49 그러니 동양의 작은 나라의 백성 너희들이 나의 아들이 가는 길을 적극 따르며, 앞에서 이끌어 주고 뒤에서 미는 그와 같은 너희들의 노고로써 모두를 바쳐도 너희들이 나의 은혜에 보답할 길이 없거늘,
50 사탄이요, 이단이요, 사악한 자라 하는 어리석은 그 종교 집단이요, 지도자들, 그 모래알만도 못한 그들이 지금 부르짖는 말에 너희들이 현혹되지 말라.
51 나 여호와가 보는 모두는 너희들이 악과 선도 없다 함이니, 이 세상에 그보다 더 큰 역사의 변화가 없거늘,
52 오늘의 동양의 작은 나라의 종교 지도자들이요, 믿음의 길을 가는 너희들이 세상을 평가하며 판단하지 말며, 너희들이 모두를 주관하는 것처럼 그리하지 말라.
53 너희들의 모든 존재가 나 여호와 앞에서 백사장의 모래알만큼도 너희들이 존재하지 못하며, 내가 그를 의식하지 아니하며, 기억되지 아니하고 있다 함을 알라.
54 이제 너희들이 달구어지고 달구어진 그 백성들에게 내가 160권이라는 법전을 세상에 내리며 새로운 역사가 시

작됨이니라.
55 그러니 지금의 내가 그 백성들이요,
선택된 나의 아들을 따르는 제자들이
요, 법전을 읽고 깨우친 백성, 그중에
서도 너희들이 선택된 백성들이요, 그
모두를 시작하는 자들이요, 역사함을
알라.
56 그러니 너희들도 동양의 작은 나라의
그 역사 못지않게 고통과 시련의 잠
시 얼마의 세월의 그 시간을 너희들
이 거쳐야 됨이니라.
57 너희들이 불에 달구고 달구었을 때 그
정금이 되듯이, 너희들을 달구고 달구
지 아니하면 너희들이 나의 명을 위하
여 행하는 그 역사를 이루는 백성으로
거듭날 수 없듯이,
58 길고도 긴 이 동양의 작은 나라의 얼
룩진 역사가 있어서 오늘의 나의 피조
물 만백성 너희들이 지금 존재하여,
내가 내리는 나의 법전을 가지고 너희
들이 이 세상을 덮는 역사요, 은혜를
입듯이,
59 오늘의 나의 아들을 따르는 제자 너희
들이 오늘의 고통과 시련이 그리하여
같이 있음을 알라 그리 전하라.
60 너희들이 마음을 달래며 너희들이 스
스로 위안을 얻으며, 너희들이 기쁜
마음으로써 모두를 역사하라, 사랑하
는 나의 아들딸들아!
61 이제 나의 아들을 따르는 제자 너희들
은 '하느님이 보우하사 우리나라 만
세' 그 모두는 나 여호와의 뜻이요, 내
가 너희들에게 심어 준 것이며 너희들
머릿속에 심어 줬으니,
62 이제 너희들이 그를 실천할 때가 되었
으니,
63 그를 너희들의 머릿속의 생각에서 뽑
아내어 이 세상의 승자가 되는 것이
동양의 작은 나라요, 하느님이 보우하
사 역사한다는 걸 잊지 말라, 이 뜻을
전하라.

10,811 번째 하나님 말씀

2004년 4월 27일 19시 05분

1 사랑하는 나의 아들아!
2 "네, 아버님! 말씀하옵소서."
3 지금의 모든 종교 집단이요, 그 광분
하는 신도들, 그들이 제 것이 제일이
요, 저희들만이 구원을 받으며 하늘에
오른다며 지금 날뛰이니,
4 그들은 정녕 거기서 물러나지 아니하
려 하며, 조금도 양보하지 않으려 하
며, 나의 법전이 잘못된 것이라 하여
단죄하고자 하는 자들이니라.
5 그러나 너희들은 알아야 될 것이니라.
6 160권의 나의 법전이 세상에 내려와
너희들을 이 불칼로써 모두를 다스리
고 나갈 때, 지금의 너희들이 고개가
빳빳하며, 저희들 것만이 최고요,
7 나의 아들을 통하여 내리는 법전의 그
모두가 이단이요, 사탄이 이루는 것이
라 그리 말함이니,
8 정녕 너희들은 여기서 알아야 될 것이
니라.
9 그와 같은 말을 하고 역사하는 너희들
이 과연 그때도 그리 버티고 견딜 수
가 있겠는가?
10 너희들은 들으라.
11 이제 나의 법전 160권이 세상에 나와

그 빛이 하늘을 찌르고 태우고 나갈
때, 너희들이 이제는 더 이상 견딜 수
없으며 지탱할 수 없을 때, 너희들은
어찌하는가?
12 너희들은 고개를 숙여 나의 아들에게
타협하고자, 협상하고자 하여 그 협상
안을 가지고 올 것이니,
13 그때 그와 같은 마음이 흔들리는 제자
들이 있어서는 아니 되며, 나의 법전
을 깨우친 백성들이 거기에 또한 마음
이 흔들려서는 아니 됨이니라.
14 저희들이 비치는 그 160권의 빛에 의
하여 견딜 수 없으며, 더 지탱할 수 없
으며, 저희들의 그 단죄됨이 무서움을
아는 자,
15 지금의 그와 같이 날뛰고 너희들에게
욕한 자들이 이제는 협상이요, 그리고
무엇인가를 반반 이루고자 너희들에
게 접근할 것이며, 너희들에게 찾아올
것이니,
16 그때 가서 너희들이 그들과 협상하며
타협해서도 아니 됨이니라.
17 그러니 그때가 지나고 너희들이 그 고
비를 잘 넘을 때, 모두가 다스려지며,
18 이 세상은 아름다움이요, 천 년에 걸
쳐서 하늘에서 이루어진 것같이 지상
의 낙원이 역사하는 그때가 오니,
19 또 한 번의 협상에서 이루어지지 않을
때, 그들이 어찌하겠는가?
20 인간인 너희들이 살아가면서 어렵고
힘들 때, 너희들이 요구하며 원하는
것을 얻고자 하여 너희들은 모든 비위
를 다 맞추며 너희들이 자세를 낮은
자로 가느니라.
21 그러나 결국 그것이 얻어지지 아니하
며 그것이 성취되지 않을 때, 돌아서
면서 너희들은 침을 뱉으며 욕을 하는
자요,
22 입이 마르도록 칭찬했던 그 사람을 입
이 마르도록 욕을 하고 돌아가는 것이
인간 나의 백성 너희들의 마음의 형태
이니,
23 그들이 더 이상 견딜 수 없다는 걸 알
며, 사탄들이 견딜 수 없는 것을 알아
그 모두를 들고 나와 너희들에게 협상
하고자 협상을 요구할 때, 너희들이
그들에게 현혹되어 넘어가면 아니 될
것이니라.
24 그리하여 너희들이 그들을 거절할 것
이며, 그를 받아 주지 않는 것은 당연
한 것이니라.
25 그를 받지 아니하고 거절했을 때, 너
희들에게 돌아서서 쏘는 그 화살이요,
그 환란이 또 한 번 있음이니,
26 그 환란이 지나고 또 지나는 것이 너
희들이 가야 할 길이라 함이 여기 있
느니라.
27 그리하여 결국에 저희들이 죽어 갈 때
또 악을 쓸 것이니라.
28 그리고 저희들이 무너질 때 또 그는
악을 쓸 것이니,
29 지금의 악을 쓰는 것보다도 더 무서운
것이 협상의 테이블에서 너희들이 거
절했을 때, 돌아서서 쏘는 그 악이 더
무서울 것이며, 그 저주가 너희들은
감히 상상하지도 못할 것이니라.
30 이제는 죽느냐 사느냐의 그 기로에
있음이니, 그러다 저희들이 마지막 죽
어 갈 때는 어떠하겠는가?
31 '나 혼자는 죽을 수 없다.'며 물고 늘

어지는 자처럼 너희들을 물고 늘어져
같이 죽고자 하는 것이 그들일 것이니,
32 반성이요, 회개를 하지 아니하고 너
희들의 목줄을 물고 죽어도 놓지 않
고 같이 죽자 매달리며, 같이 죽고자
하는 것이 그들이니,
33 그 인간의 재앙이요, 인간이 만든 그
환란의 고통을 너희들이 모두를 다
이기고 쓸어 갔을 때,
34 그를 보고 모든 너희들의 후손이요,
만백성은 절대적 이리 가서는 아니
되며,
35 나의 법전을 읽고 깨우쳐 하늘에 오르
는 길이요, 하나님 창조주 아버지께서
역사하는 천 년의 왕국을 지상에 이루
어야 된다는 것,
36 천 년에 걸쳐서 하늘에서 이루어진
것같이 이 땅에서 이루는 그 왕국의
기초를 다스려 모든 백성들이 육에서
살면서 하늘에 오를 수 있는 그 영광
을 얻는 것, 그것을 그들이 행하고 갈
것이니라.
37 내가 너희들에게 무어라 말하였느냐?
38 천 년 동안 그 세월이 흐른 다음에 이
세상에 사는 백성들이 이 세상에 살다
그대로 하늘나라에 오르는 그와 같은
영광이 있다 하지 않았느냐?
39 지금 나의 아들을 따르는 제자 너희들
이 하늘에 오르는 길이요, 나 여호와
의 뜻에 의해 살아가 성령으로 충만
된 그 길을 두 주먹을 쥐고 달려오니,
천 년 후에 여기서 사는 백성, 너희 후
손이 하늘에 바로 오르는 것이나,
40 너희들이 성령으로 임하여 깨우쳐 너
희들이 하늘의 법도요, 하늘에 진입하
는 그와 같은 삶이요, 나에게 육의 세
상에서 올 수 있다는 그 이치를 너희
들이 종합해서 보라.
41 그러기에 나의 뜻이요, 나의 성령이
요, 새로운 성경의 두렵고 무서움을
너희들이 알 것이니,
42 이를 아직도 너희들이 보지 못하며 깨
우치지 못함은 너희들이 아직도 하늘
의 지혜가 부족함이요, 깨달음이 부족
함이니 그리 알라 전하라.

10,812 번째 하나님 말씀

2004년 4월 27일 19시 13분

1 사랑하는 나의 아들아!
2 "네, 아버님! 말씀하옵소서."
3 지금 수천 년의 믿음이요, 그리고 모
든 백성들이 신앙의 길을 왔으며 이
길을 달려왔음이니라.
4 그리하여 너희들이 하늘에 오르는 길
이라 하여 믿어 왔던 그 백성들이 나
에게 오른 백성이 없다 함이니, 이 무
서운 사실을 너희들은 어찌하겠는가?
5 이보다 너희들이 경악스럽고 이보다
더 당혹스러운 것은 없을 것이거늘,
6 어찌하여 내가 새로운 성경에 기록하
여 전하는 이 뜻을 너희들이 듣지 않
으려 한단 말이더냐?
7 내가 사람을 통하여 말로써 전하는 것
이라면, 이는 변명할 수 있으며 이는
고칠 수도 있을 것이니라.
8 그러나 내가 나의 새로운 성경이라 못
박아, '하늘에 오르는 길'이요, '하나
님! 말씀하옵소서.'라는 이 책으로써
거기에 기록하여 모두를 전하는 그 내

용을 어찌하여 너희들이 믿으려 하지
아니하며, 그를 너희들이 지켜 거듭나
려 하지 아니한단 말이더냐?
9 그를 보려 하지 않는 것이 너희들이
얼마나 불쌍한 백성들인 줄 알겠느냐?
10 너희들이 나와 관계없고 잘못 간다는
그 믿음의 원인이 어디 있는 줄 알겠
느냐?
11 너희들은 그러하니라.
12 진정한 믿음이요, 참진리의 신앙의 길
을 오는 것이 아니요, 희생과 봉사의
길이 아니라,
13 너희 인간 세상에 살아가면서 육에서
부닥치는 세속의 모든 천 가지 만 가
지 그 삶의 현안들을, 너희들이 이루
어지는 그 사건이요, 이루어지는 그
문제들마다 해결하고자 하는 그와 같
은 것으로써 기도하고 경배하는 것이
오늘의 너희들의 믿음이요, 신앙으로
전락되었음을 아느냐?
14 너희들은 아니라 그리 말할 것이며,
나의 법전을 들고 이와 같은 것은 사
탄이요, 마귀가 하는 짓이라 말하나,
15 너희들은 나를 찾으며 나를 원한다 하
나, 너희들은 그 현안을 해결하려 기
도하고 매달리고 울고불고하는 것이
니라.
16 그러니 너희들이 아무리 깨끗해졌으
며, 아무리 변했으며, 천사와 같은 마
음이라 해도,
17 너희들은 인간이 세상에 나갈 때 내가
심어 주었던 그 원래의 마음으로 돌아
가지 아니하면,
18 진정한 진실을 알 수 없으며, 진정한
진리를 알 수 없으며, 하늘의 법도를
알 수 없으며, 하늘의 지혜를 알 수 없
으며 얻을 수 없는 것이 너희들이니라.
19 그러니 너희들은 그와 같지 아니하며,
아주 깨끗하며 표백된 백성으로서 하
나의 오점도 하나의 욕심도 없다 그리
말하나,
20 너희들은 욕심의 뿌리를 다 버리지 못
하며 천사와 같은 마음으로 변하지 못
해서, 그리하여 현안에 매달리며 더
얻고자, 더 이루고자 너희들이 그 추
한 모습을 하고 있는 것이 오늘의 신
앙이요, 믿음의 길을 가는 것이니라.
21 그러니 그것을 보고 그곳에서 무엇이
있겠느냐, 그리고 그것이 진실이라 말
하겠느냐?
22 나 여호와가 전하는 이 뜻을 너희들이
명심하여 깨우치지 아니하면 아니 되
느니라.
23 내가 나의 책에 기록하는 것을 너희들
이 두렵고 무서운 줄 알아, 이를 읽는
백성 너희들이 잠에서 깨어난 자처럼,
너희들이 뜨거운 물에 손을 대서 놀라
는 것보다 더 무서운 모습으로 너희들
이 놀라 깨우치는 그와 같은 지혜를
얻지 아니하면 절대 아니 됨을 알라.
24 그럼으로써 너희들이 지금 맺어진다
하는 것, 그리고 너희들이 역사한다는
것, 그것으로써 너희들이 모두가 끝나
는 너희들의 인생이라면, 내가 무어라
너희들에게 이 어려운 길을 가라 하겠
느냐?
25 너희들이 현안을 해결하는 그것으로
써 모두가 맺어지며 모두가 끝이 나
며, 그것으로써 너희들이 그 이상 그
이하도 없으며, 그저 죽음으로써 모두

가 매듭지으며 끝나는 너희들의 인생
의 삶이라면,
26 내가 나의 법전을 세상에 내려보내지
도 아니하였을 것이며, 오늘의 나의
아들에게 이와 같은 고통스러운 길을
가라 하지도 아니하였을 것이니라.
27 그러나 너희들은 알아야 될 것이니라.
28 너희들이 지금 현안을 해결하고자 하
는 것, 그리고 당면한 문제요, 부귀와
영화요, 너희들이 남보다 높고자 하는
그와 같은 것들을 해결하는 것을 목적
으로 두는 신앙이요, 믿음이기 때문에,
29 너희들이 육이 존재하는 이 세상에서
모두를 다 얻고 이루고자 하는 그 신
앙이요, 믿음에 빠져 있기에,
30 너희들이 하늘나라에 진입하는 것, 그
리고 하늘나라에 오르는 것, 그리고
하늘나라에 너희들이 이루는 것이 얼
마나 위대한 것이며, 얼마나 큰 은혜
요, 축복을 받는 것인가,
31 그를 보지도 못하며 상상도 못 하며
그려 보지도 못하는 것이 오늘의 너희
들임이니라.
32 그러니 다음 세상에 이루어지는 엄연
한 그 현실을 그려 보지도 못하며, 상
상하지도 못하며, 거기서 너희들이 바
른 삶을 살 때 받는 그 축복이요, 은혜
를 생각도 못 하는 것이니,
33 너희들이 얼마나 무서움에서 사는지
알겠느냐?
34 이제 너희들은 이 무서움과 두려움을
나의 법전에 기록하여 전하니, 너희들
이 이를 보고 깨우쳐 거듭나는 백성으
로 되지 아니하면 절대 아니 됨을 알
라.
35 너희들이 믿음이요, 하늘에 오르는 그
신앙이 이 세상의 너희들의 현안을 해
결하기 위해 매달리는 그와 같은 신앙
에서 벗어나야 됨이니라.
36 거기서 벗어나지 아니하는 백성은 절
대적 아니 됨이니라.
37 너희들이 그와 같은 오늘의 모든 믿음
을 다 던져 버리고 태워 버리고,
38 너희들이 나의 법전을 높이 들어 나의
법전을 읽고 또 읽어 정독하여,
39 나의 뜻이 이 땅에서 이루어지고자 하
는 것이 무엇이며, 이루고자 하는 것
이 무엇인가, 너희들은 그 길을 들여
다보며 그 길을 찾아 같이 가는 백성
이 되지 아니하면 절대 아니 됨이니라.
40 그러니 이 땅에서 내가 이루고자 하는
것, 나 여호와의 뜻이 무엇인가, 그 길
을 찾아 너희들이 최선의 노력을 다할
것이며,
41 나의 아들을 통하여 내리는 강론이요,
그 제자들이 전하는 강론을 들어, 너
희들이 그 모두를 희생하며 모두를 다
바쳐 내가 이루고자 하며 내가 역사하
는 그 뜻에 같이 동반자가 되지 아니
하면 절대 아니 됨이니,
42 아무리 어렵고 힘들다 해도 지금의 모
두를 다 털어 버리고, 너희들이 거듭
나기 어렵다 해도 거듭나는 길을 선택
하지 아니하면 아니 됨이니 그리 알라.

10,813 번째 하나님 말씀

2004년 4월 27일 19시 32분

1 사랑하는 나의 아들아!
2 "네, 아버님! 말씀하옵소서."

3 하늘에 오르는 길이요, 나의 아들이
하늘의 길에 오는 것은 너희들이 백지
장 한 장을 손에 쥐여 주어도 그것이
무겁고 힘든 길이라 내가 그리하지 아
니하였더냐?
4 그러니 지금의 믿음의 길을 가는 그
백성들이 어찌 가는가?
5 모두가 종교 집단의 지도자나 신도나
할 것 없이 그들이 물질에 빠져 있으
며 물질에 얽매어 있는 그 믿음에서
벗어나지 못하고 있는 것이 오늘의 현
실임을 너희들은 알아야 될 것이니라.
6 그러니 모든 역사함을 보지 못하며,
나 여호와의 참진리요, 하늘의 뜻을
그들이 보지 못함이니라.
7 그러니 너희들이 물질에서 벗어나는
그와 같은 믿음이요, 종교 집단이요,
지도자가 거듭나지 아니하면, 아무것
도 알 수 없음을 너희들은 알아야 될
것이니라.
8 그러니 더욱이 하늘의 뜻을 깨우쳐 너
희들이 만백성을 인도한다는 것, 이는
다 너희들의 기준이요, 너희들의 생각
에서 모두를 역사하는 것이요,
9 나 여호와의 뜻이요, 나와는 아무런
관계도 없는 그와 같은 너희들이 오늘
의 그 길을 인도자라 하여 가고 있으
며,
10 그 인도자가 너희들이 나에게 오르는
참지도자라 하여 또한 너희들이 따라
가고 있는 이와 같은 형국이 되었음이
니라.
11 그리하여 내가 너희들을 보기가 너무
나도 불쌍하고 가련하여 제3의 시대
에 새로운 성경을 세상에 내려보냄이
니라.
12 그러기에 내가 그 모두를 위하여, 오
늘의 너희들이 이와 같은 역사가 이루
어질 것을 미리 알고, 이미 모두를 준
비하여 너희들에게 깨우쳐 주고 전해
주지 아니하였더냐?
13 내가 너희들에게 그리 전했느니라.
14 너희들 가운데 나 여호와가 존재하며,
너희들 가운데 내가 존재한다는 그와
같은 가르침을 너희들이 어찌하여 그
를 깊이 깨우쳐 행하지 못하는가?
15 너희들이 그는 무엇이더냐?
16 성령으로써 거듭나는 그와 같은 백성
이요, 너희들이 그와 같은 백성으로
변화되는 삶을 살 때, 너희들의 모두
가 다 이루어진다는 그 의미를 너희
들이 지금 모르고 있음이니라.
17 그러니 너희들 자신의 마음속에 있다
함을 모르는 것이 오늘의 백성이니라.
18 너희들이 하늘에 오르는 길이요, 참진
리의 길이요, 내가 같이하는 것, 그 모
두는 다 너희들 마음속에 있다 함을
너희들이 깊이 깨우쳐, 너희들 자신이
이 의미를 알도록 그리하지 않으면 아
니 됨을 알라.
19 지금의 모든 믿음의 길을 가는 백성
너희가 과연 진실된 마음으로써 참진
리의 길을 가고 있다 그리 말할 수 있
는가?
20 내가 보는 너희들은 참진리요, 진정한
믿음의 길을 가지 아니하고 물질에 얽
매어 그 물질을 쫓아가는 그와 같은
어리석은 믿음으로 가고 있음을 알라.
21 나 여호와가 너희들이 참진리요, 참믿
음의 길을 가지 못하고 있다 하는 것

이 무엇인 줄 알겠느냐?
22 너희들은 지금의 가는 길이 참진리요,
진실된 믿음의 길을 가고 있다 그리
말하나,
23 너희들은 전혀 참진리요, 진실된 길을
가지도 못하며 알지 못하는 것임을 알
아야 될 것이니라.
24 너희들이 지금 가고 있는 참진리요,
너희들이 진실이라는 그 마음이 무엇
인 줄 알겠느냐?
25 너희들의 욕심의 마음의 기준에서 벗
어나지 못하고, 너 자신을 기준으로
하여 너희들이 그 바탕 위에서 참진리
요, 진실을 깨달았다 말함이니,
26 그리하여 너희들은 내가 세상에 내려
보낸 너희들의 그 최초의 마음에 접근
하지도 못하며 근접하지도 못하였느
니라.
27 그리하여 너희들이 참진실이요, 참진
리를 모르고 네 기준에서 헤매기 때
문에, 너희들의 감정이 유발되는 것이
며 감정을 억제하지 못하며, 너희들이
무서우리만큼 순간에 변화되는 그와
같은 삶을 사는 것이니,
28 그러니 너희들이 참진리요, 참진실을
모르고 사는 백성들이요, 불쌍한 자들
이니라.
29 그러니 내가 나의 법전을 기록하여 전
하며 나의 아들을 통하여 너희들에게
전하는 것이,
30 너희들의 기준을 벗어난 그 아래에
있는 진정한 참진리요, 진실을 너희들
이 깨닫도록 하고자 하는 것이 나 여
호와의 뜻임이니라.
31 참진리요, 진실이라는 것이 너희들의
욕심의 뿌리를 뽑아 버리지 못했으며,
그러하기 때문에 너희들은 진실이 없
는 자들이요, 진정한 믿음으로 가지
못하는 백성들이라 내가 그리 말함이
니라.
32 그러니 너희들이 욕심의 그 분배요,
욕심의 그 계산을 갖고 있으며, 그 위
에서 참진리요, 참진실이라는 것을 가
지고 산다 그리 말하며,
33 너희들은 깨끗한 자요, 나 여호와를
속이지 아니하는 자요, 다른 신을 섬
기지 아니하는 자요, 그와 같이 살아
간다 하나,
34 너희들이 그 한 자리 깔아져 있는 너
희 그 밑바닥에, 너희들이 낮은 데가
아니요, 그저 적당히 서 있는 그 자리
에서, 적당한 너희들의 모습으로써 모
두를 합리화시킨 것이기 때문에, 너희
들이 나에게 오를 수 없으며 구원을
받지 못한다 함이니 그리 알라.
35 진실이요, 진정한 그 믿음의 깊이를
모르고 너희들이 지금 스스로 착각 속
에 살아간다는 것을 나의 법전에 기록
하여 전함이니,
36 너희들이 나의 새로운 성경을 읽고 깨
우쳐 나로부터 가지고 나간 너희들의
그 믿음이요, 가장 낮은 자세의 그 밑
바닥에서 너희들을 들여보도록 하라.
37 아직까지 너희들이 내려갈 길이 많이
남아 있거늘,
38 지금 서 있는 그 중간이 너희들이 참
진리요, 진실된 마음이라 그리하는 것
이니, 너희들은 여기서 깨우쳐야 됨을
잊지 말라, 사랑하는 나의 아들딸들아!
39 너희들의 발이 땅에 닿아야 땅에 닿는

것이거늘, 발에 땅은 닿지 아니하며 너희들이 공중에 서 있으면서 네 발이 땅에 닿았다 말하는 그와 같은 자와 같음이니, 그를 깨우치도록 그리하라.

10,814 번째 하나님 말씀

2004년 4월 27일 19시 37분

1 사랑하는 나의 아들아!
2 "네, 아버님! 말씀하옵소서."
3 모든 나의 백성들이 청결한 마음이요, 그 청결함이 없으며, 그러기에 너희들이 진정한 마음이 없으며, 진정한 진실이 없으며,
4 참진리의 길을 모르며, 참진리의 길이 없으며, 참진리의 믿음이 없는 것이 오늘의 너희들의 신앙의 길이라 함을 너희들은 알아야 될 것이니라.
5 참신앙의 길을 가지 못하고 있다 함이니, 너희들이 얼마나 경악하고 당황하겠는가?
6 그러나 지금 참진리의 길을 가지 못하고 있는 것이 너희들이요, 청결함도 없는 것이 너희들이라는 걸 잊지 말라.
7 너희들이 정녕 진정한 길이요, 참진리의 길을 가고자 한다면, 너희들의 모두를 다 버려야 된다는 것, 너희 자신을 버리고 지워 버려야 한다는, 내가 너희들에게 전한 그 가르침을 행하고, 너희들이 그리 행하기 위하여 거듭나는 변화의 역사를 하지 아니하면 너희들은 존재할 수 없는 것임을 알라.
8 진실이라는 것은 무엇이더냐?
9 영원히 불변이요, 영원히 지속되는 것이 진실이니라.
10 그리고 진실 속에서 너희들이 참진리를 알게 되며 그 참진리의 길을 보게 됨이니,
11 참진리는 또한 그것이 무엇이더냐?
12 그도 영원히 불변하는 것이요, 너희들이 그 불변함을 얻는 것이 바로 너희들이 참진리요, 진실된 믿음의 길을 가는 백성이라는 것을 잊지 말라.
13 그러나 너희들이 오늘의 살아가는 삶이 무엇인 줄 알겠느냐?
14 너희들이 아무리 그 바닥에 섰다 하나, 너희들은 바닥에 선 자들이 아니라 내가 말하였으며,
15 너희들은 위장된 속에서 살고 있으며,
16 너희들이 위장된 세상에 있으면서도 네 마음이 그리 다스려져 있는 줄 착각하고 있는 것이 오늘의 너희들의 현실이니라.
17 그러니 너희들은 알라.
18 너희들이 육에서 모두가 다 끝나는 것이 아니요, 너희들의 귀중한 생명이 연결되는 다음 세상의 위대한 삶을 너희들이 알아야 되기 때문에, 그리고 그 삶을 위하여 살아가야 되는 것이 나의 아들딸이기 때문에,
19 내가 너희들에게 참진리요, 참진실을 가지고 너희들이 살아가는 백성이요, 그 바닥에까지 너희들이 내려가지 아니하면 아니 된다는 것을, 내 뜻을 알겠느냐?
20 영원히 죽지 않는, 영혼이 거듭나는 세상에서 너희가 거듭나는 준비를 해야 되는 것이거늘, 너희들이 어찌하여 이를 잊어버리고 산단 말이더냐?
21 너희들은 영원히 죽지 않는 그 영혼이

거듭나는 세상에 와서 태어나는 그 준
비를 위하여, 그 삶을 위하여 살아가
지 않으면 아니 되며, 이를 잠시도 잊
어서는 아니 되거늘,
22 너희들이 육의 삶에서 모두를 지워 버
리고 사는 어리석은 백성으로 타락되
었음이니라.
23 잠시도 지우지 말라, 잠시도 잊지 말
라.
24 그리고 너희들이 그와 같은 마음 자세
에서 삶을 살지 아니하면 아니 됨을
명심하도록 그리하라.
25 너희들은 최선의 노력을 다하여 나로
부터 받아 나간 너희들의 그 기초의
마음을 원상복구를 시키는 것, 원상태
로 너희들의 마음을 돌려놓는 것, 그
를 하지 아니하면 아니 됨이니라.
26 거기에만 모든 진실된 마음이 있으며,
진실된 마음의 근본이 거기서 또 시작
되게 됨이니,
27 그를 너희들이 원상복구시키지 아니
하면 진실한 마음이 없으며, 진실의
믿음으로 갈 수도 없으며,
28 영원히 불변하는 진실이요, 진정함이
거기에 없다 함을 너희들은 명심하고
또 명심하라.
29 그러니 너희들이 원상태의 마음으로
돌아가는 데 최선의 노력을 다하며,
그 길을 위하여 달려가는 육의 삶을
살도록 그리하라.

10,815 번째 하나님 말씀

2004년 4월 27일 19시 40분

1 사랑하는 나의 아들아!
2 "네, 아버님! 말씀하옵소서."
3 너희들이 누구나 바라는 소원이요, 소
망이 무엇이더냐?
4 하늘에 계신 너희들의 아버지요, 창조
주 나로부터 많은 복과 은혜를 받는
그와 같은 백성이요, 그와 같은 영광
을 얻는 것이 너희들의 믿음이요, 너
희들이 바라는 가장 큰 신앙의 목표가
아니더냐?
5 그러나 너희들이 모든 재앙으로부터
벗어나며, 모든 고통과 시련으로부터
벗어나는 것, 너희들 앞에는 불행이
없기를 바라는 것이 곧 또한 너희들의
마음이요, 신앙의 길의 근본이 아니더
냐?
6 그러니 너희들이 이와 같이 바라는 것
또한 무엇인 줄 알겠느냐?
7 욕심에서 모두가 근본이 이루어지며,
욕심으로부터 모두가 우러나는 마음
이 아니더냐?
8 그러니 너희들이 재난으로부터 벗어
날 수 있는 것, 또한 너희들이 모두를
역사할 수 있는 것은 곧 욕심의 뿌리
를 뽑아내야 되는 것이며, 욕심의 뿌
리를 너희들이 지워야 되는 것이거늘,
9 너희들이 그 믿음이요, 신앙의 길을
가는 것, 그 모두가 바라고 역사하는
것, 그것이 다 너희들이 욕심의 바탕
에서 바라고 있음이니,
10 그것이 이루어질 수 있다 생각하며 그
것이 나에게 받아들여질 수 있다 생각
하느냐?
11 그러니 너희들이 이와 같은 이치를 깨
달아야 될 것이니라.
12 그러니 나의 피조물 만백성들이 너희

들 자신을 모르며, 하늘의 뜻을 모르
며, 내가 이루고자 하는 것을 제대로
알지 못하고 살아가는 백성이라 함이
니라.
13 너희들이 욕심의 뿌리를 버리지 아니
하면 아니 되는 것이거늘, 너희들이
누구나 하늘로부터 복을 받고 은혜를
받고 축복을 받기를 바라는 것이 신
앙이요, 그 믿음이라면,
14 너희들이 욕심을 저버리지 못한 자들
이요, 욕심 속에 존재하는 자들이요,
15 네 앞에는 재난이 없으며 고통이 없으
며, 네 앞에는 불행이 없으며, 슬픈 것
이 없는, 그리고 그저 축복된 것만을
바라고 사는 것, 그리고 그 믿음으로
가는 것, 그것이 또한 욕심이니,
16 그 욕심의 근본에서 너희들이 모두를
기도하고 경배하며 살아감이니라.
17 그러니 그 욕심을 버려야 되거늘, 그
욕심의 바탕 위에서 너희들이 모든 꽃
을 피우고자 하며 모든 결실을 거두고
자 함이니,
18 곧 거기에서 너희들이 결실을 거둘 수
없으며 꽃을 피울 수가 없으며,
19 꽃을 피우지 못하니 열매를 맺을 수
가 없으며, 열매가 맺지 못하니 추수
때가 되어도 거둬들이지 못하는, 너희
들이 불행한 자라 하는 나 여호와의
뜻을 알겠느냐?
20 너희들이 모두가 원하고 기도하는 것,
복을 받기 위한 것도 욕심이요, 그리
고 재난을 너희들에게 없기를 바라는
것도 욕심이요,
21 그 모두가 너희들은 하나서부터 만 가
지까지가 다 욕심의 근본을 깔아놓고
거기서 모두를 이루고자 함이니,
22 그곳에서는 아무 꽃을 피울 수 없으
며 새싹이 틀 수 없으니,
23 곧 죽음이라는 것을 너희들은 알아야
될 것이니, 모두가 죽은 자이니라.
24 그러니 거기는 새 생명이 없으며, 너
희들이 뽑을 수 없으며 구할 수 없으
며 거둬들일 수 없으며 추수할 것이
없다는 것을 명심하고 또 명심하도록
그리하라.
25 모두가 너희들의 욕심의 근본에서 시
작하니, 그 욕심의 근본을 뽑아 버리
고 더 내려가고 낮은 자로서 너희들이
서지 아니하면 아니 됨이니라.

10,816 번째 하나님 말씀

2004년 4월 28일 06시 39분

1 사랑하는 나의 아들아!
2 "네, 아버님! 말씀하옵소서."
3 인간 세상에 너희들이 살아가면서 서
로가 경쟁이요, 시합을 함이니라.
4 그리하여 거기에서 승자에게 내림이
니, 그것을 메달이라 하느니라.
5 그러니 인간의 노력으로써 너희들이
어떠한 경기든 최고의 메달을 획득하
기 위하여 노력하는 것, 그리고 너희
들이 피땀 흘리는 그것이 얼마만큼 값
지고 얼마만큼 위대한 것이더냐?
6 그리고 그가 얼마만큼 훈련의 피땀을
흘렸느냐에 따라서 그는 그 최고의 메
달을 획득하고 획득하지 못함이니,
7 그 한 사람이 최고의 메달을 딸 때까
지 그 과정을 너희들이 한번 들여다보
도록 그리해 보라.

8 그와 같이 최고의 메달을 따는 그 노
력과 그 정성과 그 공을 다 들이지 아
니한다면, 아무것도 너희들은 이룰 수
가 없는 것이니라.
9 그러니 너희들이 이 세상에 살아가면
서 네 직분에 대해서 얼마만큼 열과
성의를 다했으며 공을 들였느냐 하는
것이 너희들의 승패가 좌우됨이니라.
10 그러니 그 최고의 메달을 따는 사람이
너희들이 놀고먹고 즐기는 그 시간을
다 즐기면서 그와 같이 딸 수 있다 생
각하는가?
11 너희들은 가련하리만큼 모두를 다 포
기하고 모두를 다 접어 두고 그 길을
가는 것이 그 메달을 딸 수 있는 것이
니라.
12 그러니 지금 나의 법전을 만드는 나의
아들을 따르는 제자들이요, 그리고 만
백성을 구하기 위하여 지금 나의 전사
로서 강론을 들으며 교육을 받는 너희
들이 과연 어떠한 마음을 가져야만 되
는가?
13 그 메달을 딴 사람보다 너희들이 더
앞에 가며 더 위대한 역사를 해야 함
이니, 그러니 너희 스스로 어떠한 자
세로써 가야 되는지를 한번 생각해 보
았는가?
14 이는 인간 세상에서 너희들이 경기로
써 메달을 따는 것이 아니요, 모든 백
성들을 구원하고 구원하지 못하는 그
와 같은 중책의 길을 너희들이 감이니,
15 이는 두 가지의 길이 있는 것도 아니
요, 세 가지의 길이 있는 것도 아니요,
오로지 단 한 가지의 길밖에 없음이니
라.
16 그리고 남의 생명을 구하며 거듭나는
역사의 영광을 주기 위하여 너희들이
그 모든 길을 가는 자가 과연 메달을
따는 사람보다 흐트러진 자세요, 그들
보다 놀고 즐기는 그와 같은 시간을
가지고 가서 그 모두를 이룰 수 있다
생각하는가?
17 그러니 나의 아들과 나의 아들을 따르
는 제자들이요, 나의 법전을 읽고 깨
우친 만백성, 너희들은 누구도 따를
수 없는 인간 세상에 최고의 메달을
따기 위하여 가는 자요, 노력하는 자
인만큼,
18 너희들이 최고의 것을 따기 위하여,
최고의 것을 소유하기 위하여 가는 자
가 얼마만큼 더 많은 노력이요, 얼마
나 강한 훈련에 돌입하여 자신의 모두
를 다 버리고 가야 되는 것인가를 알
겠느냐?
19 하나의 메달을 따기 위하여 그는 모두
를 다 포기하고 오로지 그 훈련에 훈
련을 거듭함이니라.
20 그러니 나의 아들을 따라 만백성을 구
하는 선생이요, 지도자로서 거듭나야
할 너희들은 과연 어떠한 길을 가야
되는가?
21 너희들은 오늘의 어렵고 힘든 길이요,
그리고 너희들이 모두를 다 잃는 것
같으며 세상사를 접어 두고 사는 그
삶이, 정녕 너희들은 그와 같은 것이
오늘의 슬픔이요, 고통이 아니니라.
22 인간 세상에서 가장 위대한 메달을 따
기 위하여 도전하는 자요, 그 메달을
위하여 너희들이 지금 달려가는 자요,
훈련에 돌입한 백성들이니,

23 너희들이 어떠한 마음으로 가고, 어떠
한 시련과 고통도 과연 다 뿌리치고
그 모두를 접어 두고 너희들이 피나는
노력과 인내로써 인간 세상에 가장 위
대한 메달을 따는 승자가 될 것인가,
그렇지 않으면 스스로 너희들이 무너
지는 그와 같은 사람이 될 것인가, 그
것은 너희들이 선택하도록 그리하라.
24 너희들이 운동경기에서 하나의 최고
의 메달을 따는 그 선수보다 열배 백
배 더 어렵고 힘든 강도 높은 훈련이
요, 너희들 자신을 다스려서 가지 아
니하면 아니 되는 것이 너희들의 운명
이요, 너희들이 가야 할 길이니라.
25 운동선수가 메달을 따기 전에, 어렵고
힘들어 포기하여 인간 생활에 젖어 있
다면, 그는 모두가 다 물거품이요, 그
모든 소원은 이루어지지 아니하며,
26 그저 그는 말로써 꿈으로써 메달을 따
는 것이요, 정녕 그는 획득하지 못하
고 포기자가 되는 것이요, 따라서 또
한 제가 한 길을 가던 자 그를 포기하
니, 폐인이 되는 것은 당연할 것이니
라.
27 그러니 그보다도 더 위대한, 세상에
단 하나밖에 없는 가장 위대한 메달을
따기 위하여 가는 너희들이 중간에서
포기하고 쓰러지는 그와 같은 사람이
되어야 될 것인가를,
28 너희들은 보이지 않는 경쟁자가 없는
경쟁이요, 보이지 않는 싸움을 하는
너희들이니라.
29 그러니 너희들이 지금 경쟁을 위해서
하나의 목표를 위해서 훈련하는 운동
선수처럼,
30 너희들은 보이지 않는 속에서, 잡히지
않는 속에서 강도 높은 훈련에 돌입하
고 있다는 것을 잊어서는 아니 될 것
이니라, 사랑하는 나의 아들딸들아!

10,817 번째 하나님 말씀

2004년 4월 28일 06시 46분

1 사랑하는 나의 아들아!
2 "네, 아버님! 말씀하옵소서."
3 지금의 믿음의 길을 가는 종교 집단이
요, 지도자, 그리고 구원을 받았다 하
는 백성, 그 모두가 진정한 믿음의 길
을 간다 생각하느냐?
4 그들은 진정한 믿음이요, 깨우침과는
관계없느니라.
5 모두가 물질 만능주의에서 물질을 위
하여 가는 것이 오늘의 믿음이요, 신
앙의 길이니라.
6 그리하여 너희들은 물질의 축복을 받
기 위하여 기도하고 경배하는 것이 너
희들의 그와 같은 믿음이니,
7 그 속에서 나의 백성이 하나도 참진리
요, 하늘에 오르는 길을 보지 못함이
니,
8 내가 너희들을 통하여 바로잡고 바로
역사하고자 하는 것은 그와 같은 것
이니라.
9 모두가 물질을 구원하기 위하여 그 축
복 속에서 젖어 있는 백성들, 그리고
그것을 가장 소망하고 갈구하는 자들
에게,
10 너희들이 물질만이 가장 위대한 것이
아니요, 물질이 아닌, 다음 세상에 참
진리요, 다음 세상의 삶을 위하여 진

실된 마음으로써 자신을 다스려 나가
는 것이 하늘에 오르는 길이요, 그것
이 나로부터 받는 축복이라 그리 말하
나,
11 그러니 그 말을 들어주는 자가 없으며
그 말을 따르는 자가 없음이니,
12 너희들이 잘못된 사람이요, 잘못된 백
성으로 비치는 이와 같은 세상에서
그들을 다스리고 그들을 바로잡는다
는 것은 너희들밖에 없음이니, 이를
어찌하겠단 말이던가?
13 너희들이 지금 그들처럼 물질의 축복
을 받으며 물질의 모든 영광을 얻고
자 기도하고 경배하는 마음이라면,
14 이 세상은 너희들이 쓰러지고 쓰러져
타락될 대로 타락되어, 이제는 영원히
이 지상의 낙원이 이루어질 수 없는
것이니라.
15 그러니 그와 같은 것에 만연된 세상
속에서 나의 아들을 따르는 제자들이
요, 나의 법전을 읽고 깨우친 백성, 너
희들이 바로 서지 아니하면 아니 됨이
니라.
16 그러나 너희들 스스로도 가슴에 손을
얹고 너희 자신을 돌이켜 보도록 그
리하라.
17 너희들이 과연 믿음이요, 나의 뜻에
의해 역사하는 것에 우선으로 하고
있는가?
18 너희들 자신도 재물이요, 그 재물의
축복에 마음이 흔들리지 않는가?
19 그리고 너희들이 재물을 먼저 모으고
자, 재물의 고통에서 벗어나고자 하는
생각은 않는가?
20 그 모두가 다 너희들이 마음속에 다
른 신을 두는 것이며 다른 믿음을 가
지고 있는 것이니라.
21 그러니 스스로 너희들이 그와 같은 마
음 모두를 다 뽑아내야 함을 잊지 말
라.
22 내가 너희들에게 묻느니, 너희들은 그
리 말할 것이니라.
23 진정한 믿음의 길이요, 하나님의 뜻이
요, 법전대로 살아간다 그리 말할 것
이니라.
24 오늘의 모든 믿음의 길을 가는 백성들
이요, 신앙생활 하는 백성들도 나 여
호와의 뜻에 의해 철저히 가며, 성경
에 철저히 그 믿음의 길을 간다고 그
리하느니라.
25 그러나 그 모두가 너희들이 철저하고
진실된 것이 다 거짓임이니, 그것이
무엇인 줄 알겠느냐?
26 너희들 마음속 깊은 곳에 욕심이라는
것을 한 자리 깔아 놓고 그 욕심 위에
서 모두가 이루어지기 때문이라 하지
아니하였느냐?
27 나의 아들을 따르는 제자들이요, 법전
을 읽고 깨우친 만백성, 너희들도 나
의 법전대로 살며, 나의 아들을 통하
여 내리는 강론을 듣고 깨우쳐 너희
들은 천사와 같이 된다 그리 말하나,
28 내가 보는 너희들 마음속에는 철벽보
다도, 그리고 철판보다도 더 두꺼운
너희들 마음속 밑바닥에 욕심이라는
것을 너희들도 아직 빼지 못하며 버리
지 못하고,
29 그 기초 위에서 너희들이 깨끗한 자
요, 진실된 믿음이요, 법전대로 살아
가는 것이요, 그리고 십계명을 지키고

살아가는 백성이라 너희들이 지금 그
리 말함이니라.
30 그러니 그것을 너희들이 다 지워 버리
며 그 밑으로 더 내려가, 너희들이 세
상에 나로부터 받아 나간 그 마음 자
세로써 너희들이 거기까지 가지 아니
하면 아니 됨이니,
31 이제 사랑하는 나의 아들을 따르는 너
의 제자들이 원심의 그 깊은 마음속
에 있는 욕심이요, 시기하고 질투하는
마음, 남을 미워하는 마음, 그리고 남
이 잘됨을 부러워하는 마음, 그리고
그를 시기하는 마음,
32 그와 같은 마음의 모든 뿌리를 아직도
뽑아내지 못하고 너희들이 근본의 뿌
리를 놓아 둔 다음에 그 속에서 너희
들이 지금 깨우쳤다 그리함이니,
33 깊은 생수를 모르고 건수를 가지고 너
희들이 지금 깨우쳤으며, 나 여호와의
뜻대로 살며, 십계명을 지키고 법전대
로 산다 하니,
34 너희들은 그 건수로써 깨달은 것이
아니요, 지키는 것이 아니라,
35 너희들이 깊은 땅속에서 품어 올리는
그 생수를 뽑아낼 수 있는 자가 되었
을 때,
36 너희들은 정녕 진실된 믿음이요, 진실
된 마음으로 살아가는 백성이 될 것
이니, 그 훈련을 거듭하도록 하라.
37 너희들이 모든 보이지 않는 욕심의 마
음을 뿌리쳤을 때, 그리고 너희들이
그 부귀영화요, 재물에 대한 생각을
버리며, 거기에 연연하는 마음을 진심
으로 버렸을 때,
38 그리고 네가 가장 낮은 자요, 가장 초
라한 자 되었을 때, 부끄러움이 없는
것, 그리고 그것에 두려움이 없는 것,
그것에 당당하게 그를 행복이라 생각
하는 것,
39 나의 법전을 얻은 것으로써 세상의 무
엇과도 바꿀 수 없으니, 너희들이 초
라하고 오늘의 나약함이요, 그와 같은
마음을 다 달래고 이길 수 있는 진정
한 너희들의 자세로써 거듭나면,
40 세상에 못 이루는 것이 없을 것이니
그리 알라 전하라.

10,818 번째 하나님 말씀

2004년 4월 28일 06시 52분

1 사랑하는 나의 아들아!
2 "네, 아버님! 말씀하옵소서."
3 6천 년이라는 길고 긴 세월 속에 숨겨
져 있던 모든 성서의 비밀이요, 그리
고 그 하늘을 열 수 있는 열쇠를 너희
들에게 내림이요,
4 그리고 그 모든 비밀을 열었을 때, 그
를 알아듣고 깨우치는 지금의 오늘에
선택된 나의 아들을 따르는 제자, 너
희들은 과연 무엇이더냐?
5 그러니 너희들이 가야 할 길이며 너희
들이 이루어야 할 그것을 감당할 것이
무엇인가를 너희들이 깊이 생각해 보
고 생각해 보느냐?
6 너희들은 들어야 될 것이니라.
7 내가 6천 년이란 길고 긴 세월이라는
것, 그리고 그 속에서 나의 사랑하는
많은 백성들이 얼마나 잘못된 길로 죽
어 갔으며 잘못 역사한 그와 같은 세
상을 살았는가, 너희들은 과연 그를

생각해 보았느냐?
8 지금 내가 너희들을 통하여 모두를 내
리는 것은 무엇이더냐?
9 너희들은 알아야 될 것이니라.
10 나의 피를 흘려 내가 너희들에게 흘러
내려 보내는 그와 같은 심정으로써 지
금 내가 너희들에게 이 모두를 전함이
니라.
11 내가 나의 아들을 통하여 새로운 성경
이요, 법전이라 하여 이 모두를 전하
는 것은 바로 새로운 백성이요, 새로
운 세상을 만들기 위하여 너희들은 한
점의 부끄러움이 없는 삶을 살라 하여
내 피를 녹여 내려보내는 그 간절하고
애절한 마음을 너희들은 알고 있느냐?
12 정녕 나 여호와가 새로운 세상이요,
새로운 시대를 열어 가기 위하여 나의
피를 녹여서 너희들에게 흘려보내는
이와 같은 오늘의 역사를 이루고 있거
늘,
13 그를 받는 너희들은 과연 어떠한 생각
을 하는가?
14 너희들이 세상사를 인간 세상에서 거
래하는 물질이요, 부귀영화요, 무엇을
얻고자, 무엇을 먹고자, 무엇을 마시
고자, 무엇을 걸치고자 하는 그와 같
은 생각에서 너희들이 벗어나지 못하
고 지금 가고 있다면 이 아픈 마음을
어찌 감당하겠느냐?
15 너희들은 들어야 될 것이니라.
16 지금 나 여호와가 6천 년 동안에 감춰
놨던 그 비밀을 모두 너희들에게 보내
니, 이는 하늘의 뜻이요, 마지막 너희
들이 이루는 길이요, 마지막 백성들이
지키고 역사할 것을 내가 내려보냄이
니라.
17 나 여호와가 너희들에게 말하기를, 마
지막 나의 성령을 태워서 내려보낸다
함이니, 너희들이 이 말을 소홀히 듣
지 말라.
18 나 여호와가 나의 피를 녹여 너희들에
게 수혈을 하고 있음을 알아야 될 것
이니,
19 이와 같은 나의 피를 녹여 내리는 수
혈을 받는 나의 아들을 따르는 제자들
이요, 나의 법전을 읽고 깨우친 만백
성, 너희들이 과연 어떠한 마음으로써
살아가는가?
20 인간 세속에 있는 너희들이 무엇을 얻
고자, 더 높고자, 명예롭고자, 너희들
이 무얼 먹을까, 마실까 하는 그와 같
은 생각을 아직도 버리지 못하고 인간
세상의 생각에서 헤어나지 못했다면
과연 이를 어찌한단 말이더냐?
21 나 여호와의 피를 녹여 수혈을 하는
백성은 이것이 마지막이며, 오늘의 선
택된 너희들 외에는 그 누구에게도 내
가 이를 내릴 수 없으며, 그 누구도 받
을 수 없는 운명이니,
22 이와 같은 운명 속에 있는 너희들이,
그를 받는 너희들이 어떠한 마음으로
살아가야 될 것인가 그 깨달음을 얻어
야 될 것이며, 너희들이 한 계단 더 높
이 올라야 될 것이며,
23 세상사에 이루어지는 인간 세상에 있
는 것을 벗어날 수 있는 마음으로 하
늘을 보라, 사랑하는 나의 아들딸들아!
24 나 여호와가 내 피를 녹여 너희들에게
내림이니, 수혈을 받는 너희들에게 내
가 더 이상 무슨 말을 하며 무엇을 더

이야기하겠느냐?
25 마지막이니라.
26 나의 피를 녹여 너희들에게 수혈함이
니, 이를 받는 너희들이 어떠한 마음
자세로 살아갈 것인가?
27 하늘의 법도요, 하늘의 이치를 얻어
너희들이 살아갈 것인가,
28 인간 세상의 생각이요, 똑같은 삶을
벗어나지 못하고 거기서 너희들이 헤
어나지 못하는 평범한 백성으로서 살
다 그냥 나와 인연을 끊고 너희들이
그저 그 대가를 치르는 길로 갈 것인
가?
29 이것은 지금 너희들이 깊이 깨우치고
각성하지 아니하면 아니 되며, 너희
자신을 다시 보라.
30 오늘의 삶이 과연 너희들이 하늘의 뜻
에 의하여 한 점의 부끄러움이 없는
삶을 사는 나의 아들딸인가?
31 그렇지 아니하며 인간 세속에 얽히고
설켜 그것을 벗어나지 못하고 있지는
아니한가?

10,819 번째 하나님 말씀

2004년 4월 28일 06시 57분

1 사랑하는 나의 아들아!
2 "네, 아버님! 말씀하옵소서."
3 너의 제자들에게 깨우쳐 주어야 하며,
너의 제자들이 들어야 될 것이며, 너
의 제자들이 마음을 다시 먹지 아니하
면 모두가 아니 되느니라.
4 수천 년 동안 흘러오는 그 많은 종교
집단이요, 지도자요, 그 백성들이 다
무엇을 위해서 살았느냐?
5 현실에 부닥치는 것, 그 현실의 어려
움을 풀기 위하여 매달리는 그와 같은
기도요, 그와 같은 신앙생활로써 지금
까지 흘러왔다 하지 않았더냐?
6 그러니 너희들이 현실 문제를 해결하
기 위한 그 모두가 신앙의 전부요, 믿
음의 전부였으니,
7 너희들이 과연 하늘의 뜻을 알 수 있
으며 하늘의 뜻에 역사하는 것을 아는
백성이라 할 수 있겠느냐?
8 그를 전혀 모르는 백성들이니라.
9 그러니 모든 백성들이 현실 문제의 그
어렵고 힘든 것을 구원하며 얻고자 기
도하고 가는 그 신앙의 믿음 속에서,
지금 내가 너희들을 선택하였음이니,
10 과연 너희들도 그와 같은 생각이요,
현실 문제의 어렵고 힘든 것에 연연하
는 너희들의 신앙이요, 믿음으로 가고
있지 아니하는가, 너희들 자신을 한번
돌이켜 보도록 그리하라.
11 너희들이 현실 문제에서 기도하는 백
성이라면, 너희들이 욕심의 기초에서
벗어나지 못했으며, 맹목적인 신앙생
활의 믿음의 길을 가는 지금의 신도들
과 가르치는 지도자들과 너희들이 무
엇이 다르더냐?
12 이제 사랑하는 나의 아들을 따르는 제
자들이요, 나의 선택된 백성 너희들은
알아야 될 것이니라.
13 너 자신의 현실 문제요, 네 가정의 현
실 문제요, 인간 세상의 그와 같은 것
을 위해서 너희들이 기도하고 경배해
서는 아니 됨을 알아야 될 것이니라.
14 진정 너희 자신을 위해서 기도하며,
너희 자신을 위해서 역사하는 백성이

되어서는 아니 될 것이니라.
15 내가 너희들에게 내 피를 녹여 수혈하
는 그와 같은 선택된 백성 너희들은
나 여호와의 뜻이 무엇인가를 알아야
될 것이며,
16 내가 이 땅에서 이루고자 하는 것, 지
상의 낙원을 이루고자 하는 것, 하늘
의 낙원을 지상에서 이루고자 하는 나
여호와의 뜻을 위해서 너희들이 기도
하고 모두를 살아가는 그와 같은 삶으
로써 살지 아니하면 아니 될 것이니라.
17 그러니 너희들이 그와 같은 기도요,
그와 같은 마음으로써 살아가지 아니
한다면,
18 모든 백성들과 현실적인 문제에서 그
것을 해결하기 위해 연연하며, 그것을
위해 기도하고 경배하며 그것을 바라
는 마음이요,
19 그것이 이루어지지 않을 때, 너희들이
나를 욕되게 하며, 나를 불평하며, 나
를 보고 원망하는 마음 그 자체가 바
로 너희들은 나와 관계없는 백성이요,
너희들이 삐뚤어진 백성이요,
20 참진리요, 내가 원하는 그 뜻을 모르
는, 아직도 지혜를 얻지 못한 가련한
백성이니,
21 나는 그와 같은 백성을 모른다 할 것
이며 그 백성을 알고 있지 아니함이니
라.
22 내가 나의 피를 녹여 수혈하는 그 은
혜를 받은 백성, 너희들이 마지막 시
대에 마지막 모두를 선택하여 모두를
너희들로 하여금 이루겠다는 나 여호
와의 뜻이거늘,
23 너희들이 어찌하여 하늘의 뜻이 이 땅
에서 이루어지는 그와 같은 역사를 위
하여 기도하고 살아가는 마음을 아니
갖고,
24 너희들의 현실 문제를 해결하는 거기
에 안주하며, 그 생각을 버리지 못하
고 사는 백성이라면,
25 내가 너희들을 어찌 안다 하며, 내가
너희들의 고통이요, 힘든 길을 바라볼
수 있겠는가?
26 너희들은 바로 무엇이더냐?
27 너희들은 이 세상에서 너희들 자신의
모두를 위하는 것이 아니요, 나 여호
와의 뜻이 이 땅에서 이루어지는 그
모두에 초점을 맞추며 그를 위하여 살
아가는 삶을 살도록 먼저 너희들이 그
리 변하라.

10,820 번째 하나님 말씀

2004년 4월 28일 07시 02분

1 사랑하는 나의 아들아!
2 "네, 아버님! 말씀하옵소서."
3 모든 백성들이 진정으로 나 여호와가
주관하는 것, 내가 이루고자 하는 것,
내가 너희들에게 바라는 나 여호와의
뜻은 모두를 다 하나서부터 백까지 외
면한 그와 같은 너희들의 삶을 살아가
는 것이 지금까지 믿음의 길을 가는
백성들이요,
4 또한 내가 선택한 나의 아들을 따르는
제자들이요, 나의 피를 녹여 수혈하는
그를 받는 너희들 또한 마찬가지니,
이 일을 어찌해야 된단 말이더냐?
5 이는 너희들이 알아야 될 것이니라.
6 너희들이 물질적인 축복에 의하여 너

희들의 그 믿음이요, 그를 구원하고자
하는 그 마음이 너희들 가슴속에 있기
때문임을 너희들은 알아야 될 것이니
라.
7 모든 백성들이 그와 같은 것이 아니면
무엇하러 믿음의 길을 가며, 구원을
받기 위하여 가는 믿음이 아니면 무엇
하러 믿음의 길을 가느냐 해도,
8 너희들은 그와 같은 소리를 들어서도
안 되며, 그와 같은 것을 귀를 막아야
될 것이니라.
9 너희들이 지금 나 여호와가 추구하고
자, 내가 역사하고자 하는 나의 뜻을
만 가지면 만 가지를 다 외면하며 등
돌리고 가는 자들이니, 그러니 바로
그것이 무엇이더냐?
10 물질이요, 인간의 명예요, 욕심으로
인하여 너희들이 그 믿음의 길을 감이
니,
11 그게 바로 사탄의 자식이요, 그리고
마귀의 자식으로서 전락되고 타락된
백성이라 함을 알아야 될 것이니라.
12 이제 나의 아들을 따르는 제자 너희들
은 내가 너희들이 현실적인 면에서 부
닥치고 그를 위하여 기도하고 경배하
는 자의 그 한계를 벗어나라 했으며,
13 너희들이 깨우치고 천사와 같은 마음
으로 살아간다 하나, 너희들은 철판과
같은 두꺼운 밑의 욕심이요, 그리고
너희들이 한 자리 깔아 놓고 완벽하게
세척되지 못했으며 완벽하게 모두를
뽑아 버리지 못한 그 위에서,
14 너 자신의 욕심을 위하여 네 주관적인
그와 같은 변화를 이루었다 하며, 너
희들이 깨우쳤다 한다, 내가 그 무서
운 것을 지적하고 기르쳐 줌이니,
15 너희들은 그 의미를 깊이 깨우치고 모
두를 토해 내야 될 것이며 모두를 버
려야 될 것이니라.
16 정녕 너희들이 버릴 수 있는 그 용기
가 없을 때, 너희들이 버릴 수 있는 행
동으로 옮기지 못할 때,
17 네 소중한 것이요, 그를 위하여 네 마
음이 떨리며, 이것을 놓지 못하며, 저
것을 놓지 못하며, 이 모두의 너희들
이 가지고 있는 작은 욕심, 그것으로
써 너희들은 아무것도 이룰 수 없는
것이라는 것을 알아야 될 것이니라.
18 너희들이 공부하고 깨우치는 나의 법
전의 뜻이 무엇이더냐?
19 그는 사탄과 마귀도 없는, 하늘에 내
모두가 주관하는 그 뜻을 너희들이 알
아야 되며,
20 그 세상에 너희들이 와 있는 마음이
요, 그 세상을 다 다스리는 마음 자세
로 변화되지 아니하면, 너희들이 아무
것도 역사할 수 없으며 이룰 수 없는
것이거늘,
21 너희들이 그 밑에서 작은 것에 연연하
는 그 깨달음을 아직도 벗어나지 못한
다면 어찌한단 말이더냐?
22 내가 하늘에 있는 사탄과 마귀에게도
다 먹을 것을 주며 그들을 육성한다는
말을 내가 너희들에게 전하지 아니하
였더냐?
23 나 여호와가 나의 피를 녹여 수혈하는
백성들, 그와 같은 너희들이 크고 넓
고 방대한 세상의 마음으로써 세상을
봐야 되는데,
24 아직도 너희들이 손톱 밑에 낀 가시를

보고 아픔을 느끼며, 그를 가지고 그
렇다 느끼는 그와 같은 너희들의 오늘
의 그 생활에서는 결코 아니 됨이니라.
25 그러니 너희들이 높고 높은 하늘의 뜻
을 보도록 그리하라, 사랑하는 나의
아들딸들아!
26 그것을 들여다보지 못하며 그 한계를
보지 못하면, 너희들이 일반 백성들과
똑같음이니라.
27 너희들이 얼마나 귀한 백성이라 하였
더냐?
28 너희들이 나에게 끈을 놓지 아니하며
너희들이 모든 백성들에게 끈을 놓지
아니할 때, 그들도 나에게 올 수 있는
기회와 영광이 있는 것이라 했으니,
29 너희들이 보이지 않는 속에서 그들은
축복과 영광을 너희들과 더불어 하여
받는 그와 같은 너희들이 귀하고 소중
한 나의 아들딸들이라 하지 않았느냐?
30 방대한 하늘의 뜻을 보라.
31 너희들이 작은 인간관계에서 이것은
소중하고 이것은 귀하고 이것은 너무
나 아깝기에 이리저리 너희들이 놓고
버리지 못하며, 그리고 버릴 때 버리
지 못하며,
32 모두를 너희들은 높은 뜻으로써 그 모
두를 다 똑같이 대중적으로 보며, 똑
같이 사랑할 수 있는 그와 같은 마음
이 없이는 아니 되느니라.
33 사탄과 천사가 없는 그와 같은 세상의
마음, 나 여호와의 마음으로써 너희들
이 거듭나는 그와 같은 변화를 가지고
세상을 봐야 될 것이니,
34 작고 작은 것에 너희들이 흔들리고 연
연하는 자는 그 위대한 뜻을 볼 수 없
음이니,
35 내가 너희들을 모른다 할 수밖에 없음
이니 그리 알라.

10,821 번째 하나님 말씀

2004년 4월 28일 07시 10분

1 사랑하는 나의 아들아!
2 "네, 아버님! 말씀하옵소서."
3 내 아픈 마음이요, 그 저려 오는 마음
을 너는 알겠느냐?
4 "네, 아버님! 제가 어찌 깊은 아버님
의 그 뜻을 알겠사옵나이까?
5 그러나 다만 한 가지, 아버님께서 가
슴 아파하시는 것을 저는 조금 느끼
고 있사옵나이다.
6 오늘 아버님께서 내려 주시는 그 현실
적인 물질의 생활에서 벗어나며 현실
적인 축복에서 벗어나야 된다는 것은,
그것은 아버님의 깊고 깊은 그 뜻이
거기 있으며,
7 감히 아버님께서 마음을 담아, 말씀을
담아 만백성에게 전하기에 마음이 아
파 전하지 못하시는 그 뜻을 저에게
물으시는 것이라 저는 그리 생각되옵
나이다."
8 나의 아들아!
9 내가 무엇이 마음이 아파, 가슴이 아
파 내가 너에게 내려 나의 새로운 성
경에 기록하지 못하며, 네 입으로써
네가 그 뜻을 전하라 하여 내가 묻는
것이라 생각하느냐?
10 "네, 아버님! 그렇사옵나이다.
11 모든 믿음의 길을 가는 백성들이 이
세상에 살아가면서 수천수만 가지 얽

히고섣키는 일에 부다치게 되어 있사
옵나이다.
12 그러니 그 속에서도 저희들이 바라는
것이 물질적인 해결이요, 물질적인 축
복을 위하여 모두를 살아가며, 거기에
모두를 맞추고 살아가는 백성들,
13 그러니 그를 보시는 아버님의 마음이
어떠하신가를 저는 생각하옵나이다.
14 정녕 물질의 축복이요, 그것이 아니라
는 것을 저희들이 모르고 있기 때문이
옵나이다.
15 정녕 아버님께서 물질로써 축복을 내
리는 것이 은혜요, 아버님이 물질의
축복으로써 역사를 한다면,
16 아버님께서 사랑하시는 아들 예수를
세상에 내려보내어 그 보리이삭을 주
워 먹으며 살아가는 그와 같은 고통
을 주셨겠사옵나이까?
17 그리고 예수를 따르던 그 열두 제자
들이 등 돌리고 떠나고 팔고 그와 같
은 저희들이 추한 모습을 보이기 전까
지,
18 그 믿음에서 아버님께서 무엇이 부족
하셔서 그들에게 일용할 양식이요, 재
물을 내려 주시지 아니하였겠사옵나
이까?
19 그 모두를 하나만 생각한다 해도, 아
버님께서 주시는 것은 현실에 물질의
축복이 아니라는 것,
20 그리고 아버님께 올라갈 수 있는 것,
구원을 받을 수 있는 그것을 위하여
아버님께서 모두를 다 역사하시며, 그
축복을 위하여 모두가 역사한다는 것
을 다 깨닫고 알 수가 있는 것이거늘,
21 모든 순교자들이요, 그리고 아버님의
말씀을 전하며 하늘의 뜻을 전하는 자
들이 그 가난과 고통 속에서 살다 갔
으며, 하나같이 부귀영화를 누리지 못
하고 살았다 하는 것은,
22 아버님께서 추구하시며 아버님께서
역사하시고 아버님께서 내리시는 것
은 재물의 축복이 아니요, 금화요, 은
화요, 권력의 축복이 아니라는 것을
알 수 있거늘,
23 모든 믿음의 길을 가는 종교 집단이
요, 지도자들이 그저 열 개를 바치면,
창고에 그득히 쌓아 놓고 배로 준다
며, 이와 같은 물질의 축복에 모두를
가르치고 모두 믿음을 거기서 매달리
니,
24 아버님께서 말씀하시는 구원의 그 믿
음과는 관계없는 그와 같은 길을 가고
있사오니,
25 아버님께서는 '동'에 계셔서 그리 오
라 하거늘, 모든 백성들이 '서'로 달려
가는 그와 같은 형국이옵나이다.
26 저를 따르는 제자들이요, 그리고 또
이 법전을 읽고 깨우친 백성, 그들도
모두가 재물이요, 물질이요, 현실적인
부닥치는 것을,
27 아버님의 능력을 받아, 또한 그러한
법전의 능력을 받아 해결하고 구원을
받는 것은 아닐까 하는 그와 같은 어
리석은 생각들을 하고 그를 벗어나지
못함이니,
28 그들이 또 벗어나기까지 기다리는 제
마음도 이와 같이 답답하고 괴로울진
대,
29 아버님은 수십억의 그 백성들을 세상
에 내려보냈으면서도 아버님이 원하

는 것이 무엇인가를 아는 지도자가
없으며 그 백성이 없었다는 것,
30 아버님이 가장 사랑하시는 아들 예수
를 내려보내어 그 재물을 주는 것이
축복이었다면 그에게 재물을 주었을
것이며, 그 제자들에게 재물을 주었을
것이거늘,
31 아버님이 원하고 내리시는 것은 재물
이 아니요,
32 하늘에 오르는 길이요, 구원의 길이
가장 축복이요, 그 외에는 아버님과
관계없기에 아무것도 내리지 아니하
셨으며,
33 이삭을 주워 먹었으며 배를 곯아 가며
살아간 그 제자들, 그리하여 저희들이
등을 돌리는 그와 같은 현장을 보시면
서도,
34 아버님께서 필요 없으며 주어서는 안
되는 재물의 축복을 내리지 아니하신
뜻을 안다면, 저희들을 구원하고 아버
님께서 역사하고 생각하는 것이 무엇
인가를 알겠거늘,
35 그를 깨닫지 못하는 그와 같은 불쌍한
백성들의 그 정황이요, 그 뜻을 아버
님의 새로운 성경에 기록하시는 것이
마음이 아프셔서, 아버님께서 그를 말
씀하시지 아니하고 저에게 물으신 것
이라 감히 그리 저는 생각되옵나이
다."
36 사랑하는 나의 아들아!
37 너의 제자들이요, 나의 법전을 읽고
깨우치는 백성, 그들에게 전하라.
38 나는 절대 너희들에게 재물이요, 그와
같은 것이요, 현실적인 육의 세상을
해결해 주고 풀어 주는 나 여호와가
아니요,
39 그 작은 것, 그와 같은 것은 내가 지금
기억에도 없으며 안중에도 없음이니
라.
40 너희들이 크나큰 하늘에 오르는 길이
요, 구원의 길을 가는 것, 너희 스스로
변화되는 삶이요,
41 너희 스스로 천사와 같은 자가 되어
성령으로 임하는 백성이 되어, 하늘에
서 이루는 것같이 지상에서 이루는 그
역사를 하는 것,
42 그것만이 너희들이 나에게 받을 수 있
는 축복이요, 은혜가 거기 있는 것이
지,
43 너희들이 기도하고 물질이요, 무엇을
받고자, 얻고자 하는 것은 나와 관계
없으며, 그것은 너희들이 나에게 오르
는 길과 관계없으며,
44 너희들이 내 명을 대신하는 것도 관계
가 없으며, 하늘나라에 오고 가는 것
도 관계가 없으며, 내가 거기에는 관
여하지 아니하며,
45 내가 그를 내리지 아니하는 것은 그것
은 아무런 가치가 없다는 것을 이제
너의 제자들에게 그리 전하고 깨우쳐,
46 그들이 마음을 열도록 하며, 눈을 뜨
게 하며, 귀를 열도록 그리해 주라, 사
랑하는 나의 아들아!

10,822 번째 하나님 말씀

2004년 4월 28일 07시 19분

1 사랑하는 나의 아들아!
2 "네, 아버님! 말씀하옵소서."
3 사랑하는 나의 그 많은 백성들이 믿음

이요, 하늘에 오르는 길이요, 그 모두
를 다 저희들이 정도요, 바른길을 간
다 생각하는 자들,
4 그리고 순교의 길을 자처해서 갈 수
있다 말하는 그와 같은 백성들이 하나
같이 자기 욕심의 기초를 버리지 못했
으며,
5 그 기초를 버리지 못했기 때문에, 너
희들이 성경을 공부하며 깨우치며 참
진리를 연구하는 그 모두가 욕심의 기
초 위에서 이루어지고 역사했다 내가
그리하지 아니하였더냐?
6 그러니 가장 낮은 그 욕심의 기초를
버리지 못하고 성경 공부요, 믿음이
요, 신앙생활을 했으며, 저희들이 울
고불고 몸부림을 쳤으나,
7 저희들이 나 여호와의 뜻을 알지 못하
며, 내가 봉해 놓은 성경의 비밀이요,
그 깊은 뜻을 알지 못하며 열어 보지
못하고,
8 그들이 스스로 제 욕심의 기초에 걸려
서 모두가 다 나에게 오지 못하는 불
행한 백성의 삶을 살았다는 것이 내가
지금 너희들에게 전하는 뜻임을 알겠
느냐?
9 사랑하는 나의 아들아!
10 내가 무엇이 부족하며 내가 무엇을 이
룰 수 없기에,
11 나의 아들 예수를 따라서 그 모두를
바쳤던 그 제자들이요, 그 길을 가고
자 하는 백성들에게 흡족한 물질이요,
재물의 그 모두를 내려 주지 아니하
고, 내가 부족한 그와 같은 길을 가도
록 그리했다 했느냐?
12 그 모두도 다 내가 그와 같은 것을 내
려 주었을 때, 그것은 축복의 길이 아
니요, 하늘에 오르는 길이 아니요, 믿
음의 길이 아니요,
13 그리하여 그들이 그 고생과 고통의 길
을 가는 것을 나는 바라보지 아니하였
으며, 그는 내가 관여치 아니했다 했
으니,
14 그들 또한 바로 무엇인 줄 알겠느냐?
15 자기 자신의 기초의 욕심을 버리지 못
하고 있었기 때문임을 알아야 될 것이
니라.
16 지금의 내가 모든 나의 피를 녹여 수
혈하는 나의 아들을 따르는 제자들이
요, 나의 법전을 읽고 깨우친 백성, 너
희들 또한 그러하니라.
17 아무리 너희들이 모두를 다 지우고 버
렸다 해도, 아직 너희들이 욕심의 그
기초를 버리지 못하고 있는 백성들이
요,
18 그 위에 너희들이 서 있기에, 내가 너
희들의 무엇도 들으려 하지도 아니하
며 보지도 않으려 하는 나 여호와의
뜻을 알겠느냐?
19 내가 너희들을 얼마나 사랑하며 소중
히 생각하는지 알겠느냐?
20 너희들이 욕심의 기초를 버리지 못하
고 지금의 나의 법전이요, 새로운 성
경을 가지고 공부하며, 나의 아들을
통하여 내리는 귀하고 귀한 그 성경의
가르침의 모두를 듣고 듣는다 해도,
21 너희들이 결국 나에게 심판을 받을 때
는 바로 너희들이 기초의 버리지 못한
그 욕심의 작은 뿌리로 하여 모두가
거기에 걸려 넘어짐이니,
22 일어서지 못하고 나에게 오지 못하며,

너희들이 스스로 그저 지옥의 불 속으
로 들어가는 그와 같은 너희들의 운명
이기에,
23 나 여호와가 너희들을 사랑하기에, 너
희들에게 자기 욕심의 기초를 버리라
함이니라.
24 사랑하는 나의 아들딸들아, 그리고 나
의 아들을 따르는 제자들이요, 내가
너희들을 사랑함이니라.
25 내가 다시 너희들에게 말하느니라.
26 너희들이 자기 자신의 작은 기초의 욕
심을 버리지 못하고 있기에 나 여호와
가 지금 울고 통곡하고 있음을 너희들
은 알겠느냐?
27 내 아무리 너희들에게 그를 씻어 버리
라, 또 씻어 버리고 다시 나라, 다시
나라 해도,
28 너희들이 재물이요, 금화와 은화의 그
모두를 위하여 버리지 못하며, 떠나지
못하며, 그를 지우지 못하는 너희들을
보는 내 마음이 얼마나 아프면 내가
통곡을 하고 있겠느냐, 사랑하는 나의
아들딸들아!
29 너희들이 쇠를 갈고 닦지 아니하면 스
스로 그 쇠는 녹스니, 쇠 자신에서 녹
이 생겨 그 녹으로써 그 쇠뭉치 모두
를 다 못 쓰도록 녹여 버리는 것이 아
니더냐?
30 내가 너희들에게 무어라 말하였느냐?
31 너희들이 바로 서고 못 서는 것은 네
마음이요, 네 생각으로써 모두를 한다
하지 않느냐?
32 네 입에서 욕이요, 그 악이 나오면 악
으로써 너희들을 멸망하고 죽게 한다
하지 않았더냐?
33 선이 나오면 너희들은 네 몸에서 나오
는 선으로써 너를 살린다 하지 않았느
냐?
34 너희들이 마음의 욕심의 그 기초를 버
리지 못하고 있으니, 그를 바라보는
내 마음에 통곡함을 너희들은 알겠느
냐?
35 너희들이 버리지 못한 작은 욕심의 기
초 그 뿌리에 의해서 너희들이 심판받
으러 나에게 올 때, 오지 못하고 거기
에 걸려 모두가 넘어지니,
36 넘어지는 그 순간에 너희들은 지옥의
유황불로 끌려가는 그와 같은 운명이
기에, 내가 그 기초의 욕심을 버리고
버리라 함이니라.
37 사랑하는 나의 아들딸들아!
38 너희들이 하늘을 보고 눈물을 흘린다
하더라도, 너희들이 그 작은 기초의
욕심을 버리라.
39 그 모두를 버리지 아니하면 너희들이
거듭나는 백성이 되지 못하며, 육의
세상에서 한 걸음 올라온 백성의 자세
로써 살아가는 모습이 아니요, 자세가
아님이니, 모두를 던지라.
40 나 여호와가 피를 녹여 너희들에게 수
혈한다는 말을 알겠느냐?
41 너희들도 만백성을 위하여 너희들의
피로 수혈하는 그와 같은 마음으로 세
상의 모두를 보면,
42 네 것이요, 네가 소중한 것이요, 네 자
식이요, 네 형제요, 네 부모요, 그리고
네가 가지고 있는 모든 것에 연연하는
그와 같은 너희들의 욕심의 기초를 버
리는 훈련을 할 수 있으며 그리 거듭
날 수 있는 것이거늘,

43 나는 피를 녹여 너희들에게 수혈하거늘, 어찌하여 너희들은 뼈를 깎고 피를 수혈하여 만백성을 구하겠다는 굳은 의지요, 자신과 용기와 그와 같은 생각을 갖지 못하고 너희들이 거듭나는 인생이요, 그 은혜의 받음을 저버리고 간단 말이더냐?

10,823 번째 하나님 말씀

2004년 4월 28일 10시 25분

1 사랑하는 나의 아들아!

2 "네, 아버님! 말씀하옵소서."

3 '나 여호와가 존재함을 믿는 그 자체가 너희들이 반석 위에 일어선다.' 하였음이니, 너희들이 나 여호와가 존재함을 믿는 그 자체가 구원의 길에 들어서는 길이라 하였음이니, 너희들은 이 의미를 과연 어찌 아느냐?

4 너희들은 '나 여호와가 존재함을 믿는 그 자체가 구원의 길에 들어서는 기본이요, 근본이요,

5 너희들이 나의 법전을 읽고 정독했을 때 또한 반석 위에 일어설 수 있는 그와 같은 영광을 얻게 된다.' 하였음이니, 이는 바로 너희들이 무엇을 의미하는 줄 알겠느냐?

6 너희들이 가지고 있는 마음이요, 너희들의 그 욕심의 근본이요, 기초의 마음은 모두를 다 뽑아내야 된다는 것을 내가 너희들에게 깨우쳐 줌이니라.

7 나 여호와가 존재함을 믿는 그 자체, 그것으로써 너희들이 정녕 나를 믿고 내가 존재함을 믿는다면,

8 너희들 마음속에 지금 뽑아내지 못하는 욕심의 기초요, 기본의 그 뿌리를 어찌 제거할 수 없겠느냐?

9 나 여호와가 존재함을 너희들이 믿으며, 그리고 너희들이 나를 믿는 것이 구원의 길이라는 것을 알 때,

10 너희들은 그 두 가지의 마음이요, 너희들 자신도 모르고 있는 그 보이지 않는 사악한 마음의 뿌리를 뽑아낼 수 있는 것이니라.

11 너희들도 모르는 너희들 마음속에 깊이 깊이 숨어져 있는 그 아래에 있는 기본의 그 너희들의 욕심의 마음,

12 그것을 뽑아내는 자만이 나를 볼 수 있으며 나에게 오를 수 있다는 그 의미를 깊이 깨우쳐야 될 것이니라.

13 내가 친필로 쓴 십계명에 한 구절을 더 넣은 그 의미를 알겠느냐?

14 나 여호와가 존재함을 믿는다는 것, 그것으로써 너희들이 모두를 다 제거하고 뽑아낼 수 있음이니,

15 나를 믿지 못하는 자만이 너희들이 보이지 않는 마음의 욕심의 뿌리를 제거하지 못하며 뽑아내지 못하는 백성임을 알아야 될 것이니라.

16 그래서 내가 이 한 계명을 더 너희들에게 내렸음이니,

17 이를 정독하고 읽고 깨우쳐 너희들이 그 의미를 안다면, 너희들은 네 마음속에 있는 보이지 않는 욕심의 기초적인 마음을 완전히 제거하는 데 최선을 다하라.

18 그를 제거하지 아니하면 그것이 언젠가는 너희들의 모두를 태우며 너희들을 무너트리는 그와 같은 독소로 거듭나기 때문이니,

19 그를 뽑아내지 아니하면 아니 됨이니
라, 사랑하는 나의 아들딸들아!
20 누가 무어라 해도 너희들은 나의 아들
을 통하여 내리는 내 이 명령을 명심
하고 또 명심하여 너희들 자신에게 보
이지 않는 그 욕심의 기초의 마음을
다 뽑아내도록 그리하라.
21 그렇지 아니하면 너희들이 거듭날 수
없음이니라, 사랑하는 나의 아들딸들
아!
22 이제 너희들은 모든 겉의 마음은 버리
고 다 뽑아냈느니라.
23 이제 속에 보이지 않는 그 깊은 마음
에 있는, 절대로 뽑히지 아니하려고
그 뿌리를 버리지 아니하며,
24 언젠가는 너희들 모두를 다 무너트리
며 너희들을 지옥으로 인도하고자 하
는 그 욕심의 기초의 마음, 그것이 지
금 도사리고 있으며 몸부림치고 있으
니, 그를 뽑아내라.
25 뽑아내지 아니하면 아니 됨이니라, 사
랑하는 나의 아들딸들아!
26 그 훈련에 돌입하도록 그리하라.

10,824 번째 하나님 말씀

2004년 4월 28일 10시 32분

1 사랑하는 나의 아들아!
2 "네, 아버님! 말씀하옵소서."
3 너희들이 지금 기도하고 원하는 것,
소원하는 것, 그 모두가 다 잘못된 것
이며, 너희들의 그 믿음 또한 나와 관
계없는 믿음의 길을 가는 것이라는 것
을 알겠느냐?
4 사랑하는 나의 아들아!
5 지금의 모든 너희들이 구원을 얻고자,
그리고 무엇을 얻고자 원하는 그 기도
가 과연 무엇이더냐?
6 그러니 너희들이 작은 것을 얻고자 기
도하며, 재물을 얻고자 기도한다면,
나 여호와가 너희들에게 재물만 내려
주는 작은 하나님이라 생각하는 것이
아니더냐?
7 그리고 너희들이 너희 자식의 합격이
요, 좋은 학교를 가기 위하여 나에게
기도하고 원한다면, 그것은 바로 무엇
이더냐?
8 나 여호와는 그와 같이 작은 것을 역
사해 주는 것이며 작은 것을 이루어
주는 나 여호와 아버지라 너희들이 나
를 욕되게 한다는 것을 어찌 모른단
말이더냐?
9 너희들이 수없이 소원하는 작은 것들
을 중언부언하여 짜깁기하여 나에게
기도하니, 그것은 바로 너희들의 기도
요, 소원이 아니라,
10 나 여호와가 너희들에게 보여 줄 수
있는 능력이요, 내가 너희들에게 역사
할 수 있는 그 한계를 너희들이 그 바
라는 작은 것에 국한시키는 것이며,
11 그것만을 해결하는 나 여호와요, 그것
외에는 해결할 수 없는 여호와요, 작
은 것이나 그저 따라다니며 해결해 주
는 자로 내 능력을 너희들이 그리 평
가하는 자들이니,
12 그것이 너희들이 나를 얼마나 욕되게
하는 기도인 줄 알겠느냐?
13 나는 만백성을 위한 성경이요, 내 만
백성을 위한 성령을 내려보내며, 만백
성을 가르치며 만백성을 깨우치기 위

하여, 이 세상의 나의 모든 백성 그 모
두를 이끌어 가기 위한 것이 나의 뜻
이니,
14 너희들은 그와 같은 것을 위해서 기도
하는 자, 그와 같은 것으로써 경배하
는 그와 같은 마음을 가지고 가는 것
이 내 뜻을 알며 내가 역사하는 위대
한 것을 알 수 있는 것이 아니더냐?
15 그러니 작은 네 소원을 위하여 나를
갖다 불러 대며, 거기에 너희들이 나
를 찾고 거기에 기도하고 울고불고 매
달리니,
16 너희들이 나 여호와를 그것으로밖에
보지 않는 것이 아니더냐?
17 너희들이 인간 세상에도 말하지 않더
냐?
18 너희들이 큰 것은 큰 그릇이요, 작은
것은 작은 그릇에 부탁을 하는 것이
아니더냐?
19 너희들이 능력 없는 자에게 부탁하지
아니함이니,
20 너희들이 애닳게 소원하고 기도하는
것, 그와 같은 것을 이름을 붙여 나에
게 상달시키고 울고불고 기도하는 것,
21 그것은 내가 그것밖에는 안 된다는 것
으로 나를 평가한다는 것을 어찌 모른
단 말이더냐?
22 그러니 너희들이 개인이나 단체요, 국
가 간의 어떤 이해관계요, 그와 같은
일들을 잘되기를 바라며 그것을 소원
하니,
23 나 여호와가 보는 것은 그것이 모래알
만도 못한 것을 가지고 너희들이 나에
게 소원함이니, 나를 그리 보는 것밖
에 더 되더냐?
24 그러니 내가 너희들에게 무어라 했더
냐?
25 오늘 종교 집단이요, 지도자들이 짜깁
기의 명수며,
26 울고불고 너희들이 짜깁기하여 기도
하는 것이 바로 그 정도나 해결하는
나 여호와요, 그 정도나 들어줄 수 있
는 나 여호와요, 그 정도나 해결하는
능력 있는 나 여호와라 너희들이 그리
말한다 함이 아니더냐?
27 그러니 너희들이 나를 얼마나 욕되게
하는 것이며, 나를 능멸하는 것이 너
희들의 기도 소리인 줄 알겠느냐?
28 이제 나의 아들을 따르는 제자 너희들
은 어떠한 단체요, 개인이요, 그것을
위하여 기도하는 것이 아니라,
29 모든 만백성이 다 나 여호와의 뜻이
요, 내 품에 올 수 있는 그와 같은 기
도를 할 것이며,
30 그와 같은 생각으로써 너희들이 나에
게 오고자 하는 백성이요, 내 임무를
역사하는 백성은 그와 같은 생각을 갖
도록 그리하라.
31 내가 너희들의 엎어진 국그릇을 바로
세워 주며, 넘어진 자의 코 깨진 것을
치료해 주며, 제가 노력하지 아니하여
떨어진 그것을 합격시켜 주며, 제가
게을러서 재물을 모으지 못한 것을 내
가 그 소원이나 들어주는,
32 너희들에게 쓰레기 같은 것이나 치워
주고 들어주는 나 여호와요, 내 능력
이 그것밖에 안 되며, 내 한계가 그것
밖에 안 된다는 너희들이 국한된 그
백성들의 욕구요, 욕망,
33 이것이 너희들은 모르나 얼마나 나를

욕되게 울부짖는 것인가를 한번 돌이
켜 생각해 보도록 그리하라.
34 그러니 믿음의 길을 가는 백성이요,
나를 경배한다는 백성, 너희들은 너
자신을 버리라 함이요,
35 모든 만백성이 하나가 되어 나에게 오
를 수 있는 길을 위해 너희들이 봉사
하며 희생하며, 그 깨우침을 위하여
너희들이 기도하는 그와 같은 자세를
갖는 것이 나의 백성이요, 나를 경배
하는 백성이라 말할 수 있을 것이니라.
36 너희들의 가려운 곳을 긁어 달라는 그
기도는 내 능력이 그것밖에 안 되며,
나 여호와를 너희들이 거기에 시험하
는 것이요, 그것밖에 너희들이 나를
대우하지 않는 것이 아니더냐?
37 그러니 너희들의 가려운 곳은 너희가
나무 조각으로 긁고 있으며 풀잎으로
긁을 수 있으니,
38 너희들이 그와 같은 것으로써 나를 전
락시켜 내 능력을 그리 짓밟는 사악한
짓을 하고 있다는 그 의미를 한번 돌
이켜 생각해 보라.
39 그러니 내가 존재함과 나를 너희들이
경배하고 내가 이루고자 하는 그 뜻을
너희들이 알지 못하며,
40 내가 시대에 따라서 역사하며, 그 흐
름에 따라서 변화되는 새로운 성경이
요, 새 시대가 역사하는 걸 너희들이
알지 못하는 것이니라.
41 작은 것에 매달려 작은 것에만 울고불
고하는 어리석은 백성 너희들이 그것
으로써는 결코 거듭날 수 없으며 지혜
를 얻을 수 없으며 변화될 수 없다는
것을 알라.
42 나 여호와는 모든 백성들에게 관계되
는 기도, 모든 백성들을 구원하는 기
도, 그것을 들어주며,
43 그것이 나를 위해 가는 백성이 할 수
있는 기도라는 것을 그들에게 전해 주
라.
44 얼마나 너희들이 추하고 추한 짓을 하
고 있으며, 얼마나 너희들이 어리석고
어리석은 짓을 하고 있으며,
45 얼마나 너희들이 나를 욕되게 하며,
나의 능력이요, 나의 한계를 욕되게
하는 것인가를 깨우쳐 주도록 그리하
라.

10,825 번째 하나님 말씀

2004년 4월 28일 10시 38분

1 사랑하는 나의 아들아!
2 "네, 아버님! 말씀하옵소서."
3 너 자신이 아무것도 할 수 없으며, 능
력 없는 자요, 너 자신이 아무것도 아
니라는 그와 같은 생각을 지우라.
4 네가 너 자신을 그리 나쁘게 평가하지
말며, 과소평가하지 말며, 너 자신을
원망하고 저주하는 그와 같은 생각을
하지 말라.
5 네가 160권의 법전을 기록하여 전하
는 그 역사의 위대함보다 이 세상에
어떠한 것도 더 큰 역사가 없음이니,
너는 이것에 충성하며 이것에 최선을
다하도록 그리 가면 될 것이지,
6 너희들이 인간 세상에 얽히고설키는
삶 속에서 살지 못한다 하여 네가 슬
프게 생각하며, 네가 인생의 삶의 모
두를 다 잃어버린 사람이라 그리 생각

하지 말라, 사랑하는 나의 아들아!
7 나의 뜻이 세상에 전해질 때 어떠한
방법으로써 전해졌으며, 그 모두가 어
찌 역사했는지 너희들은 알지 않느냐?
8 사랑하는 나의 아들아!
9 만일 내가 하늘의 뜻을 전하나, 네가
없어 이 새로운 성경을 전하지 못한다
면,
10 받을 자가 지상에 준비되어 있지 아니
하여 내리지 못한다면 무엇하겠느냐?
11 하늘의 그 모두가 다 너희들은 죽음으
로써, 그리고 세상에 너희들이 깨우치
는 데 도움이 되지 아니하더냐?
12 그러니 네가 받을 수 있는 준비가 되
었으며, 네가 받는 성전이 있으니, 그
보다 더 위대하고 그보다 더 역사함이
없음이니,
13 너 자신이 모두를 다 포기하고 네가
모두가 쓰러질 것 같은, 네가 고통 속
에 너만이 혼자 가는 것 같은 아기와
같은 마음을 지우라, 사랑하는 나의
아들아!
14 나의 법전이요, 나의 성령을 받는 그
역사로써 너 자신이 기쁨이요, 위안으
로써 이보다 더한 진주요, 보석이 없
음이니, 네가 그 마음을 그리 가지고
가도록 하라.
15 네가 그리 갈 때, 너의 제자들 또한 희
망이요, 꿈을 가질 수 있는 것이거늘,
너 스스로 고통스러워하며 너 스스로
괴로워해서는 아니 되느니라.
16 그러니 너희들은 들으라.
17 지금까지 내가 너를 통하여 모두를 역
사할 수 있듯이, 내가 그 모든 것을 너
희들에게 전할 수 없으며 너를 통하여
받을 수 없는 그와 같은 역사가 이루
어진다면 어찌하겠느냐?
18 내가 지금까지 모두를 역사하며 기적
이요, 성경이요, 성령의 그 모두를 전
하는 것은 어찌했느냐?
19 내가 나의 모세 한 사람을 통하여 모
두를 역사하지 않았더냐?
20 그리고 내가 신약 시대는 또한 나의
아들 예수를 통하여 그 모두를 역사했
으니,
21 지상의 한 거점이요, 한 사람을 통하
여 모두를 내가 역사한 것을 너는 어
찌 모른단 말이더냐?
22 지금에 또한 무엇이더냐?
23 네가 있는 이 성전이 지상의 거점이
요, 네가 있기에 지금 나의 아들 너를
통하여 내가 모두를 지상에 내려보내
는 이 역사를 이루고 있지 않더냐?
24 다만, 이와 같이 한 사람을 통하여, 한
곳을 통하여 이루는 그 역사를, 모든
종교 집단이요, 지도자들이 저희들이
받는 것이요,
25 제가 역사하는 것이 받는 것이라 하
여, 그저 교회만 짓고 성전을 짓고 건
물만 지으면 그곳에서 나의 뜻을 역사
하고 나의 뜻을 저희들이 받는다 그리
생각하나,
26 그것이 다 부질없는 것이요, 죄의 온
상이 된 이유가 무엇이더냐?
27 모세의 시대도 모세 한 사람을 통하여
내가 모두를 역사했음을 너희들은 상
기하라.
28 그리고 신약 시대는 또 나의 아들 예
수를 통하여 모두를 역사했으며 모두
를 이루었다는 것을 너희들은 알라.

29 그와 같은 것을 너희들이 안다면, 지
금 내가 나의 아들을 통하여 모두를
역사하는 것은 당연한 것이요, 나의
아들만을 통하여 모두를 전할 수 있음
이니라.
30 그러니 지금 나의 아들을 통하기 위하
여 지상에 이루어져 있는 이곳이요,
이 성전이라는 것을, 너희들이 지금
죄 속에서 짓는 그 교회와 비교하여
그와 같은 것으로써 만들어 전하는 그
런 역사를 하지 말도록 그리 전하라.
31 이제 나의 법전을 읽고 깨우치며 그
후예들, 그 백성들, 또한 나의 아들이
성전에 앉아 내가 내리는 그와 같은
나의 뜻을 받아 기록하였음이니,
32 그것은 당연히 성전을 만드는 것이며
성전에서만 역사한다 하여 너희들이
또 이와 같은 수천수만 개의 교회가
이루어져 세상에 상처를 내며 나를 아
프게 하듯이, 너희들이 성전이라는 이
름으로 그리해서는 아니 될 것이니,
33 내가 모세를 통하고 예수를 통하듯이,
나의 아들을 통하여 역사하기 위하여
이 성전이 필요한 것이며 이곳이 필요
했다는 것을 너희들은 알라.
34 그러니 또한 나의 아들이 그 모두를
받아 역사했을 때, 이 또한 폐지될 것
이며, 이가 또 존재할 의미요, 가치가
없다는 것을 너희들은 알라.
35 하늘의 뜻이요, 내 역사를 전하기 위
한 성전이 필요하며, 나의 아들이 기
거하는 곳이 필요한 것이며, 기도하는
곳이 필요하며, 내 뜻을 받을 곳이 필
요한 것이니,
36 이 모두가 역사했을 때, 모두는 다 너
희들에게 영원히 지속되는 그와 같은
성전은 없음이니라.
37 너희들의 가슴과 가슴으로써 전해지
는 그와 같은 역사가 이루어짐을 알라.
38 그렇다면 너희들은 구약과 신약의 그
성전이요, 역사한 것을 알겠느냐?
39 그 정황이요, 그때 상황을 모르고 너
희들이 그저 그 모두를 유리한 쪽으로
해석해서 너희 것으로 만들어 감이니,
그게 아니니라.
40 구약이요, 신약의 시대에 너희들이
어떠한 것을 역사했던 것은 그것이
한 시대에 잠시 필요했던 것이며, 그
것이 필요한 것이기 때문에 존재한 것
이지,
41 영원히 너희들이 그와 같은 방법으로
존재하는 것이 아니니,
42 너희들이 십일조를 거둬들이는 것이
요, 헌금을 거둬들이는 그 모두가 다
잘못된 것이며,
43 그게 너희들이 잘못된 것으로부터 역
사했다는 것을 내가 전하고자 함이니
그리 알라.

10,826 번째 하나님 말씀

2004년 4월 28일 10시 44분

1 사랑하는 나의 아들아!
2 "네, 아버님! 말씀하옵소서."
3 예수가 거했던 곳이요, 예수가 모든
복음을 전한 그 역사, 그와 같은 것을
비유를 들어 그 이름을 팔아 너희들이
지금의 만든 교회요, 성당이요, 성전
이요, 그 모두를 그리 만듦이니라.
4 그러니 신약 시대에 나의 아들 예수

가 거했던 곳, 또 모세가 거했던 곳이
요, 그리고 지금 나의 아들이 나의 성
전에서 나의 성령을 받아 온 세상의
만백성을 구하는 그와 같은 역사를 하
는 곳,
5 이와 같은 곳과 너희들의 손으로 지은
교회요, 성전이요, 성막을 너희들이
같이 비교하여 그와 같은 동격으로써
따지지 말라.
6 그들은 오로지 나를 통하여 한 사람이
지상에 내려가 내 뜻을 받는 역사를
하는 자들이요, 예수요, 모세가 다 그
리했으며 지금의 나의 아들도 그러하
니라.
7 하늘의 성령이요, 하늘의 뜻을 이 세
상에 보내는 곳이 꼭 필요했으며, 그
한 곳이 필요한 것을,
8 너희들이 수천수만 개의 그와 같은 장
소를 만들어 너희들이 나로부터 성령
을 받으며 나의 뜻을 받는다 그리 말
하지 말라.
9 이것이 바로 너희들이 잘못된 것이며,
성경의 뜻이요, 나 여호와의 뜻을 이
해하지 못하는 어리석은 백성 너희들
이 저지르고 있는 가장 큰 죄임을 알
라.
10 너희들이 지금 만든 것은 죄의 온상이
되어 버렸으며, 모두가 다 거기에 무
너져 있는 자들이니,
11 그곳에 나의 모세요, 예수며 지금의
나의 아들이 거하고 역사한 곳에 너희
들이 똑같은 동등한 자격으로서 역사
하려 그리 비유하지 말라.
12 그것은 아니 됨이니라.
13 그곳들은 하늘의 뜻을 직접 받아 나의
명에 따라서 움직이는 곳이요, 그리고
내가 명하는 것을 그대로 실천하는 곳
이며, 내 뜻을 만백성에게 전하는 그
러한 곳이니라.
14 그러니 그곳을 너희들이 흉내내어 지
금 교회다, 성막이다 하며 궁궐같이
너희 손으로 지은 그 건축물 안에서
나의 피조물 만백성들을 구원한다 하
며,
15 모세가 역사했던 곳, 예수가 역사했던
곳, 지금 나의 아들이 역사했던 곳과
동등하며, 그보다 더 위대한 곳이라
너희들이 착각하지 말며,
16 그와 같은 수법으로써 장사하는 행위
를 하지 말라.
17 그러니 내가 너희들에게 전함이니, 똑
같은 기도 내용이요, 하늘에서 내리는
명령이라도,
18 너희들이 내가 내리는 명령을 받아서
깨우치는 자는 그 깊은 의미를 알며
그 뜻을 아나,
19 알지 못하는 자는 같은 말을 들어도
무슨 말이며 거기 숨어 있는 뜻이 무
엇인가를 모르는 어리석은 백성임을
알라.
20 내가 지금 나의 아들을 통하여 나의
아들을 따르는 제자에게, 내가 그에게
뺨을 한 번 때리라 하였음이니,
21 그러니 그 제자가 그 스승이 제자의
뺨을 때리는 것으로 기록되어 전하면,
그저 스승은 제자를 한 번씩 때리는
것으로 그리될 것이니라.
22 그것이 아니니라.
23 나의 아들을 따르는 제자가 잠을 자기
에 그를 깨우기 위하여, 또는 그가 지

금 병고에 시달려서 그리하지 아니하
면 아니 되기에 그와 같은 내가 내린
명령이 때리라 하는 것을,
24 너희들이 왜 때리라 했으며 왜 때려야
되는지 깨닫지 못하고 알지 못하는 백
성이 무엇이더냐?
25 그냥 때려야 된다, 때리면 된다 하여
계속 때리는 것으로 이 세상에 전통의
역사가 전해질 것이 아니더냐?
26 그러니 너희들이 그것을 모르는 것이
니라.
27 지금 내가 나의 아들을 통하여 나의
이 새로운 성경이요, 이가 160권으로
내려가며, 그를 녹음하는 그 기계요,
그 담아 놓은 테이프라는 것이 수없
이 많이 있으니,
28 그를 보관하기 위하여 너희들에게 금
고를 하나 사라 하였으며 금고에다 보
관하라 했다 하자.
29 그러면 너희들은 지금 그대로 너희들
이 듣고 깨우친, 그저 잡서도 금고에
보관해야 되니, 금고를 사라, 금고를
사다 놓아야 된다 그리 전하면,
30 이것이 바로 내가 원하는 뜻이요, 내
가 명한 것이요, 내가 역사한 것으로
알겠느냐?
31 그러니 금고를 사라는 것을 똑같이 들
었어도, 너희들이 왜 사야 되며 그것
이 왜 필요한지 모르는 자들이 무조
건 사야 된다 하니,
32 너희들이 금고에 담는 것은 금화와 은
화요, 귀중한 패물을 담는 것이니, 금
고를 사라는 것은 금화와 은화를 거
둬들여 그득히 쌓아 놓는 것이라며
나의 피조물 만백성에게 갈취하는 짓
을 할 것이요,
33 나의 아들에게 명한 것은 내가 내린
음성이요, 그 음성을 담아 놓는 곳에
너희들이 기계로 엮은 테이프라는 것,
그리고 그 모든 귀중한 내가 내린 원
본을 간단히 보관하기 위해 하나의
금고가 꼭 필요하기에 너희들에게 사
라, 내가 거기에 보관하라 한 것을,
34 너희들은 금고라는 것은 꼭 사야 되
며, 그 금고라는 것을 너희 임의로 해
석해서, 금고를 사라는 것은 여기에다
재물을 쌓아 놓으며 금화와 은화를 거
둬들이고 갈취해서 쌓아 놓으라는 것
이니,
35 갖다 바치는 자, 여기다 많이 넣는 자,
복을 받는다 하며, 그들이 돌아간 다
음에 저희들이 꺼내서 쓰는 사악한 자
요, 사탄의 종이요, 사탄의 행위가 되
니,
36 너희들이 내 뜻을 알아듣지 못하기 때
문에 그와 같은 오류를 범하고 간다는
것을 내가 전함이니 그리 알라.

10,827 번째 하나님 말씀

2004년 4월 28일 10시 49분

1 사랑하는 나의 아들아!
2 "네, 아버님! 말씀하옵소서."
3 너희가 기도요, 설교는 만백성을 위한
기도요, 설교의 가르침이 되어야 하느
니라.
4 지금은 제3의 시대요, 마지막 시대니,
나의 아들을 따르는 백성 너희들은 모
든 기도요, 모두를 역사하는 것이 이
지상의 모든 백성들을 바로잡고 역사

하는 것이요, 내 뜻을 실천하는 그와
같은 기도를 해야 되는 것임을 알라.
5 지금의 모든 종교 집단이요, 지도자는
저 자신의 욕심 속에서 저희들이 중언
부언 기도를 함이니, 그를 고치고 그
를 바로잡지 아니하면 아니 된다 내가
하지 아니하였더냐?
6 내가 너에게 왜 이 뜻을 전하는지 알
겠느냐?
7 "네, 아버님!
8 구약 시대와 신약 시대가 모두가 구분
되었으며, 또한 제3의 시대가 그 임무
가 구분되며 분류되었기 때문에, 그를
모든 백성에게 깨우쳐 주고자 아버님
께서 하시는 말씀이라 그리 알고 있사
옵나이다.
9 그러니 중언부언 기도하는 것, 그 모
두도 다 지금의 시대에 맞춰서 하는
기도요, 지금에 맞춰서 하는 모두의
역사함이지,
10 지금까지 그저 자기들 마음대로 짜깁
기하여 중언부언한 저 자신을 위한 기
도요, 그리고 소단체를 위하는 기도
요, 작은 집단을 위하는 기도 같은 것
은 그것이 부질없는 것이요, 잘못된
것이요,
11 더욱이 이 시대에는 절대 맞지 않는
다는 그 말씀을 모든 백성에게 전하고
자 그리하시는 것이라 생각되옵나이
다."
12 사랑하는 나의 아들아!
13 내가 너희들에게 전하고자 하는 것이
무엇이더냐?
14 "네, 그렇사옵나이다, 아버님!
15 모세의 시대는 모세를 따랐던 그 백성
들을 깨우치며 그 백성들로 하여금
다스리고자 했던 것이며, 그리하여 모
세는 그 백성들을 이끌었고 그 역사를
다했으며,
16 예수께서 세상에 와 못 박혀 죽음으로
써 예수께서 선택된 그 백성들을 바로
이끌며 바로잡고자 했으며, 그 시대의
백성이 그 모두를 다 바로잡고자 했으
니,
17 부분적인 것이요, 부분적인 임무로써
그걸 맡아 가지고 왔으며, 그 소임이
다 끝난 것이라 그리 생각되옵나이
다."
18 그러면 지금의 시대는 어떠한 시대라
하느냐?
19 "네, 아버님! 그렇사옵나이다.
20 그들이 선택된 백성들을 이끌어 가며
선택된 백성을 깨우치기 위하여 일부
분의 국부적인 그 역사를 맞춘 것이
모세요, 예수께서 하신 일이나,
21 이제 제3의 시대는 아버님께서 직접
주관하시며 관장하심이니, 동서남북
어디든 모든 백성을 하나로 만들어,
하나가 되어 하늘에서 이루어진 것같
이 지상에서 이루어,
22 아버님께서 모두를 주관하시며 아버
님의 권능 안에 이루는 그와 같은 세
상을 만들기 위하여 지금 펼쳐 나가시
는 것이 마지막 시대요, 아버님의 시
대라 그리 생각되옵나이다.
23 그래서 개인적인 기도가 아니요, 대국
적인 기도요,
24 만백성을 위하는 믿음이요, 만백성을
생각하는 그와 같은 믿음과 경배하는
마음으로써 모든 마음 자세를 바꾸지

아니하면 아니 된다 함이 여기 있는
것이라 사료되옵나이다."
25 사랑하는 나의 아들아! 그러하니라.
26 모세는 국한되었던 그 백성들을 깨우
치기 위하여 했으며, 예수는 예수의
그 국한된 백성들이요, 그들을 깨우치
며 그들을 인도하고자 하는 것이 주목
적이었음이니라.
27 그러나 지금의 제3의 시대가 역사함
이니, 지금의 시대는 동서남북이요,
대범하게 모든 백성을 다 가슴에 안아
하나로 역사하는 그 시대가 이루어졌
음이니,
28 그 시대에 맞게 너희들이 모든 믿음이
요, 시대의 변화에 따라갈 수 있는 깨
달음을 얻지 못하면,
29 구약과 신약의 그 제한된 백성이요,
제한된 시대에 역사하고자 하는 것에
서, 그 틀에서 벗어나지 못하는 어리
석은 백성들이요,
30 과거로 흘러가는 백성들이요, 미래에
편승하여 가는 백성이 아니라는 의미
임을 알라.

10,828 번째 하나님 말씀

2004년 4월 28일 20시 50분

1 사랑하는 나의 아들아!
2 "네, 아버님! 말씀하옵소서."
3 너희들이 나에게 오르고 못 오름이요,
너희들이 그리 갈구하는 구원의 길을
오고 못 오는 것, 그 모두는 나 여호와
에게 달린 것이 아니라 너희들에게 달
렸으며,
4 너희들이 어찌 행하고 사는가, 그것이
너희들의 그 모든 심판의 기준이요,
근본이라 하지 아니하였더냐?
5 그러나 이 모두를 너희들이 소홀히 생
각하며 이를 믿으려 하지 아니하며,
6 너희들이 이와 같은 깨달음을 얻어 스
스로 변하는 그와 같은 삶을 살지 아
니하며,
7 너희들은 말로써 믿으며 그저 말로써
울부짖는 것으로써, 믿는 것으로써 모
두를 다 이루고 얻는다는 그와 같은
잘못된 믿음으로 가고 있으니,
8 이제 나의 아들을 따르는 제자들이요,
그리고 나의 법전을 읽고 깨우치는 백
성, 너희들은 알아야 될 것이니라.
9 나 여호와가 나의 아들을 통하여 너희
들에게 하늘의 뜻이요, 황금 같은 내
뜻을 너희들에게 전하고 일깨워 주니,
너희들은 그를 듣느니라.
10 그러나 너희들이 그것을 듣고서 나가
그대로 행하지 아니하고 실천하지 아
니한다면, 그 귀하고 소중한 나의 뜻
이 어찌 되는가?
11 다 재가 되며 물이 되어 흘러 버리는
것이 아니더냐?
12 여기서 너희들이 가장 귀하고 소중한
것을 깨우쳐야 될 것이며, 너희들이
구원을 받고 못 받는 그 역사를 다 너
희들이 이룬다는 것을 알아야 될 것이
니라.
13 내가 나의 아들을 통하여 내리는 그
가르침을 듣고 너희들이 그를 두렵고
무섭게 생각하며 소중히 생각해 그대
로 지키고 행하는 것은 누구에게 달렸
는가?
14 너희들과 같이 공부한 네 이웃이요,

형제가 해 주는 것도 아니요, 오로지
네가 그 모두를 지키고 가야만 네가
그와 같이 변화되는 백성이요, 내 뜻
에 의해 살아가는 백성이 되는 것이니,
15 그것은 너 자신이 노력하는 것이며,
너 자신이 행해야만 모두를 너희들이
네 것으로 얻음이 되는 것이 아니더냐?
16 아무리 나의 귀하고 소중한 뜻을 전한
다 해도, 듣는 너희들이 그것을 실천
하지 아니하며 행동에 옮기지 아니하
며, 생활에 너희들이 그것을 거울삼아
행하지 아니하면,
17 그것은 천날 만날 들어도 다 불필요한
것이며 아무런 가치가 없는 것을 너희
들은 오늘 여기서 알았을 것이니라.
18 듣고 배운 그것을 너희들이 실천하고
행하여 네 것으로 만들어, 내가 너희
들을 기억하는 자식으로서 거듭나는
것은 네 노력이요, 너에게 달린 것을
너희들은 절실히 알았고 느꼈을 것이
니라.
19 그러니 그와 같은 뜻으로써 많은 백성
들에게 너희들이 얻은 그 지혜를 가르
쳐 주고 전하도록 그리하라.
20 모두가 이와 같은 이치를 모르고 너희
들이 남이 이루어 줄 것, 남이 해 줄
것, 너희들이 말하는 신비의 힘이요,
위대한 능력을 가진 나 여호와가 모두
를 이루어 주고 역사해 줄 것이라는
그와 같은 기대하는 마음이요, 그와
같은 바라는 마음으로써, 너희들이 저
자신을 닦아가는 데 게을리하며 소홀
히 하며 노력하지 아니한다면,
21 그는 바로 너희들이 그리도 가기 싫어
몸부림치는 지옥의 그 문턱 앞에 가서
몸부림치는 네 모습을 본다 했던 그것
이 바로 너희들의 현실이라는 것을 절
대 잊지 말도록 그리 전하라.
22 사랑하는 나의 아들을 따르는 제자들
이요, 나의 법전을 읽고 깨우친 백성,
너희들은 오늘 이후 나의 아들이 내리
는 그 강론을 들으면서 그대로 행하는
것이 내 뜻에 의해 그 은혜에 너희들
이 보답하는 길이요, 그것이 곧 너희
들의 구원의 길이요, 나에게 오를 수
있다는 것을 알아,
23 한 자도 한 뜻도 놓치지 말며 흘려보
내지 말도록 그리하라.
24 너희들이 성서의 한 획도 고치지 말며
더하지도 말라는 것은, 그대로 지키고
살라 하는 것이 아니더냐?
25 너희들이 천날 만날 그와 같은 말을
할 필요가 없느니라.
26 한 자도 놓치지 말며 하나도 흘려보내
지도 말며, 모든 것을 그대로 듣고 배
워 네 것으로 만들어 너희들이 거듭나
는 역사를 하도록, 그 대목을 그리 고
쳐 만백성에게 전하도록 그리하라, 사
랑하는 나의 아들딸들아!

10,829 번째 하나님 말씀

2004년 4월 28일 21시 19분

1 사랑하는 나의 아들아!
2 "네, 아버님! 말씀하옵소서."
3 지금의 믿음의 길을 가는 모든 종교
집단이요, 지도자 그들이 너희들의 성
적표를 만듦이니라.
4 그러니 너희들의 성적표를 만드는 기
준이 참진리요, 너희들이 믿음을 행하

는 그와 같은 것을 위하여 너희들의
성적표를 만드는 것이 아니요, 그를
평가하는 것이 아니니라.
5 얼마나 출석을 하며, 얼마나 주일을
지키며, 얼마나 재물을 갖다 바치는지
그것으로써 지금 너희들 성도들의 성
적표를 매기고 평가를 하고 있는 것이
오늘의 믿음의 길을 가는 종교 집단이
요, 지도자들이 하고 있는 행위라 함
을 너희들은 알고 있는가?
6 그 성도요, 신도라는 백성이 그 교회
에 얼마나 열심히 출석하느냐, 헌금을
얼마나 더 열심히 바치며 십일조요,
각종 헌금을 얼마나 충실히 내느냐,
그걸 가지고 너희들의 모든 성적표를
작성하는 그와 같은 오늘의 형국이 되
었음이니라.
7 그러니 너희들이 정녕 나에게 오르는
그 백성이라면,
8 그들의 믿음의 가는 길이요, 그들의
믿음이 어떠한 것인가를 가지고,
9 그들이 참진리의 길이요, 그리고 나
여호와의 뜻이요, 계명을 어찌 지키고
살아가는가, 그것을 가지고 너희들이
성적표를 내야 하며,
10 그를 갖다 평가하고 그를 다스려, 믿
음이 부족한 자, 성령이 임하지 못하
는 백성, 그들을 깨우쳐 바로 갈 수 있
도록 역사하는 것이 너희들이 해야 하
는 것이 아니더냐?
11 그러니 너희들이 그와 같은 깨달음이
라는 것이 꼭 너희들의 교회요, 너희
들이 지은 성전이요, 죄의 온상에 가
서 역사하는 것만이 성령이 임하는 것
이 아님을 또한 깨달아야 될 것이니라.
12 나를 믿는 것이 무엇을 의미하는지 너
희들은 그 의미나 그 뜻을 알겠느냐?
13 너희들이 집단적으로 모여서 울고불
고 그와 같은 것을 함으로써 나를 안
다 그리하지 말라.
14 너희들은 정녕 나를 알려고도 하지 아
니하며,
15 너희들 자신이 또 알지도 못하고 있는
것이 오늘의 지도자요, 성도, 너희들
이 똑같은 자들이니라.
16 더욱이 지도자라는 자들 그 자체가 나
의 뜻을 알지 못하며, 내가 어찌 역사
하는가를 모르고 그저 세월 따라 흘러
가며,
17 너희들이 만든 인간의 교리로써 더 큰
교회요, 더 위대한 교회를 역사하는
것, 그것으로써 너희들이 모두를 다
목적을 두고 목표를 두고 지금 믿음의
신앙생활을 하고 있는 것이니,
18 그러니 너희들이 성도들의 믿음이요,
성령을 측정하는 것도 어찌 출석하며
어찌 헌금을 바치느냐, 그것으로써 모
든 성적표를 작성하고 있는 것이 너희
들이니, 얼마나 너희들이 잘못된 자인
줄 알겠느냐?
19 너희들이 교육을 하는 선생이 학생이
학교에 나오는 그것을 가지고, 그들이
가방을 짊어지고 나오는 것으로써 그
가 착한 모범생이라 그리 말을 한다
면, 그가 선생으로서 과연 자격이 있
는가?
20 그 학생이 얼마만큼 성적이 향상되며
얼마만큼 학업에 열중하고 그리 가느
냐 하는 것이 중요한 것이지,
21 가방을 짊어지고 학교에 왔다 갔다

하는 것으로써 모범생이라 정하는 그
와 같은 어리석은 짓을 하고 있는 것
이 오늘의 종교 집단이요, 지도자이니
라.
22 그것으로써 왜 그 성적표를 작성하는
지 아는가?
23 그들이 나오고 그들이 와서 너희들에
게 헌금을 바침으로 너희들이 굶주리
지 아니하고 살아갈 수 있는 그 모두
가 이루어지기 때문에
24 그것을 계산하여 그것을 먼저 생각하
고 의식하며 그것을 제일로 생각하는
종교 집단이요, 지도자 너희들이기에,
25 너희들이 성도요, 신도들이 성령이 임
하는 것, 깨우치며 진리의 가는 길이
요, 그들이 바로 가고 못 가는 그것으
로써 그들의 성적표를 작성하는 것이
아니요, 그리하여 성적표대로 가르치
고 지도하는 것이 아니라,
26 열심히 나오는 것, 안 오는 것, 그리고
재물을 바치는 것, 안 바치는 것, 이것
으로써 모두를 다 계산하고 측정하는
이와 같은 형국이 되었음이니,
27 그것이 너희들 자신의 장삿속이요, 너
희들의 장사터이니,
28 그게 바로 나의 뜻을 전하는 신성한
곳이요, 복음을 전하는 곳이라는 말을
두 번 다시 하지 말며, 그와 같은 자격
이 없음을 너희들은 알아야 될 것이니
라.

10,830 번째 하나님 말씀

2004년 4월 28일 21시 23분

1 사랑하는 나의 아들아!
2 "네, 아버님! 말씀하옵소서."
3 지금 신약 시대라는 그 백성이요, 그
믿음의 길을 가는 자들이 구약 시대의
그 모두를 폐지하며 그것을 인정하지
아니하려 하며,
4 그것은 다 흘러간 것이라 하여 나의
계명까지도 뒤로 밀어붙이는 그와 같
은 오늘의 믿음이 얼마나 어리석고 불
행한 자들인 줄 알겠느냐?
5 내가 나의 아들에게 그 뜻을 가르쳐
주었으며, 너희들이 얼마나 무모한 짓
을 하며 너희들이 할 수 없는 짓을 하
고 있는지 내가 나의 아들에게 전한
뜻을 알겠느냐?
6 너희들이 높은 건물을 올라가니, 그
계단을 하나하나 밟고 역사함이니라.
7 그러니 너희들이 2층이요, 3층이라는
그 계단을 오르는 자가 아래층의 그
계단을 밟지 아니하고 오를 수 있다는
자,
8 그리고 밟지 아니하고 올라갈 수 있다
고 말하는 그와 같은 어리석은 백성들
과 하나도 다른 것이 없다는 것을 내
가 나의 아들에게 일찍이 깨우쳐 주고
전했음이니,
9 지금의 너희들이 신약 시대가 구약 시
대를 저버리는 그 행위가 바로 그와
같은 행위를 하는 자이니라.
10 위층을 가기 위하여 너희들이 반드시
아래층이라는 것을 거쳐야 되거늘,
11 그 아래층을 거치지 아니하고 너희들
이 갈 수 있으며 가는 재주가 있다 너
희들이 그리하여 아래층의 모두를 다
부정하며 그를 인정하지 않는 어리석
은 백성들이 그를 밟을 필요 없다 말

함이니, 너희들이 막상 가본들 갈 수
있겠는가?
12 절대 너희들이 갈 수 없으며 이룰 수
없는 것이 아니더냐?
13 그러니 지금 너희들이 나의 율법시대
를 거부하는 것, 그리고 신약 시대만
을 구원의 길이라 역사하는 것,
14 그 모두가 그와 같은 어리석은 짓을
하고 있는 것이 오늘의 종교 집단이
요, 지도자 너희들의 행동이라는 것을
잊지 말라.
15 구약 시대요, 신약 시대는 내가 부분
적인 것으로써 역사했으며, 그 부분적
인 사명을 너희들이 충실히 행하고 지
키는 그것으로써 모두가 이루어진다
하였음이니라.
16 그러나 그 모두는 거기서 시작되며 거
기서부터 근본이 이루어진 것이라는
걸 잊지 말라.
17 제3의 시대에 내가 지금 나의 새로운
성경으로써 세상에 내보내나, 또한 구
약과 신약 시대의 기초 위에서 이루어
진 단계임을 나의 아들은 잘 알고 있
으며 그 제자들 또한 그리 알고 있음
이니라.
18 그러니 나의 아들을 따르는 제자들이
요, 나의 아들 또한 너희들이 1층이
요, 2층이요, 그 계단을 밟지 아니하
고 3층이요, 4층이라는 그 계단을 오
를 수 없다는 것을 알고 있기에 그것
을 인정하는 자들이요,
19 그를 너희들이 깨우치며 그와 같은 너
희 수고로움을 알고, 그와 같은 수고
로움에 대한 대가에 따라 한 점의 부
끄러움이 없는 그와 같은 역사를 이루
고자 하는 것이 지금 나의 아들을 따
르는 제자들이요, 그들의 마음이니라.
20 그러니 너희들이 순리적으로 인정해
야 될 것이며 너희들이 지켜야 될 것
을, 그리고 그를 반드시 거치지 아니
하면 아니 될 그것까지도 부정하는 그
와 같은 것이 오늘의 믿음이요, 종교
집단 너희들의 그 만행이니, 그를 가
지고 너희들이 하늘의 뜻을 알 수 있
겠는가?
21 전혀 알 수 없으며 내 뜻 또한 너희들
이 기억조차 할 수 없으며,
22 너희들이 아무리 무어라 한다 해도,
내가 가르치고 또 가르쳐 준다 해도
너희들 머리에 입력이 되지 아니하며
기억조차도 할 수 없이 모두가 지워
버리고 날려 보내는 것이 너희들의 오
늘의 현실임을 알라.

10,831 번째 하나님 말씀

2004년 4월 28일 21시 26분

1 사랑하는 나의 아들아!
2 "네, 아버님! 말씀하옵소서."
3 제3의 시대요, 새로운 역사요, 새로운
성경이 세상에 내려와 모두를 역사하
지 아니하면 아니 되니, 거기에 무엇
이 있는 줄 알겠느냐?
4 지금의 모든 종교 집단이요, 지도자들
이요, 그리고 깨우쳤다 하는 자, 그리
고 인도자라는 그들이 잘못 가고 있으
며,
5 하늘에 오르는 길이요, 그 근본의 뜻
을 모르며 내가 역사하고자 하는 것을
알지 못하는 자들이 지금 이끌어 가기

때문에,
6 지금 너희들이 새로운 성경이요, 또
하늘에 오르는 길이라 하여 160권의
대장정의 이 역사를 이루지 아니하면
아니 됨을 그들에게 전하라.
7 너희들이 지도자요, 깨우친 자가 정녕
나의 뜻이요, 그리고 나의 아들 예수
를 통하여 역사하고자 했던 그와 같은
믿음이요, 그 신앙의 길을 지키고 바
로 왔다 하면,
8 그리고 내가 불로 직접 써 내린 나의
계명을 지키고 살기 위하여, 그를 지
키고 행하는 데 모두를 다 바치는 그
와 같은 삶으로 살아왔다면,
9 오늘의 세상은 이와 같이 험악하게
되지 아니하였을 것이며, 오늘의 제3
의 시대로서 이와 같은 모든 역사의
고통은 없을 것이니라.
10 그러니 바로 그 잘못된 원인은 종교
집단이요, 지도자요, 특히나 깨우쳤다
하는 자, 깨달음을 얻었다 하는 자, 그
들이 다 거짓된 자요, 거짓된 행위를
함으로 인하여
11 오늘의 이와 같은 험악한 세상이 되었
으며 인간이 인간을 믿지 못하는 불안
한 세상이 되었느니라.
12 인간이 인간을 신뢰하고 믿고 더불어
살아가며 사랑을 베푸는 것이 아니라,
그를 어찌 이용할 것이며 그를 어찌
악용할 것인가를 연구하는 것이 너희
들의 모든 삶이요,
13 그러니 그와 같은 마음을 가지고 사
니, 상대도 너희들을 그리 악용할 것
이라 생각하여 상대를 믿지 못하며 사
람을 믿지 못하며,
14 또한 너희도 악용하여 그를 이용하려
는 그와 같은 마음을 버리지 못하고
있는 너희 자신을 스스로 발견할 때가
있을 것이니,
15 이와 같은 험악한 세상이 된 것이 바
로 믿음을 깨우쳤다 말하는 자, 앞에
간다는 자들, 그리고 깨달음을 얻었다
하는 자, 나로부터 명받았던 자들이
잘못 가르치고 잘못 왔기 때문이니,
그 모두가 그들의 책임이라는 것을 알
라 그리 전하라.

10,832 번째 하나님 말씀

2004년 4월 28일 21시 31분

1 사랑하는 나의 아들아!
2 "네, 아버님! 말씀하옵소서."
3 나의 아들 예수를 '주여, 주여!' 부르
며 창조주라 부르며, 그 이름을 빌어
기도하며 그 이름 앞에 모두를 역사하
는 자,
4 그와 같이 너희들이 나의 아들 예수의
이름을 부르며 기도하고 경배한다면,
너희들은 결국 나의 아들 예수가 이루
고자 했던 것, 역사하고자 했던 그 뜻
을 먼저 알며 그를 깨우치는 것이 순
서임을 알아야 될 것이니라.
5 너희들이 예수의 이름으로써 기도하
는 백성들이 이 세대를 다 이루고 있
으며, 너희들의 모든 믿음이 다 나의
아들 예수의 이름 앞에 기도하는 그
와 같은 믿음을 가고 있으나,
6 너희들은 나의 아들 예수가 원하고
이루고자 했던 그 뜻을 분별하지도 못
하며, 그를 분별하려 하지도 아니 하

며 그를 깨달으려 하지도 아니하고,
7 그저 울고불고 나의 아들 예수의 이
름 앞에 기도하며, 그 이름을 부르며
기도하는 그것이 오늘의 믿음의 그
결과가 되고 있지 않더냐?
8 더욱이 너희들이 나 여호와 창조주의
뜻을 알고 그를 위하여 나를 찾는다
면 너희들은 바른 백성이요, 그리고
오늘과 같이 험악한 백성은 되지 아
니하였을 것이니라.
9 나를 찾으며 나의 이름을 부르는 너희
들이 내 뜻을 알지 못하며, 내가 이루
고자 하는 것을 바로 보지 못하며, 올
바로 해석하지 못하며 그 뜻을 알지
못하니, 너희들이 이와 같이 험악한
오늘의 결과가 되었음을 알아야 될
것이니라.
10 너희들이 나에게 기도하고 역사하는
것이 내 뜻이요, 나의 아들 예수를 통
하여 전하고자 했던 그와 같은 것은
알려 하지 아니하며 깨우치려 하지 아
니하느니라.
11 다만, 너희들이 현실적인 문제를 해결
하는 것, 그리고 현실 문제를 해결하
는 것이 축복받는 것이라 그리 치우
치며 그리 생각하고, 너희들이 무엇을
이루어 달라는 그와 같은 기도를 함
이니, 이것이 너희들이 기복 신앙의
대표적인 자들이니라.
12 입만 열면 너희들이 기복 신앙의 역사
를 하고 있는 것이요, 입만 열면 너희
들이 구원을 받는 것이니,
13 제 욕심 앞에 인간의 현실적으로 닥
치는 그 모두를 해결하기 위하여 나를
부르고 나의 아들 예수를 부르고 이용
하는 것이 너희들의 모든 그 신앙이
니,
14 지금 나의 아들을 따르는 제자들이요,
나의 아들이 그 제자들 앞에 강론하여
가르치는 그것을 너희들은 듣고 깨우
치도록 그리하라.
15 너희들의 지금 오늘의 믿음은 바로 내
가 무어라 하였느냐?
16 모든 백성들을 전진하지 못하도록, 변
하지 못하도록, 초보의 믿음에서 벗어
나지 못하도록 그리함이니,
17 너희들이 지금 나의 아들을 따르는 제
자들이요, 그 백성들, 그리고 지금 나
의 새로운 성경을 가지고 공부하며 깨
우쳐 가는 그를 한번 돌아다보라.
18 그들이 얼마만큼 너희들 앞에 가 있으
며 지금 높이 가 있는가?
19 너희들의 앞에 가는 자요, 높이 있는
그 백성을 보고 너희들이 발아래 백성
이요, 너희들 아래 있는 백성으로 아
무리 그를 우격다짐으로 밀어 넣고 그
리 누르려 해도,
20 결국 올라갈 그 백성들의 깨우침은 너
희들에게 그리 밟히고 억눌리는 그와
같은 것이 아님을 알라.
21 결코 너희들이 그들을 잡을 수 없으며
그들을 억누를 수 없으며, 그들을 더
이상 짓밟을 수 없는 그와 같은 형국
에 이르렀음을 너희들은 알라.
22 그러니 지금까지 모든 신앙의 길을 가
는 그 백성들이요, 성도라는 너희들,
초보적인 것을 벗어나지 못하고 있는
그와 같은 너희들이 거듭나고자 한다
면,
23 초보적인 것을 벗어나지 못하고 가르

치는 종교 집단이요, 지도자의 거짓된
강론이요, 설교에 너희들이 현혹되지
말며,
24 이제 내가 나의 아들을 통하여 내리는
이 법전을 읽어 보라.
25 새로운 성경을 너희들이 읽고 깨우친
다면, 너희들이 어찌 가야 될 것이며,
어찌 역사해야 초보의 믿음에서 벗어
날 수 있는지 그 모든 길과 깨우침을
얻을 수 있는 것이 거기에 있음이니라.
26 그를 보지 아니하고 그를 접하지 아니
하고는 너희들은 깨우칠 수 없으며,
27 기복 신앙에서 너희들이 제자리를 도
는 그 믿음이요, 너희들이 그 구원의
길이라 부르짖는 것, 제자리에서 벗어
나지 못하며 그저 제자리를 돌고 있는
것이며,
28 그것도 기복 신앙의 울타리 안에서 너
희들이 돌고 도는 그와 같은 불행한
백성이라는 것을 잊지 말라.

10,833 번째 하나님 말씀

2004년 4월 28일 21일 35분

1 사랑하는 나의 아들아!
2 "네, 아버님! 말씀하옵소서."
3 모든 믿음의 길을 가는 그 백성들이
어디에 초점을 두고 지금 믿음의 길을
왔느냐?
4 너희들은 구약 시대에 이루어진 그 역
사요, 예수 시대에 이루어진 그 역사
요, 그와 같은 것에 모든 초점을 맞추
고, 그와 같은 역사가 이루어지기를
바라는 환상적인 믿음에서 벗어나지
못했음이니,
5 그는 곧 너희들이 무엇을 원하느냐?
6 나 여호와의 능력에 너희들이 매달리
는 것이며, 나 여호와의 능력으로써
너희들에게 은혜와 축복을 내려 주기
를 바람이니,
7 너희들은 알아야 될 것이니라.
8 내가 모든 이룬 역사의 기적이요, 그
와 같은 능력에, 너희들의 한계에 그
를 지금 더 얻고자, 그리고 더 도전하
고자, 그리고 너희들에게 나의 능력으
로써 모두가 이루어지기를 바라는 그
와 같은 너희들의 마음 자세의 신앙에
서 벗어나야 됨을 알아야 될 것이니라.
9 너희들이 정녕 나에게 오르고자 하며
나의 백성이 되고자 한다면,
10 너희들은 지금까지 내가 역사한 그 모
든 능력에 초점을 맞추며, 그 능력이
다시 역사하며 그 능력의 그 기적을
보고자 하는 것, 그를 기다리는 그와
같은 마음에서 너희들이 믿음의 길을
가서는 아니 됨이니라.
11 너희들은 성령으로 임하는 백성이요,
나 여호와요, 하늘의 지혜를 얻는데
모두를 다 바치고 너희들이 그 길을
가도록 해야 됨이니라.
12 하늘의 지혜를 너희들이 얻는 데 모두
를 바치며, 그것이 너희들이 성령으로
써 거듭나는 길이요, 하늘에 오르는
길이 거기 있는 것이요,
13 나 여호와가 이루는 능력으로써 너희
들이 거기서 깨우쳐 하늘에 오르는 그
와 같은 길이 아님을 알라.
14 그러니 구약 시대의 능력이요, 그리고
예수 시대의 능력이요, 기적이요, 이
적이요, 그 모두를 바라지 말며 그를

기억하지 말라.
15 거기에서 기억하는 믿음이요, 그를 너
희들이 믿는 믿음으로 가서는 결국 나
여호와의 능력만을 바라며, 나의 능력
을 다시 한 번 너희들에게 내려 주기
를 바라며, 그것이 너희들이 축복이
요, 가장 큰 은혜라 생각하나,
16 그것이 너희들이 잘못된 자요, 그러니
그 환상에서 깨어나도록 그리하라.
17 너희들은 나 여호와의 지혜요, 하늘의
지혜를 얻는 것이 나에게 오르는 길이
요, 너희들의 가장 큰 은혜요, 축복이
요, 영광이라는 걸,
18 하늘의 지혜가 없이 너희들은 성령으
로 임할 수가 없음이니, 성령으로 임
하지 아니한 백성은 나에게 오를 수
없음이니라.
19 나의 능력을 보는 것, 나의 능력으로
써 접하는 것으로써는 너희들이 하늘
에 오르는 길이요, 구원을 받을 수 없
다는 것을 명심하고 또 명심하며, 이
와 같은 깨달음을 얻도록 그리 전하
라, 사랑하는 나의 아들아!

10,834 번째 하나님 말씀

2004년 4월 28일 21시 42분

1 사랑하는 나의 아들아!
2 "네, 아버님! 말씀하옵소서."
3 너희들이 나에게 오르며 하늘에 오르
는 길이요, 거듭나는 그와 같은 역사
의 영광을 얻는다면,
4 너희들은 세상 사람들이 원하는 것,
세상 사람들이 알아주는 삶, 세상 사
람들로부터 대우를 받는 자, 그리고
세상 사람들을 지배하는 방법과 그와
같이 세상 속에서 살아가는 생활의 방
식으로써는 결코 나에게 오를 수 없음
을 알아야 될 것이니라.
5 너희들이 더 높고자, 더 이루고자 하
여 남의 아프고 쓰린 것을 보지 아니
하며 오로지 저만을 위해 살아가는 세
상 속에 그 삶의 가치관을 가지고는
결코 나에게 오를 수 없다는 것을 알
아야 될 것이니라.
6 이제 나의 아들을 따르는 제자 너희들
은 들으라.
7 너희들이 세상 사람들이 알지 못하며,
세상 사람들이 이해하지 못하며, 세상
사람들이 맛볼 수 없으며, 세상 사람
들이 찾아볼 수 없는 것,
8 그와 같은 속에서 너희들이 가는 길을
찾아야 될 것이며, 거기에서 너희들이
모두를 이루고 역사하는 그와 같은 삶
으로 가며,
9 그것을 너희들이 연구하고 그것에 모
두를 바치는 그와 같은 삶으로 가야
한다는 단편적인 나의 이 뜻을 전함이
니 그리 알라.
10 세상 사람들이 모르고 이해하지 못하
며 보지 못하며 먹지 아니하며 쳐다보
지 않는 그곳, 거기에 너희들이 가야
할 길이 있으며 나에게 오르는 길이
있음을 너희들은 알라.
11 세상 사람들이 좋아하며 그들이 알아
주는 것, 너희들의 화려한 삶이요, 그
저 인간 세속의 즐거움이요, 향락이
요, 그와 같은 방법으로써 너희들은
나에게 오를 수 없으며,
12 그와 같은 인생관을 가지고 있는 자,

나와 관계없느니라.
13 보지 않고 들여다보지 않는 것, 그리
고 남들이 버려두는 것, 거기에 진리
가 있으며, 나에게 오르는 길이 있으
며, 거기에 참진리를 깨달을 수 있는
것이 있다는 것,
14 너희들은 그와 같은 이치를 깨닫도록
그리하라, 사랑하는 나의 아들딸들아!
15 지금의 모든 종교 집단이요, 방대한
조직이요, 방대한 그 물질이요, 화려
한 그것을 너희들이 찾아가는 자, 그
것을 바라며 그것으로써 너희들이 믿
음을 결정하는 자, 결코 나에게 오를
수 없음이니라.
16 누구도 바라보지 아니하며 찾지 아니
하며 관심도 없으며 들여다보지 않는,
지금 나의 아들을 통하여 내리는 나의
160권의 법전,
17 이는 그 누구도 읽으려 하지 아니하며
인정하지 아니하려 하며 보지 아니하
려는 것이니라.
18 그와 같이 너희들이 보지 아니하며 찾
아보지 아니하며 관심 없는 그와 같은
나의 새로운 성경이요, 이 법전이 너
희들을 구원하는 길이요,
19 너희들이 이를 읽고 정독했을 때 하늘
에 오르는 길을 볼 수 있는 그 위대하
고 소중하고 귀한 것이 이렇게 묻혀
있듯이,
20 너희들이 관계없으며 모르고 지내는
그와 같은 곳에서 그를 들여다보도록
그리했을 때, 너희들은 진정한 것을
얻을 수 있을 것이니라.
21 너희들이 인정해 주고 안 해 주는 것,
그리고 방대한 조직, 그와 같은 곳에
믿음을 정하며 신앙을 정하는 그 순간
에 너희들은 세속적인 것을 원하니,
22 너희들이 말하는 넓은 길이요, 평탄한
길을 찾아가고자 그 믿음의 길을 가는
백성들이니라.
23 그러니 누구도 보지 아니하며 들여다
보지 아니하며 도와주는 자 없는 나의
법전이요, 새로운 성경을 접하고 이끌
어 가며 만들고 전하는 너희들이야말
로
24 너희들이 좁고 협착하고 힘든 길이요,
누구도 가지 않는 길이요, 보지 않는
그 길이 하늘에 오르는 진정한 길이
요, 바른길이라는 것을 너희들은 알게
될 것이니,
25 그를 모르고 가는 어리석은 백성 그들
이 있음이니, 그들을 깨우쳐 주도록
그리하라.
26 많은 사람들이 가는 길이라 하여, 폭
넓은 길이라 하여도,
27 그것이 결국 하늘에 오르는 길이 아니
라 내가 너희들에게 전한 뜻을 알겠느
냐?
28 지금의 모든 백성들이 웃고 즐기며 가
는 그 넓고 폭넓은 길은 지금은 너희
들이 웃음으로써 그 향락을 즐기며 살
아가나,
29 그것은 결국 너희들의 사망의 길이요,
죽음의 길이요, 지옥으로 가는 길이라
는 그 어리석음을 어찌하여 너희들이
모른단 말이더냐?
30 아무도 바라보지 아니하고 누구도 들
여다보지 않는 것, 나의 아들이 길을
만들며 그 제자들이 길을 만들며, 하
늘에 오르는 길을 닦고 있는 이 어렵

고 힘든 거기에 내 뜻이 있으며 내 진
리가 있으니,
31 이를 보지 아니하고 읽지 않는 자, 반
석 위에 서서 하늘에 오르는 찬란한
빛도 볼 수 없는 것이 너희들의 현실
이니라.
32 그러니 이를 보는 내 마음이 얼마나
안타까우며, 이를 보는 내 마음이 얼
마나 아프겠는가?
33 내가 너희들에게 지금이 마지막 기회
라 함이 무엇이더냐?
34 정녕 하늘에 오르는 길이요, 진정한
길을 인도하는 나의 새로운 성경이 세
상에 나갔으며, 그를 들고 길을 닦는
나의 아들이 있으며, 그 길을 닦기 위
하여 따르는 그 제자들이 있음이니,
35 그리하여 그들로서 모두가 길을 닦았
을 때, 그 길을 오지 아니하는 자, 그
어렵고 힘든 길을 따르지 않는 자, 그
길을 선택하지 아니하는 백성, 너희들
은 결국 사망의 길로 가는 자요, 너희
들이 구원의 길이 아니라 하는 것을
알게 될 것이니라.
36 남들이 들여다보지 아니하며 관심도
없으며 맛을 보지도 아니하려는 그와
같은 모두 속에 구원의 길이요, 참진
리요, 위대함이 거기 있다는 것을 그
들에게 깨우쳐 주라.
37 모두가 흥청망청 웃고 즐기며 가는
그 넓은 길로 가는 자, 결국 너희들이
사망의 길이라는 걸 내가 다시 한 번
전함이니, 이를 깊이 깨우쳐 전하도록
그리하라.
38 이를 보는 안타까운 내 마음을 너희
들이 정녕 안다면, 그 불쌍한 백성들
을 구원하는 데 모두를 다 바쳐 역사
하도록 그리하라, 사랑하는 나의 아들
딸들아!

10,835 번째 하나님 말씀

2004년 4월 28일 21시 48분

1 사랑하는 나의 아들아!
2 "네, 아버님! 말씀하옵소서."
3 너희들이 교회라는 곳의 문을 열심히
드나들며 그 문을 열심히 두드리며,
그리고 너희들이 울고불고 열심히 오
늘의 믿음이요, 신앙의 길을 간다 해
서, 너희들이 거듭나는 은혜요, 너희
들이 나에게 오를 수 있는 축복을 받
는다 생각한다면,
4 너희들은 큰 착오임을 알며 너희들은
큰 오산이요, 오류를 범하고 있는 자
들이라는 걸 알라.
5 오늘의 너희들이 그와 같은 믿음으로
써 결코 나에게 오를 수 없음이니라.
6 너희들이 인간 세상에 살아가는 삶의
그 지혜를 벗어나 하늘의 지혜를 얻는
자, 하늘의 지혜를 같이하는 자, 그를
너희들이 얻을 수 있는 자,
7 그와 같은 백성이 아니고는 너희들이
거듭나는 길이요, 하늘에 오르는 길을
절대 볼 수 없음을 알라.
8 내가 그리하여 나의 아들을 통하여 너
희들에게 무어라 역사했느냐?
9 나 여호와의 능력으로써 너희들이 모
두를 역사하려 하지 말라 하였음이니
라.
10 너희들이 나 여호와의 지혜로써 모두
를 역사하며, 지혜를 얻어 성령으로

거듭나는 백성으로서 너희들이 거듭
나지 아니하면 절대 아니 된다 했음을
알아야 될 것이니라.
11 너희들이 인간 세상에서 살아가면서
육의 삶을 위하여 너희들은 인간 세상
의 지혜가 필요하며 그것은 거기에 적
용될 수 있으나,
12 너희들이 구원을 받고 하늘에 오르는
그것은 인간 세상의 지혜로써 모두를
이룰 수 없다는 것을 알라.
13 너희들이 마지막 시대요, 마지막 심판
의 시대에서 너희들이 구원의 길을 볼
수 있으며 그 구원의 길에 오를 수 있
는 것은 너희들이 하늘의 지혜를 얻음
이라는 것을 잊지 말라.
14 하늘의 지혜를 얻지 못하는 자 어리석
은 자요, 미련한 자요, 생각이 부족한
자니,
15 내 뜻을 알아듣지 못하며 내가 이루는
것을 알지 못하기 때문에, 가장 중요
하고 귀한 너희들의 구원의 길을 바라
볼 수 없으며 그 길을 얻지 못함이라
는 것을 알라.
16 다시 한 번 내가 너희들에게 말하니,
지금 마지막 시대요, 심판의 시대에
역사하는 것은,
17 이미 너희들이 지나온 구약의 모세의
그 역사요, 기적이요, 나의 아들 예수
가 이루었던 모든 기적이요, 역사요,
나 여호와의 능력을 그것으로써 이루
는 것이 아니라는 것을 명심하고 명
심하도록 하라.
18 마지막 시대는 조용히 흐르는 나의 지
혜요, 지혜의 깨달음이요, 성령으로
역사하는 백성이니,
19 너희들이 나의 능력을 바라지 말며 나
의 능력을 기대하지 말며, 나의 능력
으로써 모두가 이루어진다는 그와 같
은 그를 바라는 삶에서 너희들의 귀
하고 소중한 시간을 다 소비해 나에
게 와 심판을 받을 때, 너희들이 어떠
한 형국이라는 것을 알게 될 것이니,
20 지혜를 얻는 백성이 되며 하늘의 지혜
를 구하도록 그리하라, 사랑하는 나의
아들딸들아!

10,836 번째 하나님 말씀

2004년 4월 29일 06시 10분

1 사랑하는 나의 아들아!
2 "네, 아버님! 말씀하옵소서."
3 너희들이 살아가면서 하루의 삶을 그
대로 살아가도록 되어 있는 것이 아니
니라.
4 너희들이 오늘의 삶을 살면서 네가 해
야 할 일과 네가 역사해야 할 그 모두
가 다 정해져 있으며, 너희들은 그 양
을 또한 소모시켜야 되는 그 모든 원
리가 있느니라.
5 네가 나의 성령을 받아 새로운 성경을
만들어 냄이니, 네가 하루에 얼마만큼
의 기도요, 네가 나의 성령을 받아 만
백성을 구하는 나의 새로운 성경을 만
드는 것이냐 하는 것, 그것 또한 모두
가 정해져 있으며 그 양이 또한 결정
되어 있느니라.
6 그러나 네가 게을리하여 오늘의 할 양
을 하지 아니하며 오늘에 할 분량을
하지 아니한다면 과연 어떻게 되겠느
냐?

7 그리고 내가 오늘에 너에게 내려야 할
것을 네가 오늘에 받지 않는다면, 두
번 다시 내일에 그것을 내리지 않는
그와 같은 것이 하늘의 법도요, 하늘
의 규정이 그리되어 있다면 어찌하겠
는가?
8 네가 오늘에 나로부터 받아야 할 나의
새로운 성경이요, 나의 성령을 네가
게을리하며 잘못하여 그를 받아들이
지 아니하면, 그것이 두 번 다시 세상
에 내려올 수 없다면, 또 그것이 내려
올 수 있는 시간이 없다면,
9 오늘에 할 수 있는 분량과 내일에 할
수 있는 분량이 정해져 있기 때문에,
10 내일에 할 그 분량을 오늘에 못 함으
로 인하여 그를 갖다 침범하여 더 분
량을 늘릴 수 있는 그와 같은 관계가
아니 되며 법도가 그러하지 아니하면
너는 어찌 되겠는가?
11 영원히 너로 하여금 하늘에서 땅으로
내려와 만백성을 구하는 것, 나의 성
령의 뜻이 내려오지 못함이니, 그 죄
또한 네가 얼마나 큰 것인가를 알겠는
가?
12 모두 살아가는 너의 제자들이 오늘의
할 일과 내일의 할 일이 구분되어 있
으며, 오늘의 할 일을 너희들이 아니
했을 때, 할 것을 하지 아니했을 때,
13 그건 두 번 다시 너희들에게 기회가
없는 그와 같은 역사가 많이 있음이니
라.
14 너희들이 선함을 베푸는 것, 아름다운
삶을 사는 것, 그 모두도 너희들이 그
와 같은 형국으로 모두가 다 흘러간다
는 것을 알라.
15 또한 너희들은 들어야 될 것이니라.
16 내가 너희들에게 어떠한 기회를 주었
을 때, 그 기회에서 너희들이 승자가
되지 못하면 두 번 다시 그 기회가 오
지 아니한다면 과연 어찌하겠는가?
17 모두를 너희들이 승자로서 이루는 것,
그리고 너희들이 남에게 뒤지지 않는
일을 역사하는 것, 그 모두가 다 너희
들의 노력이요, 어찌 노력하느냐에 따
라서 그것이 너희들의 결과에 따라 내
가 명한 것을 이루냐 못 이루냐 또한
거기에 너희들이 답이 있음을 알아야
될 것이니라.
18 인간 세상에 너희들이 살아가면서 성
공을 하느냐, 성공을 하지 못하느냐
그것을 떠나서,
19 너희들이 나의 뜻에 따른 것, 내가 명
한 것을 너희들이 충실히 행하고 실천
하고 사는 백성이 되느냐, 안 되느냐,
거기에 너희들이 게으른 자와 게으르
지 아니한 자의 그 체벌이 또한 있음
을 알아야 될 것이니라.
20 그러니 너희들이 하루의 삶에 있어서
최선의 노력이요, 최선의 시간을 활용
하는 그와 같은 마음 자세로 살아가야
된다는 것을 잊지 말라.
21 나의 아들을 통하여 내가 오늘에 성령
을 내림이니, 오늘 이 시간에 네가 나
의 성령을 받아서 법전을 만들어 만백
성을 구하는 역사를 하지 아니한다면,
22 네가 두 번 다시 그 기회가 없다는 그
무섭고 엄한 사실을 너는 알아야 될
것이며,
23 내려오지 못하여 그를 보고 깨우칠 수
있는 백성들이 깨우치지 못한다면 그

죄를 네가 영원히 씻을 수 없는 것이
라는 것을 알라.
24 성령의 훼방이요, 성령이 역사하지 못
하는 것이 무엇이더냐?
25 너희들은 나의 법전을 전하는 것, 나
의 법전이 세상에 나오지 못하는 것만
이 성령의 훼방 죄가 아니요,
26 너희들이 받아야 할 자가 받지 아니하
며, 만들 자가 만들지 아니하며, 제 시
기에 나올 수 있는 것을 너희들이 게
을러 제 시기에 만들어 내지 아니할
때, 그 모두가 너희들의 성령의 훼방
죄가 아니더냐?
27 오늘에 나올 수 있는 나의 법전을 너
희들이 게을리하여 만들지 아니하면,
오늘에 나의 법전을 읽고 깨우칠 그
백성들이 그를 읽고 깨우칠 기회를 놓
침이니,
28 그들을 너희들이 죽음으로 인도하는
자요,
29 성령으로 임할 수 있는 그 백성을 너
희들이 성령을 임하지 못하도록 훼방
하는 자라는 것을 알아야 될 것이니라.
30 이와 같은 하늘의 이치의 두려움을 안
다면, 너희들이 오늘의 삶이 어떠한
삶으로 살아야 되는가 그것을 깨달아,
스스로 각자가 저 자신을 다스려, 너
희들이 나에게 와 한 점의 벌을 받는
일이 없으며 체벌을 받는 일이 없도록
그와 같이 너희들의 삶을 살도록 그리
하라.

10,837 번째 하나님 말씀

2004년 4월 29일 06시 17분

1 사랑하는 나의 아들아!
2 "네, 아버님! 말씀하옵소서."
3 길고도 긴 세월이 흘러오는 동안에 하
늘에 오르는 길이요, 참진리를 연구한
다는 그 백성들이 온 길이 무엇이더냐?
4 나의 사랑하는 백성들이 그 모두를 다
불치병에 걸리도록 그리 병자를 만들
었느니라.
5 나의 피조물 만백성들을 치료해도 치
료할 수 없는 병이요, 나을 수 없는 그
와 같은 불치병자로 만든 것이 오늘의
종교 집단이요, 지도자요, 믿음의 길
을 가는 자들이요, 깨우친다, 깨우쳤
다는 백성들이요, 그 지도자들이 한
일이 그것뿐이니라.
6 그러니 사랑하는 나의 백성들이 고치
지 못하는 그 불치병에 걸려 있으니,
너희들의 그 불치병 또한 그러니라.
7 그가 아픔을 알며 그 상처의 쓰림을
알며 그리하여 병고의 고통이 있다 하
면, 너희들은 그걸 고치려 할 것이며
그걸 또 고치고자 노력을 할 것이니라.
8 그러나 지금의 너희들이 걸린 그 불
치병은 아픔을 모르며 쓰림을 모르며
고통이 없는 아무런 근거요, 흔적이
없는 그와 같은 감각이 없는 불치병
에 걸려 버린 것이 오늘의 믿음의 길
을 가는 백성들이요, 구원을 받았다
하는 백성 너희들이니라.
9 그러니 아픈 감각이 없음이니, 너희들
이 그걸 치료하지 않으려 하며 스스로
그것을 다스리려 하지 않는 그와 같은

병자처럼,
10 너희들이 지금 가고 있는 것이 영적
인 모든 불치병에 걸린 자들이 그 병
에 대한 감각을 모르며, 그 병이 어찌
흘러가는지를 모르며,
11 그 병으로 하여 너희들이 영적인 죽음
이요, 거듭나고자 하는 그 소원이요,
너희들이 갈망하는 것이 이루어지지
못하며,
12 그 길로 가는 것이 아니요, 반대의 길
로 가고 있는 그것 자체도 모르는 자
들이니라.
13 너희들이 이미 구원을 받은 자요, 하
늘에 오를 수 있는 모든 영광을 얻은
자라는 그 불치병에 걸린 자들이기에,
14 너희들이 지금 가는 길이 어떠한 길이
요, 지옥의 길이요, 영원히 나오지 못
하는 길을 가고 있는지 그것조차도 모
르며 분별하지도 못하며 그를 생각지
도 못하는 자들이니라.
15 종교 집단이요, 지도자가 다 그리 그
불치병에 걸린 자들이기에, 저희들이
오늘의 하고 있는 길이 성경을 위반하
는 짓이요, 나 여호와의 뜻을 위반하
는 것이며 계명을 위반하는 것이라는
것을 모름이니라.
16 그러니 저희들이 하고 있는 일이 죄를
지으면서도 그게 죄인지 모르며, 그게
죄인지 죄가 아닌지 그 감각조차도 알
지 못하며 느끼지 못하는 그와 같은
지금의 백성이 되었음이니라.
17 그러니 상처의 아픔도 모르며 쓰림도
모르며 고통도 없는 그 불치병에 걸려
있기에,
18 너희들이 오늘에 양심도 없으며, 너희
들의 기본의 양심의 기초의 마음으로
되돌아가려 하는 것도 아니요, 그리고
너희들이 그와 같은 마음으로써 살아
가려 하는 것도 아니요,
19 모두의 감각을 다 잃어버린 그와 같은
병자가 되어 있으니,
20 죽어 가면서도 그것이 어떠한 병이요,
어떠한 죽음의 길이요, 어떠한 고통의
길을 가는 것인지 그것을 모르고 가는
그와 같은 오늘의 병자가 되어 있는
것이 종교 집단이요, 지도자요, 가르
치는 자요, 그리고 거기서 배우는 성
도라 하여 구원을 받았다 하는 백성,
21 너희들이 똑같이 다 상처의 아픔도 모
르며 쓰림도 모르며 감각이 없는 불치
병에 걸린 자들이니라.
22 그러니 이 무서운 불치병에 걸린 자들
을 누가 구원할 것이며 누가 치료할
수 있단 말이더냐?
23 그러니 아픔을 모르며 고통을 모르며
그저 흘러가다 죽어 가는 그 불쌍한
백성들을 바로 세우고 그들을 깨우치
며 그들을 수술할 수 있는 것은 오로
지 나의 법전밖에 없음이니라.
24 그리하여 내가 너희들에게 나의 법전
을 가지고 만백성을 구하라 했으며,
이 세상을 다 덮어 그 불치병자들이
이를 보지 아니하면 아니 되는 그와
같은 역사를 이루라 함이니,
25 나 여호와의 뜻이 여기 있음을 알라,
사랑하는 나의 아들딸들아!
26 감각도 모르며 상처의 아픔도 모르며
썩어져 가는 것도 모르는 그 불치병에
걸린 불쌍한 백성들, 그들을 버려서는
아니 됨이니,

27 그리해도 그들을 치료하고 구원하여
인간의 형태로 만들어 나에게 오를 수
있는 그 기회를 그들에게 줘야 되지
아니하겠느냐?
28 그 모든 역사하는 것은 너희들이 해야
되기 때문이니라, 사랑하는 나의 아들
딸들아!

10,838 번째 하나님 말씀

2004년 4월 29일 06시 24분

1 사랑하는 나의 아들아!
2 "네, 아버님! 말씀하옵소서."
3 모든 종교 집단이요, 지도자들이 그
성도요, 신도들을 다스리기 위하여,
저희들이 진정한 참진리요, 하늘의 뜻
을 모름이니,
4 언젠가는 저희들이 거짓된 자요, 양의
탈을 쓴 이리라는 것을 그들에게 알려
지게 될 것이며, 그것이 발견될 것이
두려워, 저희들이 뭐라 말하느냐?
5 마지막 시대요, 종말의 시대요, 말세
에는 거짓 선지자들이 세상에 나와 혼
란케 한다 하여 그를 미리 예방하는
그와 같은 구원을 부르짖고 사는 자들
이라 하지 아니하였더냐?
6 그리하여 내가 너희들에게 말하기를
말세의 시대를 만든 그와 같은 말세의
시대에 오는 거짓 선지자가 아니라,
7 말세라 하여 그 말세의 세상을 만든
그들을 너희들이 다스리며 그들의 죄
가 무서움을 볼 줄 아는 성도요, 백성
이 되어야 한다 내가 그리하지 아니하
였더냐?
8 그러니 너희들은 여기서 알아야 될 것
이니라.
9 너희들이 말하는 말세의 세상이 도래
하며 말세의 세상에 거짓 선지자가 온
다 했음이니, 그 말세의 시대가 온다
는 것이 아니더냐?
10 그러니 너희들은 들으라.
11 나 여호와가 이 지상의 아름다운 세상
에 나의 천사와 같은 백성들이 하늘에
서 이루어진 것같이 지상에서 이루어,
너희들이 지상에서 살다 나에게 그대
로 들림을 받는 그와 같은 역사의 시
대를 이루고자 함이니, 바로 어떠한
것이더냐?
12 새로운 시대가 오는 것이며, 새로 바
꾸고자 하는 시대가 올 것이며, 그러
니 지금까지 말세의 세상을 만든 그것
을 새로운 시대로 바꾸는 것은 한 시
점이 도래하게 되며, 그 시점이 역사
하게 되는 것임을 너희들은 알아야 될
것이니라.
13 그러니 지금 나의 160권의 새로운 성
경이 세상에 내려가는 것이 시대를 바
꾸는 시점이요, 시대를 바꾸는 역사가
시작되었음을 너희들은 알아야 될 것
이니라.
14 그러니 너희들이 새로운 시대가 열리
기 시작할 때, 지금까지 저희들이 어
떠한 불치병에 걸려서 어찌 죽어 가고
썩어 가는지를 모르는 그 백성들이 그
때라도 깨달아 하늘에 오르는 길을 오
고자 하며 참진리의 길을 가고자 하나,
15 저희들이 그때까지도 잘못된 신앙이
요, 잘못된 것을 모르며 저희들이 잘
못된 믿음으로 간다는 것, 그리고 나
여호와를 욕되게 하며, 나와 등지며

나와 관계없는 먼 길을 저희들이 반대
쪽으로 가고 있다는 것을 인식하지 못
하며 깨닫지 못하는 자들이니라.
16 더욱이 악한 지도자들이 있으며 그 악
한 지도자들의 속임수로 인하여, 새로
운 시대요, 새로운 성경이요, 새 역사
를 이루는 것을 대적하며 그들을 무너
트리고자 하며 그들을 세상에 존재하
지 못하도록 공격하는 무기로서 나의
사랑하는 피조물 만백성들을 그리 악
용하는 자요, 그렇게 쓰는 자들이 있
는 한 너희들이 깨닫지 못함을 알아야
될 것이니라.
17 그러나 내가 너희들에게 전함이니, 너
희들이 악한 자의 속임수에 빠져 계속
그들의 도구로 사용된다면, 너희들은
결국 죽어 나에게 올 수 없으며 나를
볼 수 없다는 것을 알아야 될 것이니
라.
18 지금의 세상에 보는 너희들의 믿음이
요, 신앙이 얼마나 심각하고 불완전한
줄 너희들이 알겠는가?
19 너희들이 영적으로 구원할 자가 없으
니, 너희들이 모두가 죽어 가는 그와
같은 험악한 상태이며 심각한 상태임
을 깨달아야 될 것이니라.
20 너희들은 여기서 들어야 될 것이니라.
21 너희들이 말세의 시대가 온다는 것은
반드시 그 말세가 왔다는 것이며 올
수 있다는 것이니라.
22 그러니 그 말세가 오는 것은 나 여호
와가 이 자연의 아름다운 세상의 모두
를 내려 너희들에게 준 것을 그대로
버릴 수는 없다는 것을 너희들은 알
것이며,
23 그리하여 내가 말세를 만든 그 백성들
이요, 거기서 내가 대수술을 이루기
위해서는 새로운 시대요, 새로운 생명
수요, 새로운 백성들이 세상에 나와야
됨이니, 그것이 바로 오늘에 이루어지
는 것이요,
24 나의 아들을 따르는 제자들이요, 나의
법전을 읽고 깨우친 백성, 너희들이
새로운 생수요, 새로운 백성으로서 선
택된 자들이라는 것을 알아야 될 것이
니라.
25 지금에 이제는 대환란이 이루어짐이
니, 잘못 가는 것, 잘못된 것, 죄가 죄
인지도 모르며, 그저 제가 죽음의 길
로 가는 것도 모르는 지도자들이요,
그들이 저희들이 잘못되었다는 것을
이제 깨달을 것이며, 저희들이 발붙일
곳이 없다는 것을 알게 됨으로 인하여,
26 그 지도자들이 사랑하는 나의 백성들
로 하여금 악하게 만들어 그들을 훈련
시켜 그들을 속이고 또 속여,
27 그들로 하여금 참진리요, 나 여호와의
뜻이요, 새 시대로 바꾸기 위하여 내
려온 나의 새로운 성경이요, 이를 공
격하며 나의 아들을 공격하며 그 제자
들을 공격하는 이와 같은 세상이 올
것이며, 그 환란은 너희들이 감당키
어려울 것이니라.
28 그것이 마지막 시대에 모두를 태울 것
을 태우고 거듭나는 그와 같은 세상이
되는 것이니라.
29 그리하여 내가 나의 법전을 읽고 너희
들에게 하늘의 지혜를 얻고 깨우치라
했음이니라.
30 하늘의 지혜를 얻고 깨우치는 자는 이

무서운 결과의 소용돌이 속에서 벗어
날 수 있으며 거듭날 수 있으나,
31 너희들이 지금의 거짓된 자들이요, 악
한 자들이요, 그 사악한 자들의 속임
수에 빠져 하늘의 지혜를 얻지 못하고
그냥 살아간다면,
32 너희들 자신도 모르는 사이에 너희들
이 그들에게 속은 자요, 그들에게 넘
어간 자요, 그들에게 끌려가는 자가
되어,
33 너희들이 구원의 길이요, 나에게 오를
수 있는 거듭나는 그 모든 영광이요,
축복을 얻을 수 없다는 것을 알라, 사
랑하는 나의 아들딸들아!

10,839 번째 하나님 말씀

2004년 4월 29일 06시 30분

1 사랑하는 나의 아들아!
2 **"네, 아버님! 말씀하옵소서."**
3 나 여호와가 세상을 다스리며 지배함
에 한 사람으로 하여금 모두를 역사한
다 하지 않았더냐?
4 구약 시대에 모세를 통하여 그를 역사
했으며, 신약 시대에 나의 아들 예수
를 통했으며, 제3의 시대 또한 지금
나의 성령을 나의 아들을 통하여 모두
를 역사한다 하였음이니라.
5 그러니 그들이 모두를 역사하고 이루
는 것의 그 차이점이 무엇인 줄 알겠
느냐?
6 그들은 나 여호와의 뜻을 아느니라.
7 그들이 이 지상에 성전을 지으며 기
거하는 곳을 만들 때, 그들은 하늘의
설계도를 가지고 하늘의 설계도에 의
하여 그 모두를 이룸이니,
8 그는 하늘에 대하여 불법을 행하는 것
이 아니요, 나의 뜻에 의하여 역사함
이니, 그것이 다르다 하였음이니라.
9 너희들이 지금 교회요, 성전이라 하여
수없이 짓는 것, 나로부터 설계도를
받은 자가 없으며, 하늘의 설계도에
의하여 너희들이 그를 건축하고 역사
하는 것이 아니지 않더냐?
10 그러니 너희들이 하늘을 향하여 그 모
두가 다 불법의 건축물이라 함이 여기
있느니라.
11 인간 세상에 너희들도 그 설계에 의하
여 설계법에 의하여 건축했을 때 그것
을 인증받는 건물이 되듯이,
12 그와 같이 하지 아니하고 임의로 지은
건축물이요, 그와 같은 것은 바로 무
엇이더냐?
13 불법 건축물이라 하지 않더냐?
14 그리하여 인간 세상에서도 그가 존재
하지 못하게 하며 그를 무너트리는 것
이 너희들의 법도가 아니던가?
15 더욱이 하늘의 설계도를 모르며 받아
본 적이 없으며 보지도 못한 자들이
하늘의 설계도를 가지고 역사하는 것
처럼 너희들이 모든 교회요, 성전이
요, 그 모두를 짓는 것은,
16 하늘을 향하여 너희들이 불법 건축물
을 지은 자들이요, 그리하여 그 속에
서 너희들이 지금 상주하는 자들이요,
17 그러니 결국 너희들이 언젠가는 그것
이 부서지며 거기에서 너희들이 기거
하던 백성이 그 기거할 곳을 잃게 되
는 것은 당연한 것임을 너희들은 알아
야 될 것이니라.

18 지금 내가 나의 아들을 통하여 모두를
역사하는 것, 그리고 나의 아들이 또
한 나의 성령을 받아 만백성에게 전하
기 위하여 기도하는 곳, 그 모두는 나
여호와요, 하늘의 뜻에 의하여, 그 설
계도에 의하여 그것이 만들어진 것이
며 역사한 것이니,
19 같은 건물이요, 같은 것이라도 너희들
이 불법 건물과 인가된 건물의 이와
같은 차이가 있음을 너희들은 알아야
될 것이니라.
20 그러기에 너희들이 하늘의 지혜를 얻
는 자가 되라 하였음이니라.
21 하늘의 지혜가 없는 자는 결코 하늘의
설계도를 볼 수 없으며 하늘의 설계도
를 읽을 수도 없으며 그대로 건축할
수 없는 것임을 알아야 될 것이니라.
22 그러니 이것이 차이점이요, 이것이 너
희들이 얼마나 무서운 차이가 있는 것
인가를 스스로 나의 아들을 따르는 제
자들이요, 법전을 읽고 깨우친 만백
성, 너희들은 깨닫도록 그리하라.
23 그러니 너희들이 역사하는 것과 나에
게 선택된 지도자의 그 차이점이 무엇
인 줄 알겠느냐?
24 바로 내가 나의 아들을 따라 깨우친
백성들, 그들에게 이제는 나의 뜻을
역사하는 전사요, 지도자로서 세상에
나감은,
25 바로 하늘의 설계도를 볼 수 있는 지
혜를 받은 백성이요, 지혜를 가지고
있는 백성들이니,
26 그 지혜가 없는 백성들이 인간의 지혜
로써 아무리 무엇을 역사한다 해도,
하늘의 설계도를 볼 수 없으며 하늘의
뜻을 알 수 없음이니, 인간의 한계에
서 끝이 나는 것이나,
27 나의 아들을 따르는 제자들이요, 그리
고 나로부터 명받아 나가는 그들은 그
모두를 다 역사할 수 있음이니라.
28 그리하여 그들은 불법 건축을 하지 아
니하며 거짓된 행위를 하지 아니함이
니라.
29 그리하여 그들이 존재함으로, 지금 무
슨 병인지 알지도 못하며 고통이 없어
그저 썩어 가는 불치병에 걸린 그들이
깨어날 수 있는 기회를 얻게 될 것이
니 그리 알라.

10,840 번째 하나님 말씀

2004년 4월 29일 06시 37분

1 사랑하는 나의 아들아!
2 "네, 아버님! 말씀하옵소서."
3 나의 아들을 따르는 제자들이요, 나의
법전을 읽고 깨우친 만백성 너희들은
너희 자신의 집을 이 세상에 지어야
될 것이니라.
4 너희들이 완벽한 집을 짓는 것, 반석
위에 무너지지 않는 집을 지었을 때
많은 백성들이 거기에 와 기거할 수
있을 것이니,
5 그것이 바로 너를 보고 깨우친 너의
제자들이 너와 더불어 하늘에 오르는
그 역사의 영광을 얻는 것이니라.
6 그러니 내가 너희들에게 개인의 집을
지으라 하였음이니, 그 집을 반석 위
에 지으라 하지 않았더냐?
7 그러니 너희들이 지금은 집을 지을 자
격이 없다 하였음이니라.

8 너희들이 나 여호와로부터 받아 나간
그 천사와 같은 마음에까지 아직도
내려가지 못했으며, 거기에 너희들이
도달하지 못하였으며, 초심으로 가지
못하였기 때문이라 하였음이니라.
9 인간 세상에 너희들이 '나'를 기준으
로 하는 백지장보다도 얇은 그와 같은
마음을 지금 초심에 한 자리 깔아 놓
고 있다는 것을 알라 그리하였음이니
라.
10 그러니 이제는 너희들이 '나'를 생각
하는 것, '나'를 위주로 하는 그 한 장
의 마음을 뽑아내지 아니하며 버리지
아니하고 거기에 집을 짓는다면, 내가
뭐라 말하였느냐?
11 모래성 위에 너희들 자신의 집을 짓는
것과 마찬가지라 하지 않았더냐?
12 너희들이 초심으로 돌아가는 것, 천사
와 같은 마음으로 돌아가는 것은 백
지장보다도 더 얇은 그와 같은 것이
남았다 해도 그를 너희들이 빼지 못하
며 버리지 못하고 지우지 못하여 초심
의 벽돌을 쌓지 아니하고 얇은 인간
의 그 욕심 위에, 종이 위에 집을 짓는
다면,
13 그것은 초심과 너희들의 마음이 백지
한 장의 차이라 해도 그는 모래 위에
성을 짓는 것과 같음이요, 반석 위에
성을 짓는 것이 아님이니라.
14 그러니 사랑하는 나의 아들딸 너희들
의 그를 위하여 내가 오늘의 훈련을
시킴이니,
15 너희들 각자가 내려올 데까지 내려왔
으며 비울 데까지 비웠느니라.
16 그래도 너희들이 '나'라는 그 '나' 자를
버리지 못하고 있으니, '나'라는 것을
버렸을 때, 너희들이 그 한 장의 남아
있는 인간의 본능이요, 자기 자신을
위주로 하는 것이요, 자기 영역을 생
각하는 그 모든 마음을 버릴 수 있는
것이니라.
17 너희들이 그 한 장의 마음을 버리지
못하고 아무리 건축을 하며 궁궐 같
은 것을 너희들이 좋은 재료로 짓는다
해도, 그는 무너지며 그는 지탱하지
못함이니, 결국 무엇이더냐?
18 너희들을 믿고 따랐던 그 백성들이요,
안식처라 모여드는 너를 따라 하늘에
오르는 그 백성들이 그 집이 무너짐
이니, 거기 있는 백성들이 결국 어찌
되겠느냐?
19 너희들이 그 한 장의 마음을 버리지
못하고 세상에 나가 많은 백성을 이끌
고 선생이 된다 해도, 결국 그들은 무
너지는 집 안에 있는 자들이니, 결국
그들이 어찌 되겠느냐?
20 모두가 다 죽음이 아니더냐?
21 이것이 무서운 하늘의 법도며 너희들
이 가야 할 길이고 지켜야 할 길이니
라.
22 너희들이 하늘에 오르는 길은 무어라
말하였느냐?
23 너희들이 얼마나 힘들고 힘든 길이면,
내가 너희들에게 하늘에 오르는 길을
표현하여 가르쳐 준 것이 얼마나 많이
있더냐?
24 이룰 수 없는 것, 상상할 수 없는 것이
하늘에 오르는 길이라는 것은 너희들
이 알고 있을 것이니라.
25 그러나 너희들은 하늘에 오르는 길에

진입한 백성들이니, 너희들이 만백성
을 이끌고 인도하는 것은 당연한 것
이 아니더냐?
26 그러나 아직도 너희들이 그 한 장의
마음을 버리지 못했다 함이니, 그러니
그 마음을 버리는 훈련을 너희들이 지
금서부터 다하지 아니하면 아니 될 것
이니라.
27 그 한 장의 마음을 버리지 못하고 너
희들이 건축을 한다면 그들이 모두 죽
음이요,
28 그를 버리고 너희들이 반석 위에 집을
짓는다면 그 안에 있는 자 모두는 너
를 따라 영광의 은혜를 얻을 것이니라.
29 이것이 너희들이 가지고 있는 책무라
는 것을 알라, 사랑하는 나의 아들딸
들아!
30 아무도 버릴 수 없는 것을 너희들은
버릴 수 있는 자들이기에 내가 버리라
함이니라.
31 그 한 장의 두께를 버리지 못하느니
라.
32 너희들이 백지 한 장의 두께가 아니
요, 제 키보다도 높은 그와 같은 두꺼
운 마음을 가지고 있는 것이 오늘에
이 세상에 살아가는 모든 백성들의
삶이요, 그들의 생각이요, 그들의 욕
심이니라.
33 그러니 너희들은 백지 한 장만큼 내려
왔느니라.
34 이제 마지막 그 하나를 너희들이 버려
버리면, 너희들이 반석 위에 집을 지
으며, 너를 따르는 모든 백성을 구원
할 수 있는 은혜요, 네가 선생으로서
손색이 없는 백성이 될 것이니,
35 그를 너희들이 선택하여 그 길에 서
도록 그리하라.

10,841 번째 하나님 말씀

2004년 4월 29일 22시 09분

1 "너는 나 외에는 다른 신들을 네게 있
게 말지니라.
2 너를 위하여 새긴 우상을 만들지 말
고, 또 위로 하늘에 있는 것이나 아래
로 땅에 있는 것이나 땅 아래 물속에
있는 것의 아무 형상이든지 만들지 말
며, 그것들에게 절하지 말며 그것들을
섬기지 말라.
3 너는 너의 하나님 여호와의 이름을 망
령되이 일컫지 말라.
4 안식일을 기억하여 거룩히 지키라.
5 네 부모를 공경하라.
6 살인하지 말지니라.
7 간음하지 말지니라.
8 도적질하지 말지니라.
9 네 이웃에 대하여 거짓 증거하지 말지
니라.
10 네 이웃의 집을 탐내지 말지니라.
11 나 여호와가 존재함을 믿는 그 자체가
구원의 길에 들어서는 기본이요 근본
이며, 나의 법전을 가슴에 안고 정독
하는 자, 반석 위에 서서 하늘에 오르
는 찬란한 빛을 보게 되는 영광을 얻
게 됨이니라."
12 사랑하는 나의 아들아!
13 "네, 아버님! 말씀하옵소서."
14 넓고 넓은 백사장에 조약돌을 주워 보
니, 그 돌들이 똑같은 것이 하나도 없
으며 다 하나같이 제 마음대로 각각

그 개성이요, 특성을 가지고 있는 것
이 그 많은 조약돌이니라.
15 태양빛 아래 비치는 그 많은 조약돌들
이 다 제 모습을 하고 있음이니라.
16 그러니 나의 피조물 만백성 그들이 또
한 어떠하더냐?
17 그들이 다 하나의 제 모양이요, 제 형
태를 가지고 있음이니라.
18 어느 누구도 같은 자가 없으며 서로가
똑같이 닮은 자가 없음이니, 그것은
무엇을 의미하는 줄 알겠느냐?
19 너희들이 매일 똑같은 백성이요, 똑같
은 나의 피조물 만백성이라 해도, 너
희들이 거의 비슷한 형태를 가지고 있
으면서 사람의 형태로써 모형은 다 같
이 가지고 있으나,
20 너희들이 닮은 사람이 없는 것만큼,
그 숫자만큼 모든 사람들의 생각이요,
마음이 천태만상이니라.
21 그러니 너희들이 그것을 어찌 다스리
고 어찌 구분하겠는가?
22 인간 너희들을 분류한다면 너희들 사
람마다 다 다름이니, 그 수십억의 인
구가 다 그와 같이 분류되어야 되는
것이며, 하나도 닮거나 같은 자가 없
음이니, 그는 무엇이더냐?
23 너희들이 생각하는 것이 그와 같이 다
름이니라.
24 사람에게 베푸는 사람이 있는가 하면,
너희들이 사람으로서는 할 수 없는 그
와 같은 포악한 짓이요, 그리고 남에
게 너희들이 그 누구도 이해할 수 없
는 그와 같은 무지막지한 행동을 할
수 있는 것이 인간 너희들임을 알아야
될 것이니라.
25 내가 너희들에게 똑같은 형태로써 서
로 돕고 의지하며 살라 했던 나의 백
성들이 하나도 같은 자가 없으며,
26 그와 같이 살아가는 것이 아니라 서로
가 각자가 자기의 개성이요, 자기의
특성을 가지고 있음이니,
27 유사시에 그들이 발휘하는 성격의 잔
인함은 이루 표현할 수 없으며 상상할
수도 없는 것이니라.
28 그러니 그와 같은 마음이 무엇인 줄
알겠느냐?
29 나로부터 받아 나간 너희의 마음은,
내가 너희들에게 한마음으로 모든 백
성을 세상에 내보냈으나,
30 너희들의 성장 과정이요, 살아가는
생활 속에서 그와 같이 너희들이 사람
마다 다른 각자의 개성이요, 특성을
가지고 있으며,
31 너희들이 잔악성이요, 상상할 수 없는
그 흉악한 마음이요, 그 행동은 너희
들도 스스로 경악을 금치 못할 것이며,
32 너희들 스스로 물러나 너희들이 두려
움을 느끼는 그와 같은 형국을 볼 것
이니라.
33 그러니 그것이 나의 피조물 만백성 너
희들의 오늘의 마음이니,
34 나 여호와가 내려보낼 때는 똑같은 마
음으로 천사와 같은 마음으로 내려보
냈으나, 그와 같이 너희들이 무너지고
부서진 그 마음을 바로 어찌하던가?
35 천사와 같은 마음으로 다시 돌려놓지
아니하면 너희들은 결코 그와 같이 돌
아설 수가 없음이니라.
36 그러니 내가 너희들에게 묻느니, 너희
들이 모두가 같은 모형을 하며 비슷

한 형체로 되어 있는 그 백성들이 생
각하고 역사하는 것은 천태만상이니,
37 너희들도 놀라 뒤로 나자빠진다는 말
이 있듯이, 너희들도 감당치 못할 만
큼 모든 사람들이 인정이 없으며 사
악하며, 그리고 무서우리만큼 인간이
인간을 제일 무서워하는 그와 같은 형
국이 되듯이, 얼마나 잔인하고 무서운
백성들이 있던가?
38 그것이 너희들이니, 그 마음을 지금
종교 집단이요, 지도자 그들이 잘못
가르치고 잘못 인도했기 때문에 오늘
이와 같이 험악한 세상이 되었음을
너희들은 알아야 될 것이니라.
39 그들이 나의 뜻이요, 하늘의 뜻이요,
성령으로써 제대로 가르치며 제대로
역사했다면, 오늘의 그와 같은 백성이
요, 그와 같은 세상은 올 수 없었을 것
이니라.
40 이제 나의 아들을 따르는 제자들이요,
나의 법전을 읽고 깨우친 만백성, 너
희들은 그걸 느낄 것이니라.
41 너희들과 같은 마음을 가지고 산다 해
도, 너희들과 같은 마음을 가지고 사
는 백성이 더불어 이 세상을 유지하고
있다면,
42 너희들이 말하는 정녕 법이 필요 없
는 세상을 살 수 있을 것이라 그리 말
할 수 있을 것이니라.
43 몇 년도 되지 아니한 너희들이 그 깨
우침 속에서 그리 변했거늘,
44 2천 년이라는 세월 속에서 너희들이
그리 변하고 그와 같이 훈련되어 왔다
면, 오늘의 지상의 낙원이요, 하늘에
서 이루어진 것같이 이 땅에서 이루어
지지 아니하였다 너희들이 말할 수 있
겠느냐?
45 나의 아들을 따르는 제자 너희들이 거
기에 충분히 그와 같이 이룰 수 있으
며, 그 형태에 근접할 수 있는 그와 같
은 변화는 이루어졌을 것이라 너희들
은 그리 깨닫고 느낄 수 있을 것이니
라.
46 너희들의 마음과 그들의 마음이 천태
만상이요, 천 갈래 만 갈래 갈라진 마
음은 너희들이 상상할 수 없을 만큼,
두려우리만큼 인간의 자세요, 인간의
형태요, 인간의 기본의 틀이 무너져
있으며 떨어져 있는 그와 같은 백성들
이 있음을 너희들은 보고 느낄 것이니
라.
47 그러니 그와 같은 백성들을 하나로 만
들며 똑같이 너희들이 다스릴 수 있는
것은 결코 없음을 알 것이니라.
48 그러나 나의 법전이요, 새로운 성경으
로써 그들을 감화시키며 그들을 깨우
치는 그 마지막 하나의 길이 있음이니,
49 그리하여 마지막 시대에 나의 피조물
만백성 너희들을 구원하기 위한 마지
막 나의 성령이라 내가 내림을 알라
그리 전하라.

10,842 번째 하나님 말씀

2004년 4월 29일 22시 16분

1 사랑하는 나의 아들아!
2 "네, 아버님! 말씀하옵소서."
3 인간 세상에 너희들이 살아가면서 정
답을 가지고 살아가느냐, 오답을 가지
고 살아가느냐, 이는 너희들에게 가장

귀한 과제이니라.
4 너희들이 오답을 가지고 세상사를 살아가는 자가 정답을 알았다면 그 오답을 바로 버려야 될 것이며, 너희들은 정답을 취하는 그와 같은 현명한 삶으로 살아가야 되지 않느냐?
5 너희들이 가짜 진주라는 것을 가지고 그것이 진짜인 줄 알고 오늘까지 속고 살아온 그와 같은 백성이, 정녕 태양빛 앞에 찬란한 진짜 진주를 갖게 되었다 하면, 너희들은 아마 미련없이 그 가짜 진주를 버릴 것일 것이니라.
6 너희들이 그와 같은 진주를 가지고 가짜와 진짜가 구분되었을 때, 너희들이 그리 소중히 가꾸고 다루던 그 가짜를 헌신짝 버리듯이 진짜 진주를 취하는 그 순간에 그를 버리고 던질 수 있는 것이 너희들의 마음이 아니더냐?
7 이제 내가 왜 이와 같은 것을 가지고 너희들을 깨우쳐 주고자 하는 줄 알겠느냐?
8 이제 수천 년 동안 흘러오면서 지금의 종교 집단이요, 지도자요, 그리고 구원을 받았다 울고불고하는 백성,
9 그 은혜에 너희들이 감복했다며 콧물 흘리고 눈물 흘리며 울고불고 짜며 기도하는 그 소리, 그와 같은 행위를 하는 너희들은 들어야 될 것이니라.
10 너희들이 지금 나의 법전을 세상에 만들어 전함이니라.
11 이는 나의 성령을 내 모두를 태워 내가 세상에 내려보낸다 하여 160권의 법전으로써 어떠한 백성이든 누구든지 보고 깨우쳐 하늘에 오르라 내가 그를 전함이니,
12 너희들이 나의 법전을 접하는 그 순간에 무엇을 얻은 것인 줄 알겠느냐?
13 지금까지 너희들이 왔던, 그 가짜의 진주를 가지고 있던 너희들이 정말 진정한 태양빛에 그 아름답고 찬란한 진짜 진주를 접하게 되는 그 순간임을 너희들은 알아야 될 것이니라.
14 그러니 너희들이 정말 진정한 진짜 진주를 접한 너희들이 가짜에 연연하며 그 가짜를 버리지 못하고 진짜를 받아들이지 못한다면 어찌하겠는가?
15 오늘의 너희들이 수천 년 동안 신앙이요, 믿음의 그 모두가 완전히 너희들이 지금 가짜 속에서 그 모두를 역사하였음이니라.
16 이제 내가 160권으로 내리는 이 법전이 진짜 보석이요, 진주임을 너희들은 알라.
17 그러니 너희들이 지금까지 왔던 믿음이요, 신앙의 생활에 굳어질 대로 굳어져 있는 그 모두를 다 저버리며 던져 버리는 용기가 없이는 결코 너희들이 거듭날 수 없다는 것을 알아야 될 것이니라.
18 내가 너희들에게 이르기를, 수천 년 동안 흘러오는 그 세월 속에 너희들이 이런 종교 지도자, 저런 종교 지도자, 사탄의 종이 된 자, 그 수많은 자들에게 달구어지고 또 부닥치고 또 훈련되어 온 것이 오늘의 너희들이 아니더냐?
19 지금까지 살아오다 너희들이 백 년도 안 되는 그와 같은 삶을 살다 죽어 간 너희들의 그 조상의 뿌리 또한 그러했느니라.
20 이 사람한테 치이고 저 사람한테 치이

고 여기에 밟히고 저리 밟히며 너희들
이 오늘의 그 믿음의 형국을 왔음이니
라.
21 지금도 너희들이 이곳에 가서 배우고
저곳에 가서 배우며, 이리 밟히고 저
리 밟히는 그와 같은 신앙 속에서 살
아왔음이니,
22 그러니 너희들이 진정한 진리요, 하늘
의 뜻을 가지고 가르치는 자를 만나지
못하며, 비진리요, 거짓된 자들에게
너희들이 이리 훈련되고 저리 훈련되
고 이리 밟히고 저리 밟혀 너희들이
굳어질 대로 굳어졌으며 너희들이 단
단하게 지금 굳어져 있음이니,
23 그리하여 나의 법전이요, 진정 진짜
진주를 내가 너희들에게 내려도 너희
들이 그를 받지 못하며 받아들이지 못
하는 이와 같이 불행한 형국이 되었음
을 너희들은 알아야 될 것이니라.
24 이제 너희들이 거짓 종교요, 잘못된
종교 집단이요, 그리고 지도자에게 이
리 밟히고 저리 밟혀 너희들이 굳어지
고 굳어져 더 이상 굳어질 수 없는 그
와 같은 형국에 왔음이니,
25 내가 그 가련하고 불쌍한 백성들을 위
하여 나의 아들을 통하여 너희들에게
마지막 진정한 하늘의 진리요, 나 여
호와의 뜻이요, 하늘의 길을 볼 수 있
는 나의 새로운 성경을 세상에 내려보
내니,
26 지금까지 너희들이 왔던 그 믿음이요,
그 모든 신앙을 다 저버리라, 그리고
던져 버리지 아니하면 너희들은 절대
아니 됨이니라.
27 이를 행하지 못한다면, 그와 같은 것
들이 너희들 가슴속에 남아 있는 자,
그리고 너희들 마음속에 잔재로 남겨
둔 자,
28 너희들이 그를 뿌리째 뽑아 버려 던
지지 못하고, 나의 법전을 들고 이는
진정한 창조주 아버님의 뜻이라 하여
너를 따르라 네가 외치는 그와 같은
삶을 살지 아니하고,
29 너희들 마음 한구석에 지금까지 왔던
믿음이요, 신앙의 그 잔재를 남겨 놓
는다면,
30 결국 너희들은 그 잔재로 하여금 모두
를 잃게 되며, 너희들이 무너질 것이
며, 너희들이 영적으로 거듭나는 그
세상을 볼 수도 없으며, 결코 너희들
이 거듭날 수 없다는 것을 알라, 사랑
하는 나의 아들딸들아!
31 너희들에게 도움이 아니 되는 것, 그
리고 도움이 되지 않는 것, 그리고 너
희들을 무너트리는 그 모두를 내가
다 버리고자 함이니,
32 너희들 자신에게 있는 것 또한 너희
들이 버려야 됨을 알아야 될 것이니
라, 사랑하는 나의 아들딸들아!
33 이 세상에 너희들에게 도움이 되지
아니하며, 내가 역사하는 길에 도움이
되지 않는 것, 그 모든 것은 내가 다
쓸어버릴 것이며 그를 태울 것이니라.
34 그러나 각자 너희들이 하늘에 오르는
길이요, 진정 너희들이 거듭나는 길에
도움이 되지 않는 너희들의 모든 악
습은 너희들이 과감히 떨쳐 버리고 버
려야 될 것이며,
35 지금의 믿음이요, 신앙의 길에서 너희
들이 그 모두를 태우고 던지지 아니하

면 절대 아니 됨이니라.
36 내가 너희들에게 한마디로써 정의를
내려 전하고자 함이니,
37 오늘의 너희들이 믿음의 길을 가는
것, 그 모두가 쓰레기와 같은 믿음이
요 신앙의 생활이라는 걸 잊지 말라.
38 그러니 그와 같이 썩고 썩은 곳에서
냄새가 나는 것, 그 모두를 그리하여
내가 태워 버리고 쓸어버리며, 그리
고 내가 새로운 백성이요, 새로운 역
사를 하기 위하여 나의 새로운 성경
을 내려보냄이니,
39 이를 너희들이 보고 접하지 아니하면
결코 너희들이 거듭나는 영광을 얻을
수 없다는 것을 알라, 사랑하는 나의
아들딸들아!

10,843 번째 하나님 말씀

2004년 4월 29일 22시 21분

1 사랑하는 나의 아들아!
2 "네, 아버님! 말씀하옵소서."
3 이 세상에 거짓된 자들이요, 사탄의
종이 된 자들이 기적을 이룬다, 역사
를 이룬다며 너희들을 현혹게 하며 지
금 그리 떠들고 요란함이니라.
4 그러나 너희들은 그것에 현혹되지 말
라.
5 그는 언젠가는 재와 같이 무너질 것이
며, 그 재에 날리듯이 그 흔적도 없이
무너질 것이니라.
6 너희들에게 내가 무어라 말하였느냐?
7 완전한 것이 세상에 내려올 때, 부분
적인 것은 모두를 다 폐한다 했음이니,
8 너희들이 이루는 기적이요, 이적이요,
그 역사를 이룬다는 것, 그것도 다 부
분적인 것이며,
9 너희들의 종교 집단이요, 지도자들이
가르치는 것, 그리고 너희들이 은혜를
받았다, 명을 받았다 지금 나서는 자,
제가 누구요, 누구라 하여 지도자의
역할을 한다는 자, 그리고 만백성을
구한다는 자, 그 이적이요, 기적 같은
행위를 하나,
10 그 모두가 다 무너지고 태워짐을 너희
들은 알아야 될 것이니라.
11 마지막 시대에 이루는 것은 내가 성령
으로써 임하는 백성들이니,
12 과연 성령으로써 임하는 백성이 나에
게 오를 수 있는 백성이라면, 너희들
이 무엇으로써 성령이 임하는 백성이
되겠느냐?
13 이적과 기적으로써, 아니, 누가 너희
들에게 인도한다고 해서, 너희들 삶을
대신 산다 해서 너희들이 그 모두가
이루어질 수 있다 생각하느냐?
14 결국 이것은 너희들이 거듭나는 것밖
에 아무것도 없음이니,
15 성령으로 임하는 것은 너희들이 거듭
나는 삶이니, 오로지 그 길이요, 그것
을 보고 너희들은 가야 될 것이니라.
16 그러니 너희들이 성령으로 임할 수 있
는 영원히 존재하는 것이 무엇이더냐?
17 나 여호와가 성령을 글로 내려 나의
아들을 통하여 너희들에게 '하늘에 오
르는 길'이요, '하나님! 말씀하옵소서.'
라는 이 새로운 성경,
18 이것에 그 모든 답이 있으며 모두를
역사할 것이 여기 있다는 것을 너희들
은 잊어서는 아니 되느니라, 사랑하는

나의 아들딸들아!
19 어떠한 기적이요, 이적이요, 너희들이
부흥을 이루며 지금 세상을 덮고 있어
도, 그 모두는 정녕 나 여호와의 뜻에
의한 것이 아니라는 것을 너희들은 알
라.
20 그들은 머지않아 없어질 것이며, 재가
바람 앞에 날아가듯이 그 모두가 다
무너질 것이니라.
21 그들은 너무 많은 오류를 범하고 있으
며, 저희들이 너무 높고자 하여 저희
들이 할 수 없는 이야기와 해서는 안
되는 이야기, 그리고 저 자신을 너무
높이며 저 자신을 우상화시켰음이니,
22 그 답을 저희들이 내지 못하며 그 답
의 결과를 그 신도요, 만백성에게 저
희들이 보여 주지 못하고 전하지 못할
때,
23 그 모두는 불신의 씨로써 다 스스로
제가 무덤을 파는 그와 같은 행위이니
라.
24 그러나 지금 나의 아들은 무어라 말하
느냐?
25 그저 내가 내리는 것을 받아쓰는 그와
같은 역사를 하는 것이요,
26 그가 기적을 이루는 것도 아니요, 이
적을 이루는 것도 아니라 그리하지 않
더냐?
27 그러니 160권의 나의 성령을 받아 책
으로 만들어 내려보냄이니, 여기는,
내가 약속한 것이요, 내가 예언한 것
이요, 내가 내린 것이기 때문에 그대
로 하나하나 실행되고 집행되는 것을
너희들은 맞춰 볼 것이며, 그 법전의
내용을 너희들이 볼 것이니라.
28 그럼 이것이 나 여호와의 뜻이요, 내
가 마지막 시대에 만백성을 구하고자
역사하는 것이라는 것을 너희들은 알
게 될 것이니라.
29 모든 기적과 이적 같은 것에 너희들이
지금 현혹되지 말라.
30 그들은 곧 모두 재가 되어 날아갈 것
이며 다 태워질 것이니, 모두가 무너
지고 부서짐을 너희들이 알아야 될 것
이니라.
31 지금의 이끌고 가는 그와 같은 집단의
그 지도자가 모였을 때 어떠한 결과가
생기느냐?
32 너희들이 그 짐승의 세계에서도 권력
다툼을 할 때, 완벽한 자가 있을 때는
감히 도전하지 못하나,
33 그 완벽한 자가 스스로 넘어지고 너희
들이 새로운 자를 뽑을 때 그 짐승 세
계에서도 목숨을 내걸고 저희들이 그
자리를 차지하기 위하여 싸움이니,
34 이는 완벽한 리더가 없어졌기 때문임
이니라.
35 그러니 너희들이 오늘에 무어라 말해
도, 말로 가르치는 것, 너희들이 지금
역사하는 것, 그리고 기적과 역사로써
모두를 이루었다는 너희들의 그 많은
집단들,
36 그들은 그자가 쓰러지며 그자가 세상
에서 무너질 때, 너희들 모두는 다 사
분오열되어 너희들 스스로 다 무너지
는 그와 같은 처참한 것을 밟게 되어
있음이니라.
37 그러나 나의 법전을 읽고 깨우친 백성
들이요, 이 새로운 성경을 읽고 깨우
친 백성은 이를 읽고 제 스스로 깨우

치며 깨달음의 길을 갔음이니,
38 너희들은 시시비비를 할 것도 없으며,
이를 이끄는 너희들의 우두머리를 찾
을 필요도 없으며, 그 모두를 책임질
일도 없으며,
39 말로써 장사하는 자, 감언이설로써 속
이는 자가 잔머리로써 나의 백성들을
속이는 그와 같은 자가 있고 없는 것
이 관계없음이니,
40 나의 아들이 있고 없는 것이 관계없이
너희들이 나의 법전을 읽고 깨우치며,
먼저 깨우친 이가 늦게 깨우친 자 가
르치고 이와 같은 방법으로써 이 세상
을 덮어 나감이니,
41 이것이 너희들의 차이임을 알라 그리
전하라.

10,844 번째 하나님 말씀

2004년 4월 29일 22시 32분

1 사랑하는 나의 아들아!
2 "네, 아버님! 말씀하옵소서."
3 너희들이 하늘에 오르는 길이요, 그리
고 구원을 받는 것이 무엇이더냐?
4 너희들은 하늘의 의미요, 하늘의 뜻이
요, 내가 역사하는 것을 알고 그와 더
불어 가는 백성이 되어야 함이니라.
5 그러니 너희들이 그와 같은 백성으로
서 쓰임을 받고 나에게 구원을 받고자
한다면,
6 너희들은 하늘의 지혜요, 하늘의 진리
를 받아들일 수 있는 너희들의 마음이
요, 그리고 너희들의 그 모두가 다 열
려 있지 아니하면 아니 됨이니라.
7 너희들은 이 세상에 살아가면서 은혜
를 받으며 나로부터 축복을 받은 자,
그것이 하나만 받는 것이라 그리 생각
하느냐?
8 모두를 다 너희들이 받게 되며 모두를
다 얻게 되는 것임을 알아야 될 것이
니라.
9 나에게 너희들이 정녕 선택된 백성이
요, 그리고 나로부터 은혜를 받은 백
성이라 하는 것은, 너희들이 한두 가
지만 세상에 살면서 변하는 것이 아니
라, 너희들의 그 모두가 다 변화되는
것임을 너희들은 알아야 될 것이니라.
10 나 여호와가 나의 아들을 통하여 너희
들에게 세례를 직접 내렸음이니, 그것
이 무엇인 줄 알겠느냐?
11 너희들이 도둑질하는 마음이요, 남에
게 거짓 하는 마음이요, 이와 같은 것
을 너희들이 하나씩 고쳐서 너희들이
나로부터 세례를 얻는 그 영광을 얻은
것이 아니라,
12 너희들이 인간 세상에 살아가면서 부
닥치는 수만 가지, 수억 가지 중에서
그 모두가 다 똑같이 너희들이 변화되
는 그와 같은 은혜요, 영광을 얻은 것
이 바로 나로부터 세례를 받은 백성들
이요, 그 축복의 영광을 받은 백성이
라는 것을 너희들은 알아야 될 것이니
라.
13 너희들은 모르나 너희들이 가지고 있
는 그 악습이요, 모두가 다 하나씩 다
스려져 가는 그와 같은 은혜요,
14 부분적인 것이요, 그저 선택된 것, 너
희들이 큰 악습을 버릴 수 있는 것, 너
희들이 버리지 못하여 고통스러운 것,
그와 같은 것을 버리고 변화되는 그와

같은 너희들이 아님이니라.
15 나로부터 선택된 백성이요, 너희들이
나의 진리를 받으며 그리고 참진리요,
하늘의 뜻을 역사할 수 있는 대명을
받아 나로부터 선택된 백성 너희들은,
16 이 세상에 살아가면서 모든 수만가지
가 똑같이 너희들에게 변화되는 그와
같은 은혜 속에서 너희들이 가고 있음
을 알라, 사랑하는 나의 아들딸들아!
17 그러니 너희들이 나에게 오르는 것은
하늘의 지혜요, 참진리를 받아들일 수
있는 너희 자신이 되지 아니하면 아니
되며, 너희들이 그와 같이 준비가 되
지 아니한 백성은 절대 역사할 수 없
는 것임을 알라 그리 전하라.
18 그러면 사랑하는 나의 아들아!
19 너희들이 나에게 오르고자 한다면 과
연 너희들은 어떠한 길을 가야 되겠느
냐?
20 "네, 아버님! 저는 그렇게 생각하옵나
이다.
21 아버님께서 항상 말씀하시듯이, 모든
종교 집단이요, 지금 아버님의 뜻을
거역하며 아버님을 능멸하는 그와 같
은 모든 종교 집단의 지도자, 그 신도
들이 먼저 자기 자신의 생각을 버려야
되며,
22 자기 자신의 생각을 부인할 수 있는
그와 같은 현명함을 얻어야 될 것이라
그리 생각되옵나이다.
23 육에서 나오는 생각이요, 육에서 미치
는 생각, 그리고 육에서 계획한 것, 제
앞에 모두를 놓고 생각하는 것, 그리
고 그 마음을 움직이고자 하는 것, 그
마음의 동요를 이루는 것, 그리고 그
행동을 이루고자 하는 것,
24 그 모든 잘못된 것을 부인할 수 있는
용기와 부인하는 그와 같은 백성이 되
지 아니하면, 결코 아버님의 뜻이요,
그를 역사할 수 없다 저는 그리 생각
하고 있사옵나이다."
25 사랑하는 나의 아들아! 그러하니라.
26 지금 사랑하는 나의 백성 너희들이 인
간의 생각, 그리고 너희들이 그 인간
의 생각을 받아들여서 또 행동으로 옮
기는 것, 그것이 잘못된 것이며, 정의
로운 길이 아니며 정도의 길이 아니라
면,
27 그 모두를 너희들이 부인하는 그와 같
은 용기 있는 자, 결단성이 있는 백성
이 아니고는 결코 너희들이 나에게 오
를 수 없다는 것을 알아야 될 것이니
라.
28 지금 내가 나의 아들을 통하여 그가
나의 법전에 기록하여 그 이치를 깨우
치도록 하였음이니,
29 인간인 나의 아들이 그와 같은 것을
깨달으며 그와 같은 것을 기록하여 전
할 수 있는 것은 하늘의 지혜요, 참진
리의 길을 가고자 하며 그 지혜를 얻
음이니라.
30 그러니 너희들도 그와 같은 하늘의 지
혜를 얻을 때 모두를 너희들이 깨닫고
다 알 수 있는 그와 같은 영광을 얻게
될 것이니라, 사랑하는 나의 아들딸들
아!
31 너희들은 나 여호와의 지혜요, 성령을
내가 너희들에게 마음껏 부을 수 있으
며 내릴 수 있는 그와 같은 백성이 되
어야 될 것이니라.

32 오늘의 종교 집단이요, 지도자요, 그
백성들에게는 내가 아무것도 내릴 수
가 없으며 전할 수가 없는 것이니, 나
의 성령인들 어찌 내가 그들에게 부을
수가 있단 말이더냐?
33 부을 수 없는 자들이 세상에 존재하기
에 내가 더 이상 무엇도 내리지 못하
며, 나의 성령을 부어 주지 못하고 있
는 나의 아픈 마음을 너희들은 그들에
게 전하라.
34 지금의 종교 집단의 지도자들이 저 자
신의 생각을 버리지 못하고, 저 자신
의 육의 삶을 위하여 저희들에게 닥쳐
오는 천 가지 만 가지 그 모든 생각을
부인하지 못하며,
35 오늘의 종교 집단의 지도자요, 만백성
을 이끌어 간다는 그들 자신도 제가
부인하지 못하며 거기에 무너지며, 그
를 받아들이며 타협하여 가고자 하는
것이 오늘의 종교 집단의 지도자들이
지금 가고 있는 길이니,
36 그들이 성령으로 임한 백성이 아니며,
성령으로 임할 수 있는 그릇이 되지
아니하였으며,
37 성령으로 절대 임할 수 없는 그 백성
들이 나의 피조물 만백성들을 인도한
다며 저희들이 구원한다 그리하고 있
으니,
38 이 세상에 이와 같이 다 무너졌으며,
내 뜻은 보이지 아니하며, 나에게 올
수 있는 길은 이 세상에 없으며,
39 너희들이 그저 사탄이요, 사악한 자들
의 종이 되며 노예가 되어 팔려 가는
그와 같은 형국만 내가 볼 수 있으니,
40 너희들이 팔려 가는 그 노예의 모습이
얼마나 비참하고 처량한 것인 줄 알겠
는가?
41 너희들의 육은 지금 모르고 있음이니
라.
42 너희들 육은 그저 당당한 모습이요,
너희들이 남을 지배하는 것이요, 이
세상을 너희들이 다스리는 것 같은 착
각 속에 사느니라.
43 사랑하는 나의 피조물 만백성 너희들
은 당당한 모습으로써 지금 너희들이
하늘을 위해 존재하는 것이요, 하늘
이 존재하기에 너희들이 어떠한 역사
를 하는 것이 아니라,
44 너희들은 반대의 생각까지도 할 수 있
는 그와 같은 것이 오늘의 너희들의
마음 자세이니라.
45 그러나 내가 보는 너희들의 영혼의
자세는 어떤 줄 알겠는가?
46 노예로서 너희들이 팔려 가는 그와 같
은 모습으로써 지금 그들이 살아가며
그들이 끌려가고 있다는 것을 너희들
은 알라.
47 너희들의 육은 죽어 가며 너희들이 진
정 나에게 와 구원을 받고 못 받을 그
너희들의 영혼은 어떤지 알겠느냐?
48 지금 노예의 형국으로써 팔려 가며,
고개 숙이며 너희들 육의 집이 행위를
잘못하는 것을 그들이 얼마나 원망하
고 지금 원통해하고 있는지 알겠느냐?
49 그들이 그 집을 잘못 들었기 때문에,
그 집을 잘못 만났기 때문에, 그 집이
잘 관리되지 아니하며 지켜지지 못하
기 때문에 그 모두가 무너지는 것,
50 너희들이 육으로써 잘못 행동하며 육
으로써 너희들이 바로 서지 못하여 그

영혼 모두가 무너지고 저희들이 어찌
가는지를 알기에,
51 그들은 노예에게 팔려 가는 자보다도
더 비참한 모습으로 고개 숙인 것이
너희들의 영혼의 모습이니,
52 너희들이 죽어 왔을 때 오늘 한 말을
알게 될 것이니라.

10,845 번째 하나님 말씀

2004년 4월 29일 22시 37분

1 사랑하는 나의 아들아!
2 "네, 아버님! 말씀하옵소서."
3 이 동양의 작은 나라를 내 무어라 말
하였느냐?
4 모든 믿음이요, 종파의 교리가 없는
것이 없는 곳이 동양의 작은 나라라
했느니라.
5 나로부터 선택된 나라요, 이 동양의
작은 나라서부터 내가 모두를 역사하
는 것은,
6 이 세상에 가장 큰 종교 시장이요, 방
대한 종교 시장이 이보다 더 크고 이
보다 절묘하게 운영되는 곳은 없다 내
가 너희들에게 일찍이 말한 뜻을 알겠
느냐?
7 그러나 이제 나의 아들을 따르는 제자
너희들은 들으라.
8 이 동양의 작은 나라가 너희들의 그
종파요, 수많은 종교 집단이 있어서
너희들이 이 지구상에 가장 방대한 종
교 시장이라 하여도
9 너희들이 거기에 그 상품이 과연 몇
개나 살 수 있으며 몇 개나 값이 있다
생각하는가?
10 너희들이 값있는 그 너희들의 방대한
조직이요, 방대한 집단 그들이 가지고
있는 그 이름이요, 조직의 이름이 과
연 몇 개나 오르고 내릴 수 있다 생각
하느냐?
11 그가 이 세상을 지배하는 것 같으며
방대한 조직으로써 이끌어 가는 것 같
으나, 너희들이 그와 같이 방대한 조
직으로 이름이 오르내리는 것은, 그리
고 너희들이 큰 종교 시장에서 너희들
이 팔고 살 수 있는 가치 있는 그 집단
이 있다면, 그건 몇 개 되지 아니함을
너희들은 알아야 될 것이니라.
12 그러니 방대한 것 같으면서도 상품의
가치가 지금 몇 개 되지도 않는 것, 그
리고 너희들이 욕심을 내고자 하는 그
몇 개 되지 않는 종교 집단, 그 몇 개
되지 아니하는 것이 무너지고 다스려
지는 것은 일순간임을 너희들은 알아
야 될 것이니라.
13 너희들이 아무리 방대하고 역사한다
하나, 내가 너희들이 그 나의 법전이
세상에 나가 덮어지며 새로운 시대를
역사하고자 시작했을 때,
14 너희들은 방대하며 수없이 많은 종교
집단인 것 같으나, 동양의 작은 나라
의 종교 시장에서 너희들이 그 종교
집단을 내놓고 팔고 살 때 그 상품의
가치요, 그리고 너희들이 탐낼 수 있
는 것은 몇 개 되지 아니할 것이니라.
15 그러니 그 대표적인 몇 개 되지 않는
것이 일순간에 무너지고 깨지는 것은
아무것도 아님을 알라, 사랑하는 나의
아들딸들아!
16 두려워하지 말며 겁먹지 말며, 그들이

오늘의 집단이요, 그들이 가지고 있는
능력이요, 그와 같은 모든 것에 너희
들이 두려워하지 말라.
17 그 모두가 다 일순간이며 바람 앞에
날아가는 재와 같이 모두가 무너질 수
있는 것, 그리고 너희들이 아무리 방
대한 종교 시장이라 하여 수천수만 가
지의 종파가 있다 해도
18 너희들이 살 수 있는 것, 그리고 욕심
내는 것, 그리고 탐내는 것, 그리고 너
희들이 들어서 하는 종파요, 그 집단
은 너희들의 몇 손가락 안에 들어가는
것밖에 없음이니, 그가 무너지는 것은
아무것도 아님을 알라 그리 전하라.

10,846 번째 하나님 말씀

2004년 4월 29일 22시 42분

1 사랑하는 나의 아들아!
2 "네, 아버님! 말씀하옵소서."
3 지금의 모든 종교 집단이요, 지도자들
이 저희 뿌리요, 그 신앙의 길을 갔던
사람들이 구원을 받았다, 그리고 나에
게 오를 수 있는 열쇠를 받았다, 저희
들이 나에게 와서 받을 상만 남았다
울부짖던 그들의 조상의 뿌리들이 다
지금 지옥에 가 저희들의 그 지은 죄
의 대가를 치르고 있다는 것을 안다
면, 얼마나 당혹스러울 것이며 두려울
것인가?
4 너희들은 아무리 아니라 해도 고개를
흔들고 흔들어 봐도 그것이 엄연한 사
실이라는 것을 잊지 말라.
5 이를 너희들이 명심하여 거듭나는 그
와 같은 삶으로 바꾸지 아니하면 절대
아니 되며,
6 너희들이 모든 종교 집단이 지금의 가
는 그 길에서 되돌아봐 반대의 길을
갈 수 있는 용기 있는 자만이 나에게
구원의 길을 볼 수 있는 백성임을 알
라 그리 전하라.
7 너희들이 구원을 받았다 하는 것은 무
엇이더냐?
8 결국 너희들이 나로부터 구원을 받은
것은 천사 같은 자만 나의 나라에 올
수 있음이니,
9 너희들 자신이 깨끗하며, 한 점의 오
점이 없으며 한 점의 흠이 없는 완벽
한 인간이라 너희들이 말하는 것이 아
니더냐?
10 그러니 너희들이 무어라 말하느냐?
11 인간의 노력으로써 인간의 한계로써
는 구원을 받을 수 없다 하니, 너희들
이 나로부터 구원을 받았다는 얘기는
너희들이 백 점을 맞는 자들이니라.
12 절대 인간으로서 지금 하늘의 그 법도
에 따라서 백 점을 맞을 수 없는 것이
인간이라 하면서,
13 너희들이 구원을 받았다 하는 것, 너
자신은 백 점짜리라 네가 그리 생각하
는 것이 아니더냐?
14 그러니 제 스스로 깨끗하다고 하는
자, 그는 아무것도 깨우칠 수가 없으
며 아무것도 얻을 수 없으며 가장 추
하고 더러운 자임을 너희들은 알아야
될 것이니라.
15 너희들이 살아오면서 지은 죄요, 너희
들이 남에게 보이기 싫은 추한 모습이
요, 그리고 더러운 것이요, 너희들이
생활해 오면서 얽히고설킨 그 모든 죄

를 나 여호와에게 하나하나 드러내 놓
고 나에게 회개하고 경배하며
16 '나는 이와 같은 사람이요, 나는 그리
하여 추한 사람이요, 이와 같기에 더
러운 사람이라' 너희들이 그리 말하고
모두를 드러냈을 때,
17 그 백성은 거듭날 수 있으며 그는 치
료를 받을 수 있으며 그 썩은 부위를
도려내는 의술로써 그를 구원할 수 있
는 것이니라.
18 모두 추하고 더러운 것을 다 드러냈기
때문이니라.
19 그러나 지금 너희들이 어찌하느냐?
20 깨끗하다 하는 자, 구원을 받았다 하
는 백성 너희들은 어떠한 것이던가?
21 너희들은 지금 죄요, 제 썩은 것이요,
그리고 저희들이 남에게 보이기 부끄
러운 것은 모두를 감춰 버리고 깨끗
하다 하는 자들이니,
22 정녕 제가 추하고 더러운 것, 그리고
수술을 받아야 될 것, 고쳐야 될 것은
저희들이 다 감춰 놓고 제가 깨끗한
자요, 저는 그와 같은 수술을 받을 것
이 없다 함이니,
23 그를 어찌 수술하며 그를 거듭날 수
있는 기회를 줄 수 있으며 새로운 생
명으로써 태어날 수 있는 그와 같은
은혜와 영광의 축복을 얻겠느냐?
24 그러니 그들이야말로 구원을 받을 수
없는 자요,
25 저희들의 추하고 더러운 것을 다 감
춰 놓고 말로써만 그리 말하는 자, 너
희들이 이를 어떠한 형국인가를 알아
야 될 것이니라.
26 너희들은 이제 죄인이라는 것을 부끄
럽게 생각하며, 그리고 죄인이라 하여
감히 나 여호와에게 고개를 들 수 없
는 마음을 가지고 사는 자, 그와 같은
백성,
27 그리고 자신이 추하고 더럽다 말할 수
있는 백성, 그리고 인정하는 백성, 그
리하여 그 죄를 용서 비는 마음으로
회개하고 기도하는 백성, 그들이야말
로 나에게 구원을 받을 수 있는 백성
이라는 것을 잊지 말라 그리 전하라.

10,847 번째 하나님 말씀

2004년 4월 29일 22시 46분

1 사랑하는 나의 아들아!
2 "네, 아버님! 말씀하옵소서."
3 너희들이 천사와 사탄의 차이가 무엇
이더냐?
4 백지 한 장의 차이만큼도 못한 것이
천사와 사탄의 관계라는 것을 너희들
은 알아야 될 것이니라.
5 이것은 바로 무엇을 말하는가?
6 오늘에 천사와 같은 삶을 사는 백성이
요, 그와 같은 길을 가는 백성, 너희들
이 하시라도 무너질 수 있으며,
7 너희들이 순간적인 잘못으로 인하여
사탄으로 변질될 수 있다는 것이니라.
8 또한, 너희들은 무엇이더냐?
9 그것 또한 너희들이 거듭날 수 있는
은혜요, 영광을 얻을 수 있는 것이 나
의 백성 너희들이라 하였음이니,
10 그리하여 천사와 사탄은 백지 한 장의
차이라 함을 너희들은 알아야 될 것이
니라.
11 다만, 지금의 너희들이 그 백지 한 장

의 차이와 관계되지 않는 백성이 있음
이니, 그들이 무엇인 줄 알겠느냐?
12 오늘의 수천 년 동안 믿어 온 종교 집
단이요, 그리고 지도자요, 구원을 받
았다 말하는 백성, 너희들임을 알아야
될 것이니라.
13 너희들이 땅도 밟고 밟아 다지면 어찌
되던가?
14 그 땅이 단단하여 물까지 고이는 그와
같은 일이 있느니라.
15 그와 같이 지금의 모든 종교 집단이
요, 나의 사랑하는 백성, 그리고 구원
을 받았다는 자들이 거짓된 자요, 잘
못된 종교 지도자들에게 밟히고 또 밟
혀 그들이 이리 치이고 저리 치이는,
그리하여 그 속에서 단련되고 단련되
어 굳어지고 굳어진 그들이 사람이 밟
고 밟아 굳어진 그 땅보다도 더 굳게
되어 있으니,
16 그들만이 돌이킬 수 없으며, 그들만이
거듭날 수 없으며, 그들만이 변화될
수 없는 가장 불쌍하고 어리석은 백성
임을 너희들은 알아야 될 것이니라.
17 너무나 굳어져 있으며 너무나 저희들
이 굳어져 있기 때문에 그들은 변할
수가 없으며 흔들릴 수가 없는 그 백
성들만이 새로운 성경이요, 새로운 시
대가 열어지는 것, 그와 같은 것을 알
지 못하며 듣지 못하니,
18 가장 불행하고 불쌍한 백성들이 지금
까지 온 종교 집단 속에 있는 그 백성
들이니라.
19 그들은 지금까지 오면서 거짓된 자,
잘못된 자들에게, 그리고 이단이요,
사탄들이 세상에 나와 울부짖는 것,
그리고 오늘의 잘못된 종교 집단 지도
자들의 가르침이요, 가르침의 그것이
바로 무엇이더냐?
20 저희들이 밟히고 또 밟히고 굳어지고
굳어졌기에 저희들이 변화될 수 없는
길이요, 구원의 길을 볼 수 없는 것이
요, 나에게 오를 수 없는 백성이라는
것을 그들에게 전해 주라.

10,848 번째 하나님 말씀

2004년 4월 30일 05시 20분

1 사랑하는 나의 아들아!
2 "네, 아버님! 말씀하옵소서."
3 내가 너희들에게 말하기를, 천사와 사
탄이란 백지 한 장의 차이만큼도 못한
것이 너희들의 관계라 그리하지 아니
하였더냐?
4 그러니 내가 너희들에게 명하여 너희
들은 너희 자신을 돌아다보며 너희 자
신이 어찌 살아가는가를 점검하지 아
니하면 아니 된다 하였음이니라.
5 그러니 너희들이 하루의 생활이요, 모
든 사람들과 대화하고 역사하는 사이
에 항상 순간적으로 너희 자신의 오늘
의 지금 하고 있는 행위요, 말을 생각
해 보는 그와 같은 삶을 살지 아니해
서는 아니 됨이니라.
6 모든 사람들과 대화하며 모든 사람들
과 역사할 때, 과연 네가 더 높고자,
더 낫고자, 더 유식하고자, 더 위대한
자이고자, 그와 같은 그와 같은 마음
을 가지고 지금 다른 사람들과 대화하
고 행동하고 있지 않은가?
7 이것을 너희들이 항시 점검하며, 순간

순간에 너희들이 너희 자신을 돌아다
보는 그와 같은 겸허한 자세로써 모두
살아가지 아니하면 아니 됨이니라.
8 너희들이 그와 같은 생각을 잠시라도
지운다 할 때 너희들이 바로 무너짐이
니, 그것이 너희들이 천사와 사탄이
요, 종이 한 장 그 차이라는 것, 그래
서 너희들이 무너질 수 있다는 것을
알아야 될 것이니라.
9 내가 너희들에게 일찍이 열 번 백 번
생각해서 말을 하고 행동을 하라 하였
거늘, 과연 너희들이 그리하는가?
10 어찌하여 너희들이 나의 참진리요, 내
뜻을 그리 두렵게 생각하지 아니하며,
너희들이 그리 가볍게 생각하며 함부
로 그리 행동을 하는가?
11 내가 너희들에게 아무리 명하고 너희
들에게 다스리라 해도,
12 너희들이 행하지 아니하고 따르지 아
니하며 기억해서 너희 것으로 만들지
아니한다면,
13 모두가 다 불필요한 것이요, 모두가
다 의미가 없는 것이라는 것을, 그 귀
하고 소중한 뜻을 너희들이 알도록 그
리하라.
14 그러지 아니하면 항상 너희들이 넘어
짐이니라.
15 너희들이 생각하고 대화하고 생각하
고 행동하며, 그와 같은 세심한 생각
을 가지고 살아가라.
16 하루에도 수십 번, 수백 번, 그리고 사
람들과 대화하면서 네가 네 입에서 말
한마디가 나오기 전에 열 번 백 번 생
각해서 하도록 그리하라, 사랑하는 나
의 아들딸들아!

10,849 번째 하나님 말씀

2004년 4월 30일 05시 54분

1 사랑하는 나의 아들아!
2 "네, 아버님! 말씀하옵소서."
3 믿음의 길이란 정녕 무엇이며 너희들
이 하늘에 오르고자 하는 길은 무엇이
더냐?
4 그리고 너희들이 구원을 받기 위하여
그 많은 재물이요, 시간이요, 그 모두
를 다 바치며, 종과 같은 너희들의 마
음 자세로 가는 오늘의 나의 사랑하는
백성 너희들의 그 마음이 어떤 것이며,
5 너희들이 어떠한 길을 위하여 가는 것
이 정녕 하늘에 오르는 길이며, 너희
들이 그 갈구하는 소원을 이루는 길인
줄 알겠느냐?
6 너희들은 오늘의 그와 같은 믿음의 길
로써는 결코 나를 볼 수 없으며 나와
관계없다는 그 무서운 사실을 알아야
될 것이니라.
7 아무리 너희들이 경악을 금치 못하며
너희들이 두렵고 무서운 현실이라 해
도,
8 너희들은 이제 나의 새로운 성경이요,
나의 법전을 읽고 깨우쳐 정녕 믿음의
길이 무엇이며 하늘에 오르는 길이 무
엇인지를 바로 봐야 될 것이니라.
9 너희들이 아무리 충격적이고 헤어나
지 못하는 무서운 그 당황함 속에서
너희 자신을 가누지 못한다 해도,
10 네가 정신을 바로 차려 네 몸을 가누
며, 너희들이 지금 새로 내려오는 그
성경이요, 나의 아들을 통하여 내리는
그 강론을 듣고 너희들이 거듭나지 아

니하면 절대 아니 됨이니라.
11 너희들이 거듭나는 길이요, 나에게 오르고자 한다면, 나의 법전을 읽으며 나의 계명을 지켜 성령으로 충만한 그와 같은 백성으로서 거듭나지 아니한다면 결코 아니 됨이니라.
12 너희들이 성령으로써 거듭날 때만이 나 여호와가 원하는 완전한 믿음에 도달할 수 있음이니라.
13 나 여호와가 원하는 그 완전한 믿음의 도달이요, 그리고 너희들이 완전한 그 길을 위하여 너희들이 변화되는 그와 같은 삶을 살지 아니하고는 결코 너희들이 내 뜻을 알 수 없으며 나에게 오를 수 없음이니,
14 성령이 임한 믿음이 아니요, 하늘의 지혜가 없는 믿음으로써 너희들이 나에게 오고자 하는 것은 모두가 다 무엇인 줄 알겠느냐?
15 지금의 너희들이 가고 있는 그 신앙은 육적인 세속의 신앙에서 벗어나지 못한 믿음이니라.
16 이것을 내가 너희들에게 바로잡기 위하여 오늘의 그 역사를 이룬다 수없이 말하였거늘,
17 너희들이 나의 법전을 읽어 성령이 충만된 그 믿음을 위하여 거듭나는 그와 같은 길을 가지 아니하고,
18 너희들이 그저 지금까지 왔던 그 믿음이요, 그 관습을 벗어던지지 못하며, 그를 지워 버리지 못하는 어리석은 믿음으로 가고 있으니,
19 지금 내가 너희들에게 무엇을 역사하는지 알겠느냐?
20 너희들에게 마지막 기회요, 마지막 그 모두를 다 내려 내가 마지막의 그 과정을 지금 진행하고 있는 것을 너희들이 모르고 있으며, 너희들이 이와 같은 역사가 이루어지고 있음을 전혀 알지 못하는 어리석은 백성들이니라.
21 너희들은 무어라 해도 구약이 존재하며 신약이 존재한 것이 무엇인 줄 알겠느냐?
22 그 모두가 다 너희들이 성령으로 임하는 백성이요, 성령으로써 임한 백성이 나에게 올 수 있도록 그 모두를 안내한 것이며 그 인도자들이었음이니라.
23 그러나 너희들이 그를 따르지 아니하며 제대로 그를 깨우치지 아니하며, 거기에 들어 있는 나의 비유의 뜻을 알지 못함이니,
24 모든 구약과 신약의 시대가 다 존재하긴 존재하였으나, 지금의 모두가 실패로써 끝났으며 실패의 그 결과만 낳고 있음이니,
25 이를 더 이상 관망하고 더 이상 볼 수 없어 제3의 시대를 열어, 육적인 신앙에 젖어 있는 나의 사랑하는 백성 너희들을 새로운 성경으로써 새로운 영적인 믿음의 신앙으로써 끌어올리기 위하여 이와 같은 모든 역사가 이루어지고 있음이니라.
26 너희들이 육의 세상의 믿음으로써는 결코 변할 수 없음이니, 영적인 신앙에 너희들이 그리 진입해야 될 것이니,
27 그를 위하여 내가 지금 160권을 세상에 내보내 너희들을 한 단계 끌어올리기 위한 그 모두를 역사를 하고 있음이니,
28 이를 끌어올리는 곳에 너희들 스스로

가 깨우쳐 너희 자신이 한 발짝 더 나
아갈 수 있는 그와 같은 변화되는 삶
으로 살지 아니하며, 올라가지 아니하
려고 몸부림치는 너희들로서는 결국
나를 볼 수 없음이니라.
29 물을 먹지 아니하려는 그 짐승에게 물
을 먹이는 것보다도 더 힘들고 어려운
것이 오늘 나의 아들을 통하여 내리는
새로운 성경이요,
30 너희들의 생명수를 갖다가 지금 그리
먹으려 하지 아니하며 먹지 않는 것이,
31 물 먹지 않으려는 짐승이 버티는 것
보다도 더 무서우리만큼 버티고, 반대
방향으로 가고 또 감이니, 이것이 바
로 너희들의 오늘의 잘못됨이니라.
32 너희들이 물을 먹지 않으려는 짐승에
게 물을 먹이기 힘든 것처럼, 너희들
은 그 물을 먹지 아니하려고 그 생수
를 너희들이 먹지 않는 것이 아니라,
33 바라면 봐도, 너희들의 몸에 튀기기만
해도 너희들이 지옥으로 가며 너희들
이 잘못되는 것처럼 너희들이 그저 뒤
로 버티고 두 주먹 쥐고 그저 반대 방
향으로 달려가는, 그와 같은 너희들의
꺾을 수 없는 고집이요, 아집으로 모
두가 엮어져 있음이니,
34 이것을 바로잡을 길이 없다 함이니라,
사랑하는 나의 아들딸들아!

10,850 번째 하나님 말씀

2004년 4월 30일 05시 58분

1 사랑하는 나의 아들아!
2 "네, 아버님! 말씀하옵소서."
3 나의 백성 너희가 인간 세상에서 구원
을 받아야 하며, 구원을 받지 아니하
면 아니 된다는 그 뜻이 무엇인 줄 알
고 있느냐?
4 너희들은 인간 세상에 살면서 영적인
구원이 이루어지는 그와 같은 삶을 살
지 아니하면 아니 됨이니라.
5 그러니 육의 세상이요, 육의 세상에
얽히고설킨 것을 지우지 못하며 다스
리지 못하면, 결국 너희들은 그 길에
오를 수 없음이니, 바로 그것이 무엇
이더냐?
6 너희들이 나에게 와 심판을 받을 때,
구원을 받을 수 없는 것이라는 것을
알아야 될 것이니라.
7 영적 구원이 이루어져야 한다는 그 뜻
은, 너희들이 가장 소중한 영적 신앙
과 믿음의 세상에 너희들이 도달하지
아니하면 아니 된다는 것임을 알아야
될 것이니라.
8 내가 너희들에게 원하는 것은 바로 무
엇이더냐?
9 육의 세상이 아닌 그 한 단계 위의 세
상에 너희들이 도달할 수 있는 것은,
너희들이 그 영적인 믿음이요, 성령이
임한 믿음이니,
10 그를 너희들이 지상에 살면서 이루지
못하면 아니 됨이라는 것을 알라.
11 인간 생각과 인간의 교리를 벗어나지
못하고, 영적인 세상의 최종 목적지에
와 있는 그와 같은 그 변화를 이루지
못하면 아무것도 이룰 수 없다는 것을
알라.
12 지금 너희들이 가고 있는 길이 인간
세상의 교리요, 그 뜻을 벗어나지 못
하고 헤매고 있는 자들이요, 그러면서

너희들은 무어라 생각하느냐?
13 너희들이 영적인 것이 구원을 받았으
며, 최종 목적지에 와 있는 자요, 도달
한 자요, 그리 너희들이 나로부터 상
을 받는 것만이 남았다 착각하는 이
무서운 환상의 믿음에서 벗어나야 될
것이니라.
14 이를 너희들이 벗어나지 못하면 아무
것도 이룰 수 없다는 것을 알라.
15 오늘의 너희들은 믿음의 깨우침이 한
발짝 나아가지도 못하면서 모두를 다
이루고 역사한 것처럼 착각 속에 사느
니라.

10,851 번째 하나님 말씀

2004년 4월 30일 22시 12분

1 사랑하는 나의 아들아!
2 "네, 아버님! 말씀하옵소서."
3 나의 아들을 따르는 제자들이요, 그리
고 나의 법전을 읽고 깨우친 백성, 그
리고 더욱이 나의 아들을 따라 법전을
만드는 너희들이 과연 어떠한 사람이
며 어떠한 백성이라는 것을 너희들이
생각하느냐?
4 마지막 시대에 나 여호와의 참진리요,
내 뜻에 의해 모두를 역사하는 너희들
이 선택된 백성들이니라.
5 그러니 너희들이 선택된 백성이요, 말
로써만 너희들이 선택된 백성이리 그
리 말한다면 무엇하겠는가?
6 나 여호와의 명을 받아서 너희들이 나
로부터 선택된 백성이라 그리 말한다
면, 그리고 너희들이 다른 백성들에게
그와 같은 것을 보이고자 한다면,
7 모든 믿음의 길을 가는 지금의 종교
집단이요, 신앙생활 하는 그 백성들과
나로부터 선택된 백성들이요, 마지막
내 모두를 역사하는 백성이라는 너희
들의 그 차별화가 무엇인 줄 알겠는가?
8 너희들이 행동함에 있어서 말을 함에
있어서 모든 백성들과 차원이 다른 그
와 같은 삶이요, 그와 같은 행동을 하
지 아니한다면, 결코 너희들은 나의
피조물 만백성들을 구원할 지도자로
서 자질이 없음을 알아야 될 것이니라.
9 살아가는 습관이 똑같으며 살아가는
행동이 똑같으며 말이 똑같은 그와 같
은 너희들의 삶을 벗어나지 못한다면,
10 과연 너희들이 어찌하여 나의 백성이
요, 나의 뜻에 따라 만백성을 구하는
자라 할 수 있단 말이던가?
11 너희들이 자세가 흐트러지며 말이 흐
트러지며 행동이 불규칙하며 행실을
믿을 수 없으며, 너희들의 언약을 믿
을 수 없으며,
12 모두가 일반 백성들과 살아가는 그것
이 너희들이 차별화되지 아니하며 너
희들을 분별할 수 있는 그와 같은 삶
을 살지 아니한다면,
13 너희들은 나의 피조물 만백성을 가르
치는 지도자라는 그 자격이 없을 뿐만
아니라,
14 나의 성령이요, 새로운 성경이 만백성
을 구하는 것이냐, 이를 가지고 너희
들이 만백성을 구원하는 데 선택된 백
성이라 할 수 있겠는가?
15 선택된 백성이라 하면 너희들이 그 무
게가 있어야 할 것이며, 너희들이 살
아가는 방법이 달라야 될 것이며, 너

희들의 행함이 달라야 될 것이며,
16 너희들이 깨우쳐 오르는 것만큼 모두
가 너희들이 달라져야 됨이니라.
17 그와 같은 변화가 없으며 그와 같은
역사가 없이 너희들이 깨우쳤다, 하늘
에 오를 수 있는 길이라, 그리고 나로
부터 선택된 백성이라, 그리고 너희들
은 구원을 받을 수 있는 백성이라, 그
리고 만백성을 지도하는 선생이라, 너
희들이 그와 같은 착각에서 벗어나도
록 그리하라.
18 이제 스스로 너희들이 과연 네가 어찌
사는가를 돌이켜 보라.
19 그리하여 만백성들이 사는 것, 지금의
종교 집단이요, 그 백성들이 살아가는
모습과 완전히 차별화가 되어 남들이
봐도 들어도 모두가 편안한 그와 같은
삶을 살지 아니한다면,
20 너희들은 지도자로서 나 여호와의 성
령을 받아 마지막 내가 모두를 태워
내려보내는 이 새로운 성경으로써 만
백성을 구하는 지도자로서 자질이 없
으며 자격이 없다 함을 알라 그리 전
하노라.

10,852 번째 하나님 말씀

2004년 4월 30일 22시 16분

1 사랑하는 나의 아들아!
2 "네, 아버님! 말씀하옵소서."
3 지금의 나의 피조물 만백성을 무너트
리며 그들의 가장 큰 병폐요, 그들이
잘못된 것이 무엇인지 아느냐?
4 수천 년 동안 모든 그 믿음의 길을 온
백성들이요, 그 지도자, 그들이 지금
나의 피조물 만백성 너희들에게 무어
라 가르치더냐?
5 너희들은 믿음이라는 것이 인간적인
삶이요, 그리고 인간 세상에 도덕적인
그와 같은 삶이요, 그리고 남에게 부
끄럽지 않은 그와 같은 삶을 살려고
하는 것,
6 그리고 인간 세상에서 남들이 말하기
에 정의로운 사람이요, 천사와 같은
사람이라는 말을 듣는 삶을 사는 것,
7 그와 같은 말을 듣기 위하여 노력하는
삶으로써는 구원을 받을 수 없으며,
나에게 오르는 것과는 무관한 것이라
너희들이 그리 생각을 하며 그리 가르
치니,
8 이것이 너희들이 얼마나 어리석고 얼
마나 잘못된 믿음인 줄 알겠는가?
9 이와 같이 가르치는 지도자가 있기에,
지금의 나의 피조물 만백성들이 구원
의 길에 들어서지 못하며 나와 관계없
는 그와 같은 길을 가고 있음을 알아
야 될 것이니라.
10 그러니 이제 그와 같이 가르치는 어리
석은 백성들, 하늘의 진리요, 하늘의
뜻을 모르며 하늘에 나 여호와가 역사
하고자 하는 것을 모르는 어리석은 백
성들이니,
11 그 문제점이 있는 그들에게 너희들이
무엇을 더 얻으려 무엇을 배우려 하지
말라.
12 사랑하는 나의 아들딸들아!
13 너희들이 이 세상에 살아가면서 부끄
럽지 않은 삶이요, 그 도덕적으로 한
점의 부끄럼이 없는 삶을 살아가고자
하는 것,

14 그것이 너희들이 고도의 도덕적인 삶
속으로 진입하는 그와 같은 노력을 하
는 백성에게 내가 성령이 임하며 내가
너희들과 더불어 같이한다는 것을 알
아야 될 것이니라.
15 너희들에게 내가 무어라 말하였느냐?
16 마지막 시대라는 것을 내가 너희들의
지혜가 깨우치고 깨우치고, 발달되고
발달되어 더 이상 인간으로서 발달될
수 없는 그때, 너희들이 하늘의 뜻을
알 수 있으며 거기에 문이 열리기 시
작한다 하지 아니하였더냐?
17 그와 마찬가지로 너희들이 지금 도덕
적인 삶이요, 그리고 부끄럽지 않은
삶이요, 정의롭게 사는 삶이요, 그와
같은 것으로써 구원을 받고 하늘에 오
를 수 있는 것이라는 믿음을 갖는 그
자체가 불행한 것이요, 어리석은 백성
이라 그리 말하나,
18 너희들은 알아야 될 것이니라.
19 너희들이 고도의 도덕적이며, 누구도
따를 수 없는 정의로운 삶이요, 그리
고 하늘을 향하여 한 점의 부끄럼이
없는 그와 같은 최고의 삶을 살 때,
20 내가 그와 같은 백성들에게 지혜를 내
리며 성령이 너희들에게 임한다는 그
사실을 알라.
21 그렇지 않은 자, 아무것도 알 수 없음
을 너희들은 알라.
22 임하지 않는 자, 너희들이 아무리 발
버둥치고 아무리 노력한다 해도 아무
것도 이룰 수 없으며 역사할 수 없다
는 것을 알아야 될 것이니라.
23 그러니 너희들이 그와 같은 백성들이
무엇인 줄 알겠느냐?
24 나를 버리고 가는 자들이요, 너희들이
나를 업신여기는 자요, 나를 욕되게
하는 자들이라는 것을 깨우치고 가르
쳐 줘야 될 것이니라.
25 너희들은 성령으로 역사하는 그와 같
은 믿음이 너희들의 모든 역사하는 것
이라 하였음이니,
26 성령이 임하는 그와 같은 믿음 속에
너희들이 한 점의 부끄러움이 없는 그
와 같은 삶을 살아가는 것, 그와 같은
삶을 사는 자가 성령이 임함이니,
27 성령이 임한 자, 그와 같이 사는 백성,
그들이 나에게 오를 수 있다는 것을
잊지 말라, 사랑하는 나의 아들딸들아!
28 너희들이 행함이 없으며 행동함이 없
이 그저 성령만 임한다, 성령이 임하
면 구원을 받는다 그리하지 말라.
29 너희들이 행동을 함에 있어서 하늘을
향하여 한 점의 부끄러움이 없는 삶을
살 때, 성령은 너희들에게 임할 수 있
다는 것을 내가 전함이니, 명심하고
또 명심하도록 그리 전하라.

10,853 번째 하나님 말씀

2004년 4월 30일 22시 23분

1 사랑하는 나의 아들아!
2 "네, 아버님! 말씀하옵소서."
3 내가 너희들에게 일러 전하기를, 인간
의 형체를 갖고 있는 백성은 신이 아
니라 함을 너희들이 깨우치라 하지 아
니하였던가?
4 나의 아들 예수도 또한 어려서 너희들
처럼 부모의 젖을 먹고 자랐으며 너희
들과 똑같은 그와 같은 삶을 살아왔음

이니라.
5 그러니 너희들이 인간의 형태를 가지
고 있는 자체가 신이 아니라 내가 말
한 그와 같은 뜻을 알겠는가?
6 그러니 지금 너희들이 누구를 어떻게
믿고 누구를 따르며, 어떠한 믿음이
요, 신앙생활을 하고 있는 것인가를
한번 들여다봐야 될 것이니라.
7 너희들이 지금 어떠한 믿음이요, 어떠
한 신앙의 길을 가고 있는가 그것을
들여다보지 아니하면 아니 될 것이니
라.
8 지금 나의 아들 예수가 세상에 나와
너희들에게 역사하고 전하고자 했던
그 삶을 너희들이 그대로 받아들이며
그대로 따라 그와 같은 삶을 살려 하
는 것이 아니라,
9 너희들은 나의 아들 예수가 그저 나와
똑같은 자요, 삼위일체요, 그리고 구
세주요, 모든 영광이요, 그를 통하지
아니하면 너희들이 모두를 역사할 수
없다, 그리고 구원을 받을 수 없다 그
리 지금 울고불고 그와 같은 믿음으로
가고 있음이니,
10 과연 너희들의 그 믿음이 성령에 의한
믿음이요, 나 여호와의 뜻에 의하여
너희들이 믿음의 길을 가는 것인가 한
번 돌이켜 보지 아니하면 아니 될 것
이니라.
11 나의 아들 예수를 너희들이 대속자요,
그리고 너희들을 위하여 죽어 간 나의
아들이라 하면,
12 너희들은 나의 아들이 이 세상에 와서
전하고자 했던 성경의 내용이요, 그리
고 역사하고자 했던 것, 그 살아왔던
발자취,
13 그를 보고 너희들 것으로 만들어 너희
들이 바로 서는 그와 같은 삶을 살지
아니하면 아니 된다 내가 법전에 수없
이 그리 기록하고 전했음이니라.
14 그러나 너희들은 지금 나의 아들 예수
가 내 명을 받아 역사하고자 했던 그
뜻을 배우고 깨우쳐 하늘에 오르는 길
을 보려 하는 것이 아니라,
15 나의 아들 예수의 태어남이요, 나의
아들 예수의 신비 속에 태어난 것이
요, 나와 같은 자요, 나와 같다 하며
삼위일체라 말하며 너희들이 그와 같
은 말을 하고 있음이니,
16 예수의 성장이요, 그가 살아왔던 그
모두를 너희들이 숭배하고 믿고 있는
것이 아닌가 과연 생각해 보라.
17 너희들이 나의 아들의 태어남이요, 성
장함이요, 그것을 우상화하고 숭배하
여 믿고 간다면,
18 그것은 너희들이 진리를 깨우치는 그
와 같은 진실한 믿음이 아니라, 겉만
알고 속을 모르는 어리석은 백성이라
는 것을 알라.
19 지금 모든 종교 집단 너희들이 지금
십자가는 나의 아들의 고통의 상징이
며, 나의 아들이 고통스럽게 죽어 간
그 흔적을 가지고 있는 것이거늘,
20 너희들이 그를 믿음이 하늘에 오르는
길이요, 그리고 그 모두가 진리라 하
여 너희들이 그 진리의 상징처럼 지금
십자가를 만들어 붙여 놓고 그와 같
이 하고 있음이니, 이것이 너희들이
잘못되었음이니라.
21 나의 아들 예수가 죽어 간 그 십자가

자체가 너희들의 믿음이요, 진리의 상
징이 되어서는 아니 될 것이니라.
22 나의 아들 예수가 역사하고자 했던
그것은 너희들의 깨달음이요, 진리의
길이 거기에 있는 것이지,
23 고통 속에 죽어 간 그 십자가의 형태
가, 너희들이 그것을 믿고 거기에 경
배하고 울고불고함으로 인하여 몸에
달고 붙이며, 너희들이 그 교회라는
곳에 하늘을 향하여 세워 나를 고문
하는 그와 같은 역사를 하는 것이 진
리의 상징이요, 진리의 길이 아니라는
것을 너희들이 깨닫지 아니하면, 거듭
나는 백성으로 날 수 없음을 알라.

10,854 번째 하나님 말씀

2004년 4월 30일 22시 31분

1 사랑하는 나의 아들아!
2 "네, 아버님! 말씀하옵소서."
3 나 여호와가 구약 시대요, 신약 시대
에 나의 아들 예수를 세상에 보냄이
무엇이더냐?
4 그리고 내가 지금 나의 아들 너를 통
하여 160권의 새 성경을 내려보냄이
니, 또한 이것이 다 무엇이더냐? 너는
그를 알 것이니라.
5 "네, 아버님! 저는 그리 생각되옵나이
다.
6 아버님께서 구약과 신약과 그리고 제
3의 시대에 그 모두를 열어 가는 것은
아버님의 백성들로 하여금 그 수확의
열매로서 아버님이 거둬들일 수 있는
그와 같은 결실을 보고자 모두가 역사
한 것이라 저는 그리 생각하고 있사옵
나이다.
7 그리하여 제3의 시대에 저와 더불어
가는 저를 따르는 제자요, 그리고 아
버님의 새로운 성경을 읽고 깨우친 그
모든 형제들,
8 그 모두가 다 지금은 아버님께서 거두
고자 하시는 그 알찬 곡식으로서 거
둬들일 수 있는, 수확을 하심에 하나
의 손색이 없는 그와 같은 열매로서
거듭나지 아니하면 아니 된다는 것을
저는 그리 생각하며,
9 그리하여 그 길을 위하여 모두를 바치
고 가고자 하옵나이다."
10 사랑하는 나의 아들아! 그러하니라.
11 내가 구약 시대요, 예수를 보낸 것, 제
3의 시대의 모두를 역사하는 것은 나
의 사랑하는 백성 너희들이 그 수확의
열매로서 손색이 없도록 내가 거둬들
일 수 있도록 하고자 하는 것이 나의
뜻이라는 것을 만백성에게 전하도록
그리하라.
12 그러나 지금의 모든 너희들의 믿음의
길을 가는 백성들이 어찌 가는가?
13 너희들은 씨앗을 뿌려 놓기만 하며 그
걸 돌아다보지 아니하며 가꾸는 그 수
고로움을 하지 아니하여,
14 너희들이 수확할 때가 되었으나 거둬
들일 열매가 없으며 쭉정이와 가라지
만이 다 붙어 있음이니, 이를 어찌한
단 말이더냐?
15 그러니 너희들이 씨를 뿌려 놓고 가꾸
고 또 그 결실을 맺도록 보살피고 그
와 같이 어렵고 힘든 그것을 행하지
아니하며,
16 그저 뿌려만 두고 말아 버린 그 대가

가 오늘에 이와 같이 험악한 세상이
되었음이니,
17 과연 내가 너희들에게 씨앗을 내렸으
나 그 씨앗을 가꾸고 열매를 거둘 수
있도록 하는 것에 너희들이 게을리했
으며 그 책무를 다하지 못하였으니,
18 바로 그것이 내가 너희들에게 수확할
것이 없으며 열매를 거둬들일 것이 없
으니, 내가 너희들과 관계없다는 말을
하는 것임을 너희들은 알겠느냐?
19 내가 씨앗을 뿌렸으나 그것을 너희들
이 잘 가꾸고 또 보살펴서 오늘에 수
확할 수 있는 백성으로서 거듭났다면,
160권의 법전을 내리는 오늘같이 험
악한 이 세상은 없었을 것이니라.
20 얼마나 지금 험악한 세상이며, 인간이
인간을 두려워하는 이와 같은 세상이
되었더냐?
21 너희들이 사람을 사람으로서 취급하
기 전에, 의심하며 도둑이요, 거짓된
자요, 그와 같은 것으로써 상대방을
바라보며 상대방의 평가를 먼저 하고
있는 것이 아니더냐?
22 그러니 남을 경계해야 되며 나 자신
을 단속해야 되니,
23 너희들이 마음을 열 수 없으며, 상대
방의 마음을 알 수 없으며, 앞에 있는
사람의 마음까지도 알 수 없는 이와
같이 험악한 세상으로 변해졌음을 너
희들은 알아야 될 것이니라.
24 너희들이 지금 가꾸는 고통과 수고로
움을 하지 않으니, 내가 열매를 거둘
것이 없으며 추수할 것이 없으니, 오
늘의 너희들이 몇천 년 동안 흘러온
믿음의 모두라는 것을 알아야 될 것
이니라.
25 이제 내가 무엇 때문에 이와 같은 역
사를 하느냐?
26 거둘 것이 있으며 열매를 맺을 수 있
는 그와 같은 일을 너희들이 역사하지
아니하였기에,
27 내가 지금 나의 아들을 통하여 새로운
씨앗을 세상에 내려보내 이를 잘 가꾸
는 수고로움을 너희들이 수고라 생각
하지 아니하며, 가꾸는 것을 게을리하
지 아니하여,
28 내가 모두를 이룰 수 있는 결실을 거
둘 수 있는 알찬 열매로서 모두를 가
꿔 놓기를 바라는 것이 나 여호와의
뜻이며,
29 그와 같은 역사를 이루고자 하는 것이
지금 160권이 세상에 내려가는 의미
임을 너희들은 알아야 될 것이니라.
30 너희들은 가르치라, 너희들이 씨앗을
뿌리고 고통스럽고 어렵고 힘든 다스
림이 없으며 보살핌이 없으며 너희들
의 노력이 없이는 아무런 수확도 거둘
수 없다는 것을.
31 지금 나의 아들을 따르는 백성이요,
나의 법전을 읽고 깨우친 만백성, 너
희들도 그러하니라.
32 나의 새로운 성경을 세상에 내려보내
어, 내가 너희들에게 하늘에 오르는
길을 볼 수 있는 이 씨앗을 내려보냄
이니,
33 이를 너희들이 뿌려 놓기만 하고 가꾸
며 잘 보살피는 수고로움이 없이 그
결실을 거두려는 그와 같은 마음으로
그리 버려둔다면,
34 나의 160권 법전 역시 이 세상에 모두

를 역사하지 못하며 그 빛을 발하지
못하며, 그저 너희들이 지금까지 험악
한 세상이 더 험악한 세상으로 무너짐
이니,
35 그는 결국 내가 너희들에게 손을 놓으
니, 내가 손을 놓았을 때 너희들이 모
든 환란이요, 재앙으로써 모두가 무너
짐을 알아야 될 것이니라.
36 내가 나의 아들을 통하여 너희들에게
말세요, 재앙은 없다 하였음이니, 이
는 곧 무엇이더냐?
37 너희들은 갈 수 있으며 변화될 수 있
는 백성이라 내가 알고 있기 때문이니
라.
38 이제 나의 아들을 따르는 너희들은 내
가 새로운 성경, 이 귀하고 소중한 씨
앗을 주었으니,
39 이를 잘 가꾸고 다스리는 그 수고로움
의 땀 흘림이 없이는 아무것도 이룰
수 없음이니,
40 너희들이 땀 흘려 그 곡식을 거둬들
여 나 여호와에게 기쁨을 진필 수 있
는 그와 같은 삶을 살도록 그리하라,
사랑하는 나의 아들딸들아!

10,855 번째 하나님 말씀

2004년 4월 30일 22시 36분

1 사랑하는 나의 아들아!
2 "네, 아버님! 말씀하옵소서."
3 너희들이 세상을 살아가면서 어렵고
힘들 때, 너희들의 소원을 빌며 축복
과 재물의 복을 달라 비는 것, 그와 같
이 빌고 가는 역사, 그 자체가 무엇이
더냐?
4 너희들이 말하는 기복 신앙이요, 이단
이요, 미신이요, 잡신을 섬기는 것이
라 그리 말하지 않느냐?
5 그러니 그와 같은 모든 종교 집단이
요, 그들을 너희들이 그리 평가하면서,
6 오늘의 나의 백성이요, 내 뜻에 따라
역사하며 나의 피조물 만백성을 하늘
로 인도하며 구원을 받았다 하는 나의
백성 너희들이 내가 보기에는 가장 대
표적인 기복 신앙으로 믿는 자들이라
그리 내가 하지 아니하였던가?
7 그러니 모든 종교 집단이요, 지도자
너희들이 오늘의 기복 신앙에 빠져 있
으며, 그 기복 신앙의 원천이 무엇이
더냐?
8 바로 욕심이라는 것으로써 너희들이
모두가 지금 일어나지 않느냐?
9 그러니 욕심을 버리지 못하고 있는 그
와 같은 자, 지도자요, 그리고 거듭나
는 백성이라 생각해서는 절대 아니 되
며, 너희들은 그 길을 볼 수도 없다는
것을 알아야 될 것이니라.
10 너희들은 지금까지 믿어 온 그 믿음이
무엇이더냐?
11 너희들이 하늘로 오르는 그와 같은 아
름다운 백성이요, 천사들을 만들고 육
성하여 나의 기쁨이요, 나의 은혜에
보답하는 그와 같은 지도자로서 세상
에 존재한 것이 아니라,
12 너희들은 지금까지 나를 무너트리며
나를 능멸하는 악의 씨앗을 육성하는
데 모두를 다 바친 것이 너희들의 오
늘의 믿음이라면 알겠느냐?
13 내가 나의 아들을 통하여 너희들에게
그리 말하였느니라.

14 나의 아들 예수가 세상에 와 너희들을
구원하고자 했으며 나의 뜻을 전하고
자 했으며, 그리하여 그 귀하고 소중
한 생명까지도 다 던져서 너희들을 구
원하고자 했다 하지 아니하였느냐?
15 그러니 그와 같은 은혜요, 감사를 아
는 백성이, 어찌하여 나의 성경에 내
가 거기에 비유하여 가르친 그 뜻을
알아 그를 깨우쳐 바른 믿음으로 가려
하지 아니하며,
16 육의 생각으로써 너희들이 육의 부귀
영화와 종교 집단이요, 지도자 너희들
의 그 욕심을 위해서 교묘하게 나의
백성들의 마음을 움직였으며,
17 그리하여 너희들이 인간의 교리와 성
서의 나의 아들의 이름이요, 나 여호
와의 이름을 잘 섞고 섞어 짜깁기를
하여 너희들이 오늘에 이와 같이 모두
가 이루어졌음이니,
18 거기에는 아무런 진리요, 나 여호와의
뜻이 없음을 너희들은 알라.
19 그러기에 내가 너희들에게 오늘 나의
법전, 새로운 성경에 기록하여 전하니,
20 오늘까지 너희들이 온 그 믿음이 악의
씨앗을 육성하는 데 모두를 바쳤으며
그 일을 역사했으며, 지금도 너희들이
그와 같은 길을 가고 있다는 것을 알
아야 될 것이며,
21 너희들이 여기서 단죄되지 아니하였
을 때, 너희들 후손 또한 그와 같은 길
을 가게 됨이니, 그것이 무엇이더냐?
22 너희들이 오늘의 믿음이요, 오늘의 신
앙으로써 나에게 올 수 있으며 구원을
받을 수 있다면 내가 두말하지 아니하
겠느니라.
23 그러나 너희들이 구원과는 관계가 없
으며, 구원이라는 것은 생각도 해서는
안 되는 오늘의 그와 같은 삶을 사는
백성이라는 것을 잊어서는 아니 될 것
이니라, 사랑하는 나의 아들딸들아!

10,856 번째 하나님 말씀

2004년 4월 30일 22시 42분

1 사랑하는 나의 아들아!
2 "네, 아버님! 말씀하옵소서."
3 이 세상의 나의 피조물 만백성 중에
가장 어리석고 불쌍한 백성이 누구인
줄 알겠느냐?
4 그리고 믿음의 길이요, 하늘에 오르는
길을 정녕 올 수 없는 백성이 누군 줄
알겠느냐?
5 자기 자신밖에 모르는 자며, 자기 밥
그릇밖에 모르는 자며, 저 자신밖에
모르는 그와 같은 백성임을 너희들은
알아야 될 것이니라.
6 저 자신을 위한 삶이요, 저 자신을 보
호하기 위하여 모두를 다 바치고 살아
가는 자, 그와 같은 백성이 바로 가장
어리석은 백성들이니라.
7 그들은 생각하느니라, 제가 가장 현명
한 자요, 제가 가장 똑똑하며 제가 실
속 있는 그와 같은 삶을 살아간다 그
리 말하나,
8 저 자신밖에 모르는 자, 그리고 저 자
신을 위해 모두를 다 살아가는 자, 저
자신을 위해 모두를 연구하며 모두를
바치는 그와 같은 백성, 그 자신이 가
장 어리석고 불쌍한 백성이니,
9 그들이 바로 심판대에 서게 될 때 제

가 어찌 살았는가를 알고, 그것이 제가 얼마나 잘못된 삶인가를 그때 알게 되니,

10 이미 그때는 때가 늦으며 돌이키려야 돌이킬 수 없는 것이니,

11 그때 가서 가장 후회하고 통곡하는 백성들이 너희들이기에,

12 너희들이 오늘에 가장 현명하고 똑똑한 삶이요, 너희들이 남에게 손해 보지 아니하니, 너희 자신이 현명한 자라 그리 말할 것이나, 너희들이 가장 불행하고 불쌍한 백성이라는 것을 알아야 될 것이니라.

13 사랑하는 나의 아들딸들아!

14 그리 불쌍하고 가련한 너희들을 내가 보고만 있을 수 없어, 내가 지금 너희들을 사랑하는 증표로서 무엇을 내려 보낸다 하였느냐?

15 내가 너희들을 사랑하는 증표로서 새로운 성경을 160권으로써 엮어 이 세상에 내려보내니,

16 그것이 너희들을 사랑함이요, 나 여호와가 너희들을 얼마나 귀하고 소중한 나의 아들딸이라 생각하는가?

17 너희들이 정녕 이를 한번 돌아다볼 수 있는 그 마음의 여유도 없단 말이더냐?

18 사랑하는 나의 아들딸들아!

19 너희들이 아무리 어렵고 힘든 고난의 길이 있다 해도, 너희들은 이와 같은 길을 가지 아니하면 결코 아니 됨을 알아야 될 것이니라.

20 너희들은 지금 잘못된 믿음이요, 잘못 가는 믿음이니, 너희들이 가장 진실한 믿음의 자세가 무언 줄 알겠느냐?

21 너희들이 어렵고 힘들며 네 인간의 힘으로써 고난을 헤쳐나갈 수 없으며 그 답을 이룰 수 없을 때, 너희들이 나를 찾는 것이니,

22 너희들이 고통 속에 나를 찾을 때, 그것이 바로 너희들이 진실한 나를 찾는 마음이요, 진실한 믿음이요, 그와 같은 것이 나의 아들딸 너희들 마음의 심성이니라.

23 내가 그리하여 너희들에게 무어라 말하였느냐?

24 배부른 자요, 있는 자, 부자가 하늘에 오를 수 없다 했으니, 가난한 자는 하늘에 오를 수 있다 내가 그리 말한 의미를 알겠느냐?

25 너희들은 화를 당하여 어렵고 힘들어 너희 스스로 일어설 수 없는 그와 같을 때 나를 찾는 것이니,

26 그때 나를 찾는 것이 수십 년 동안 믿음의 길을 온 너희들의 그 정성의 믿음보다도 더 진실하고 애절한 마음으로 너희들이 나를 찾음이니,

27 그러니 내가 배부른 자 나를 찾을 때 너희들이 형식이며, 여유 있는 자 나를 찾지 아니하며, 부귀와 영화가 있는 자 나를 찾을 때 다 형식이요, 그 애절함이 거기에 없다 함을 알겠느냐?

28 그러니 없는 자, 가난한 자, 제 힘으로는 능력이 없을 때, 환란을 당하고 고통을 당할 때, 그들이 무릎 꿇고 하늘을 향하여 기도하는 그 기도의 마음과, 너희들이 배부른 자의 그 기도와 차이가 어디 있는 줄 알겠느냐?

29 그러니 가난한 자는 진실한 기도를 하며 애절한 기도를 할 수 있으니, 그들은 내가 그 기도를 들어줌이니, 그들

이 나에게 오를 수 있는 백성이라 하
였으며,
30 부자요, 배부른 자, 저희들이 제 스스
로 모두를 이룬 줄 알기 때문에 너희
들이 애절한 기도요, 그와 같은 경배
의 마음을 갖지 아니하고 살아가는 것
이니라.
31 여기서 더욱이 너희들이 무서운 것이
무엇이더냐?
32 어렵고 힘든 자, 너희들이 그때는 나
에게 기도하며 경배할 때 진실된 마음
으로 나를 찾고 기도하나,
33 너희들 또한 배부르면 모두가 다 무너
지며, 너희들이 가난하고 환란 속에서
나를 그리워하며 나에게 원하고자 하
는 그 애절한 기도를 드리는 그 마음
이 또 무너지는 백성이 너희들이니라.
34 너희들이 그 나에 대한 진실한 믿음이
요, 너희들에게 진실한 기도를 드리는
그와 같은 깨달음이 있다면, 절대로
그를 영원히 너희들이 버려서는 안 되
며 너희들 손에서 놓아서는 안 되는
것이니라.
35 가난하고 힘들 때 너희들이 나에게 구
원의 기도를 한 것처럼, 너희들이 배
부르고 여유가 있을 때 나를 버리는
그와 같은 행위를 하지 말며, 나를 저
버리는 그와 같은 형식적인 기도를 하
지 말며, 형식적인 믿음으로써 나에게
오르고자 하지 말라.
36 가난하고 어렵고 너희들이 도저히 이
길 수 없는 그 견딜 수 없는 환란일
때, 너희들이 나에게 애절하게 기도하
는 그 소원하는 마음 자세가, 너희들
은 배가 부를 때도 그 마음이 변해서
는 아니 됨이니, 이를 명심하도록 그
리 전하라.

10,857 번째 하나님 말씀

2004년 4월 30일 22시 48분

1 사랑하는 나의 아들아!
2 "네, 아버님! 말씀하옵소서."
3 너희들이 살아가며 생명을 받아 존재
하는 이 세상에서 너희들이 어디로부
터 생명이 왔으며 너희들이 누구로부
터 존재하며, 이와 같은 이치요, 그를
깨달아,
4 너희들이 하늘에 나 여호와가 존재하
며 너희들을 세상에 보낸 너희들이 말
하는 아버지요, 창조주가 있다는 깨달
음을 얻는 것이 얼마나 귀하고 소중하
더냐?
5 그러나 지금의 나의 백성 너희들은 거
기에 생각하는 자 없으며, 그다음의
세상을 위하여 준비하는 자가 진심으
로 없음이니라.
6 내가 나의 아들을 통하여 배부르고 권
력 있는 자 진실한 기도가 없다 하였
으며, 가난하고 어려운 자 진실한 기
도가 있다 했듯이,
7 너희들이 지금 나를 믿고 경배하는 그
와 같은 마음이요, 너희들이 사후 세
상을 준비하는 그 마음이 가난한 자가
기도하는 만큼 진실하지도 못하며 애
절한 기도가 없는 것이니라.
8 어찌하여 너희들이 그와 같이 진실한
기도를 하지 못하며 역사하지 못하는
가, 그것은 여기에 있음이니라.
9 너희들이 죽고 사는 것에 연연하는 삶

이요, 그리고 너희들이 육이 있는 세
상에서 어찌하면 축복을 받을 것인가,
그리고 너희들은 어찌하면 화를 면할
것이며 고통을 면할 것인가,
10 너희들이 화복에만 연연하는 그와 같
은 백성이 되어 있기 때문에,
11 너희들이 지금과 같이 내 뜻이요, 모
두를 알지 못하는 백성으로서 가고 있
음을 알 것이니라.
12 그러니 그와 같은 백성이 가장 불행한
백성이라 내가 너희들에게 전함이니
그리 알라.
13 너희들이 인간 세상에 사는 것, 인간
세상에서 너희들이 화와 복을 받는
것, 그리고 너희들이 화를 겪는 것, 그
와 같은 것에 모두를 연연하며, 그를
피하기 위하여 연구하고 노력하는 그
와 같은 삶을 살기에,
14 정녕 너희들이 나에게 오르는 길이요,
진정한 삶을 모르고 사는 어리석은 백
성들이요, 가련한 백성이라는 것을 알
아야 될 것이니라.
15 사랑하는 나의 아들딸들아!
16 너희들은 태어남이 있기에 죽음이라
는 것이 있지 않더냐?
17 너희들이 태어남을 내가 무어라 하였
느냐?
18 너희들을 세상에 내보내니, 나 여호와
요, 천사와 같은 마음을 가지고 세상
에 내보내니,
19 너희들이 높이 올린 그 연처럼 너희들
의 생명을 가지고 나가니, 그 연줄을
감으면 그 연이 땅으로 끌려오듯이,
너희들의 생명줄을 내가 감아가고 있
다 하지 아니하였더냐?
20 그와 같은 선상에 살아 있는 것이 너
희들이요, 너희들의 오늘의 운명이라
했음이니,
21 너희들이 죽고 사는 것은 태어남이 있
기 때문에 죽음은 반드시 있음이니,
22 거기에 너희들이 매달리며 화와 복에
대해서 너희들이 화를 면하며 복을 받
기 위한 그와 같은 모든 삶에 젖어 있
기에, 참진리요, 하늘에 오르는 길을
모르며,
23 또한 너희들이 불행한 백성이라 함을
알아야 될 것이니라.
24 사랑하는 나의 아들딸들아!
25 너희들이 나에게 달려오고자 내가 역
사하는 그 백성은 어떠한 백성인 줄
알겠느냐?
26 너희들이 지금 그 모든 삶에 있어 진
실된 마음이요, 거짓이 없는 삶이요,
27 그리고 너희들이 추하고 잘못된 것을
세상에 내놓아 다른 사람으로부터 그
심판을 받으며 그리 가르침을 받을 수
있는 그와 같은 용기 있는 백성이 되
어야 한다 내가 하지 아니하였더냐?
28 그러니 너희들이 생사화복에만 연연
하는 그와 같은 믿음으로 가서는 아니
되느니라.
29 너희들의 추하고 부끄러운 것, 잘못된
것을 세상에 내놔 심판을 받는 그와
같은 용기 있는 자, 그리하여 두 번 다
시 그와 같은 일을 하지 아니하며,
30 나에게 오를 수 있으며, 구원을 받는
영광이요, 축복을 얻을 수 있는 그 세
상을 위하여, 그 삶을 위해서 너희들
이 살아가야만 된다는 것이 나 여호와
의 뜻이며, 내가 너희들에게 이리 간

곡히 전함이니 그리 알라, 사랑하는
나의 아들딸들아!

2004년 5월

10,858 번째 하나님 말씀

2004년 5월 1일 06시 46분

1 사랑하는 나의 아들아!
2 "네, 아버님! 말씀하옵소서."
3 너희들이 곱게 단장함이요, 그리고 아름답게 걸치는 옷도 첫 번째 끼우는 단추를 잘못 끼우게 되면 어찌하더냐?
4 그는 아름다운 모습이 아니요, 잘못된 모습이라 하지 아니하였더냐?
5 그러니 지금의 너희들의 믿음의 길을 오는 종교 집단이요, 지도자 그들이 옷으로 말하면 그 첫 단추를 잘못 끼운 그와 같은 형국이니라.
6 그러니 너희들은 첫 단추라는 것을 잘못 끼움으로 인하여 너희들이 모든 그 옷의 입은 모습이 다 다르고 맞지 않는 그와 같은 형국이 되지 않더냐?
7 그러니 오늘의 종교 집단이요, 지도자들이 첫 단추를 잘못 끼워 잘못 출발하였음이니, 너희들은 믿음이요, 그 하나만이 잘못되었다 그리 생각하는가?
8 그로 인하여 이 세상의 그 모두가 다 제대로 되는 것이 하나도 없이 이와 같이 되어 버렸음이니라.
9 이제 나의 아들을 따르는 제자들이요, 나의 법전을 읽고 깨우친 백성, 너희들은 세상에 살아가는 모든 백성들의

삶의 형태를 보라.
10 하나서부터 만 가지가 다 정상인이요,
제자리를 지키고 있는 것이 있는가?
11 첫 번째 너희들이 종교 집단이요, 지
도자들이 나의 피조물 만백성들을 구
원하고 인도할 자들이 첫 단추를 잘못
끼워 저희들이 믿음을 잘못 지금 왔기
에,
12 하나의 믿음만이 잘못된 것이 아니요,
13 나의 사랑하는 백성들이 살아가는 열
가지, 백 가지, 만 가지가 다 잘못되어
서 정상적으로 돌아가지 아니하는 그
와 같은 형국이 되었음을, 너희들이
세상을 봐야 될 것이니라.
14 모든 인간이 살아가는 것이 기본 질서
요, 기본의 마음이요, 그리고 그들이
사랑하는 마음이요, 그 모두를 하나서
부터 만 가지를 다 조용히 들여다보라.
15 아무것도 정상으로 돌아가는 것이 없
으며 제자리를 지키는 것이 하나도 없
음이니라.
16 모두가 욕심에 젖어 있으며, 시기 질
투에 젖어 있으며, 저희들의 물질적인
욕심이라는 것 때문에 다 지쳐 있으며
피로해 있으며,
17 그리고 너희들이 웃음의 여유가 없으
며 사랑하는 마음이 없는 그와 같은
형국이 되어 있음이니라.
18 저 자신이 세상에 자연의 아름다움을
보며 이웃을 보며 웃을 수 있는 마음
의 여유가 없다면,
19 사랑이라는 것이 과연 거기서 어찌 나
올 수 있고 사랑이라는 것이 있을 수
있단 말이더냐?
20 그러니 사랑은 메말라져 있으며 마음
은 거칠어져 있으며, 모두가 대하고
이야기하는 것 자체도 다 귀찮고 세상
사가 다 귀찮으니라.
21 오로지 '내가 어찌하면 남보다 더 부
귀영화를 누리며 금화를 챙길 수 있을
까, 그리고 앞에 있는 자보다 내가 더
잘 살고 더 똑똑한 자요, 더 나은 자가
될 수 있는가?' 그것에만 너희들이 생
각하고 그것에만 모두가 다 빠져 있음
이니,
22 마음이 지쳐 있으며 너희들의 마음이
황폐해져 있으니, 너희들이 남을 위하
고 베푸는 마음이 거기에 어디 있겠느
냐?
23 그러니 너희들은 그를 알아야 될 것이
니라.
24 내가 너희들이 차라리 믿음 하나만이
첫 단추를 잘못 끼워 그 믿음 하나로
만 너희들이 잘못되었다면, 그거 하나
만 바로잡으면 간단히 갈 수 있는 것
일 것이니라.
25 그러나 너희들이 모든 하나서부터 만
가지가 다 정상적으로 흘러가는 게 없
으며 제자리를 지켜 가는 것이 없음이
니라.
26 곧 무엇이더냐? 너희들이 거울에 비
춰 보라.
27 첫 단추를 잘못 끼워 입으면 그 옷이
모두가 다 맞지 않고 모두가 다 삐뚤
어지듯이,
28 모든 종교 집단이요, 지도자들이 나의
아들 예수를 통하여 세상에 전하고 전
한 2천 년의 그 역사만 그대로 저희들
이 지키고 그리해 왔다면,
29 저희들이 거기서 첫 단추만 잘 끼워

성령이 임하는 백성으로서, 그리고 사
랑을 베푸는 백성으로서 그리 시작하
여 살아왔다면,
30 지금은 바로 하늘에서 이루어진 것같
이 지상의 천국이 이루어졌을 것이니
라.
31 그러나 그 단추를 잘못 끼우고 시작한
너희들 그 종교 집단이요, 지도자들
때문에, 하나서부터 열까지 너희들이
작은 것에서부터 큰 것까지 모두가 다
정상이 아니요, 비정상이요,
32 모두가 다 삐뚤어지고 찌그러져 있는
그와 같은 형국이 되어 버렸으니,
33 이것을 바로잡기가 그리 쉽지 아니하
며, 너무나 많은 인간 세상의 세월이
흘러왔으며 너무나 무너지고 지금 너
희들이 습관화되어 있으니,
34 그래서 바로잡기가 그리 힘들고 어려
움을 알겠느냐?
35 그러니 나의 아들을 따르는 제자 너희
들이 나의 법전을 만들어 세상에 전함
이니,
36 바로 너희들이 첫 단추를 끼우는 중요
한 것이니,
37 너희들이 옷을 입을 때 어찌 첫 단추
를 잘 끼워 그를 맞춰서 역사하느냐
하는 것이, 바로 나의 법전을 읽고 깨
우친 백성 너희들이 한 점의 부끄러움
이 없는 그와 같은 삶을 사는 것, 그리
고 그와 같이 변화되는 것이 너희들이
첫 단추를 잘 끼우게 됨이니,
38 천 년 후에도 너희들이 오늘과 같이
정상적인 것이 하나도 없는 그와 같은
세상이 되어서는 아니 됨이니라, 사랑
하는 나의 아들딸들아!
39 종교 집단이요, 지도자들이 첫 단추를
잘못 끼웠기에 그것으로써 너희들의
믿음이요, 구원이 다 무너졌다면 말하
지 않겠느니라.
40 그러나 작고 큰 것에서부터 모두가 다
잘못되었으며 비정상적이요, 정상적
인 것이 하나도 없는 세상이니,
41 너희들이 눈을 뜨고 한번 들여다보라.
42 세상에 제대로인 것이 있는가?
43 이것이 인간 나의 백성 너희들이 만든
오늘이기에, 이 모두를 다 바로잡고
바로 세우기가 그리 힘들고 어려워졌
다 함이니 이를 알라, 사랑하는 나의
아들딸들아!

10,859 번째 하나님 말씀

2004년 5월 1일 06시 50분

1 사랑하는 나의 아들아!
2 "네, 아버님! 말씀하옵소서."
3 개인은 자신에게 소망함이 있으며 가
장 귀한 것이 있으며, 집단은 집단대
로 저희들을 상징하는 그와 같은 것
이 있으며 가장 귀한 것이 또한 그들
에게 있음이니라.
4 그리고 지금까지 생긴 모든 종파요,
비진리를 가는 것이든, 그와 같은 모
든 집단들까지도 저희들이 가장 귀하
고 소중한 것을 가지고 있음이니,
5 그리하여 그 상징물로써 저희들이 힘
을 얻으며 자랑을 하며 용기를 가지고
살아가는 것이 너희들이 아니더냐?
6 그러나 이제 나의 피조물 만백성 너희
들은 알아야 될 것이니라, 가장 소중
하고 귀한 것이 과연 무엇인가를.

7 나의 아들을 따르는 제자 너희들은 들
으라.
8 이 세상의 어떠한 것도 지금 너희들
이 나의 아들을 통하여 내리는 나의
이 새로운 성경이요, 160권의 나의 법
전이요, 이보다도 더 귀하고 소중한
것이 없음을 알라.
9 너희들이 이것으로써 모두를 역사하
며 이것으로써 모두가 다 시작함이니
라.
10 너희들이 기록하여 남겨 놓은 것, 그
리고 너희들이 또한 성인이라 하여 무
엇을 남겨 놓은 것, 그리고 너희들이
그와 같은 책이요, 기록한 것을 읽고
깨우치는 것을 세상의 재물과 보배와
바꿀 수 없다 너희들이 그리 말하지
않느냐?
11 너희들은 성인이 기록하여 남겨 놓은
한 권의 아름다운 그 책이 나라와 민
족과도 바꿀 수 없는 귀중한 것이라
그리 깨우치고 그리 생각하는 자가 있
음이니라.
12 그러니 너희들이 그 모두보다도 더 귀
하고 소중한 것이 무엇인 줄 알겠느
냐, 사랑하는 나의 아들딸들아!
13 너희들이 지금 접하고 있는 새로운 성
경이요, 내가 내리는 '하늘에 오르는
길'이요, '하나님! 말씀하옵소서.' 이
책이니라.
14 그러니 이 책보다 더 귀중하고 소중
한 것이 없음을 너희들은 알아야 될
것이며, 길이 빛나는 것도 없으며, 길
이 역사하는 것도 아무것도 이를 능가
할 것은 없음을 너희들이 알라.
15 방대한 역사 속에서 너희들이 이루는
건축물이요, 지난 너희들의 역사의 위
대함이 그것이요, 그 모두가 다 너희
들이 오늘의 나의 법전을 접하는 것에
비하면 아무것도 아님을 알라.
16 이제 나의 아들을 따르는 백성 너희들
은 나의 법전이 얼마나 귀중하고 소중
한 것인가를 알며,
17 천 년에 걸쳐서 너희들이 하늘에서 이
루어진 것같이 이 땅에 이루어져, 모
든 역사의 변화를 이루어 만백성을 구
원하는 그보다도 더 귀하고 소중한 것
이 없을 것이니라.
18 너희들이 산속에 지어 놓고 가는 종교
집단이요, 그저 너희들이 대중 속에
있는 종교 집단이요, 그리고 너희들이
공공연히 우상을 깎아 놓고 하는 모든
종교 집단이요, 그들을 너희들이 모두
를 다 아무리 귀하고 소중하다 해도,
지금 나의 피조물 만백성 너희들은 알
라.
19 모두가 나의 법전보다도 더 귀중하고
빛나는 역사가 없으며,
20 영원히 존재하고 영원히 너희들에게
모든 구원의 길이요, 하늘에 오르는
길의 역사함은 모든 나의 법전 속에
있으며, 새로운 성경 이것보다 더 귀
하고 소중한 것이 없음이니,
21 너희들이 가장 귀중하고 소중한 것이
무엇인가 그 의미를 깊이 깨우쳐 간직
하도록 그리하라.

10,860 번째 하나님 말씀

2004년 5월 1일 06시 53분

1 사랑하는 나의 아들아!

2 "네, 아버님! 말씀하옵소서."
3 너를 따르는 제자들이요, 법전을 읽고
깨우친 선택된 백성, 너희들은 나의
새로운 성경, 이 법전을 절대 놓지 말
라 그리하라.
4 그 위대함을 너희들이 정녕 모르며 그
역사함을 모른단 말이더냐?
5 지금 160권의 법전이 세상에 나감이
니, 이것이 무엇이냐?
6 지금까지 구약과 신약의 기초적인 그
모두가 끝나, 이제 마지막 시대에 역
사하며 마지막 주자가 들고 달리는 그
와 같은 귀하고 소중한 것이니,
7 이를 너희들이 놓으면 아니 됨이니라.
8 너희들이 달리는 그와 같은 주자도 무
엇이더냐?
9 앞사람으로부터 받은 것을 가지고 너
희들이 달림이니, 그를 놓치면 그는
실격함이니라.
10 그러니 구약과 신약의 기초적인 성서
가 지나, 나 여호와의 마지막 시대에
너희들에게 내린 나의 새로운 성경,
이는 절대 놓지 말라.
11 너희들이 놓아서는 아니 되느니라.
12 사랑하는 나의 아들을 따르는 제자 너
희들을 내가 얼마나 사랑하며, 너희들
을 얼마나 내가 소중히 생각하며,
13 그리고 너희들은 꼭 나에게 오를 수
있는 그와 같은 백성이요, 천 년에 걸
쳐서 내가 이루는 모든 나의 권세 안
에 있는 이 하늘과 땅의 역사를 이루
는 것, 그 기초를 지금 너희들이 다지
는 자들이니,
14 그와 같은 내 뜻에 따라 어렵고 힘든
그 역사를 하고 너희들이 나에게 오르
지 못하며 나를 보지 못하면 어찌한단
말이더냐?
15 그러니 어떠한 일이 있어도 법전을 놓
지 말며, 법전 앞에서 너희들의 마음
이 흔들리는 자가 되어서는 절대 아니
되느니라, 사랑하는 나의 아들딸들아!
16 더욱이 이 법전을 만드는 자, 나의 아
들을 따라 같이 가는 그 제자들, 너희
들은 절대 법전을 놓지 말라.
17 그 위대함을 머지않아 너희들이 알게
될 것이니, 정녕 그와 같은 뜻을 너희
들이 모르고 지금도 살아가는가?
18 내가 너희들에게 말하는 그 뜻을 알아
야 될 것이며, 그를 너희들이 잘 새겨
듣도록 하라, 사랑하는 나의 아들딸들
아!
19 이 세상에 가장 귀하고 소중한 것이
무엇이라 했느냐?
20 나의 새로운 성경이라 하였음이니라.
21 그리고 나의 법전이요, 내가 지금 이
책이라 하지 아니하였더냐?
22 그러니 너희들은 절대 이를 놓지 말
라, 사랑하는 나의 아들딸들아!
23 내가 너희들에게 내리는 가장 귀한 선
물임이니라, 절대 놓지 말도록 그리하
라.

10,861 번째 하나님 말씀

2004년 5월 1일 07시 01분

1 사랑하는 나의 아들아!
2 "네, 아버님! 말씀하옵소서."
3 지금의 살아가는 세상에 내가 정도로
가는 게 없으며, 다 너희들이 비정상
적인 그와 같은 삶 속에서 살아간다

하지 않았더냐?
4 그러니 인간인 나의 백성 너희들이 그
것을 다 알고 느끼고 있음이니라.
5 상대방이 너를 사랑하고 미워하는 것
을 너희들이 스스로 알 수 있으며 그
말을 듣지 아니해도 알고 있듯이,
6 모든 백성들이 지금 다 불안하며 지쳐
있음을 너희들은 알아야 될 것이니라.
7 그들이 지금 마음이 흔들리며, 그들이
스스로 저희들의 그 마음을 잡지 못하
며, 그 자신이 지금 원초의 뿌리는 흔
들리고 있음을 알아야 될 것이니라.
8 이것은 아니며 이 길은 아니라는 것을
너무나 잘 알며, 새로운 길이요, 새로
운 역사가 무엇인가 이루어져야 된다
그리 생각하나,
9 오늘의 종파요, 너희들의 믿음의 집단
보다 더 위대한 것은 이 세상에 역사
할 수 없으며 다시 올 수 없다는 그 생
각이 너희들 머릿속에 깊이 박혀 있기
때문이니,
10 너희들이 새로운 성경이요, 나의 이
뜻을 읽지 못하며 보지 못하고 있음이
니라.
11 너희들이 수천 년 동안 흘러오면서 불
교라는 그 역사요, 그리고 너희들이
방대하고 웅장한 그들이 이루어 놓은
그 역사의 모두 앞에서 그것보다 더
위대한 것이 없으며 더 위대한 것이
올 수 없다 생각하는 것이 불교의 그
앞에 고개 숙이고 소원을 비는 그 백
성들의 마음이니라.
12 그러니 깊은 산 속에 너희들이 이루어
놓은 그 모든 역사함이요, 그 방대한
능력을 보면서, 인간의 능력으로써 이
는 이룰 수 없으며,
13 어떠한 형국이든지 앞으로도 너희들
이 인간의 힘이 이보다 더 위대한 것
은 역사할 수 없다는 것으로 그 집단
은 집단대로 거기에 젖어 있어, 너희
들이 울고불고 소원을 비는 것이니라.
14 그리고 더욱이 믿음의 길을 가는 오늘
의 종교 집단이요, 너희들이 어떠하더
냐?
15 너희들은 나의 아들 예수의 보혈로써
역사했으며 구원을 받았다 생각함이
니, 그리고 너희들보다 무섭고 더 큰
집단이 이 세상에 존재할 수 없다 하
며,
16 방대한 그 힘보다 위대한 것이 없다
너희들이 그리 생각하고 또 너희들의
머리가 그리 굳어져 있으니,
17 너희들이 동서남북에 있는 모든 종교
집단이 그보다 더 위대한 변화의 역사
는 있을 수 없다 너희들의 마음이 지
금 굳어져 있기에,
18 너희들이 나의 새로운 성경을 보지 못
하며 새로운 역사가 이루어지는 것을
보지 못하고 있음이니라.
19 그러니 그 모두를 다스리는 것은 무엇
이더냐?
20 160권이라는 법전이 세상에 나와, 그
가 불칼로써 모두를 자르고 치고 나갈
때, 그 모두가 제정신이 돌아온다 하
지 아니하였더냐?
21 그러니 너희들이 지금 160권의 법전
이 머지않아 세상에 나올 수 있는 지
금의 시점이 이루어졌음이니,
22 그걸 만들고 전하는 역사를 하는 것,
그리고 나의 아들에게 내가 모두를 내

리는 것을 너희 손으로 작성하여 그걸 책으로써 만들어 내는 임무를 담당하고 있는 너희들이 얼마나 위대하고 소중한 역사를 이루고 있는 것이며,

23 너희들로 하여금 만백성이 사탄과 사악한 자요, 사랑하는 나의 아들딸들을 구하는 그 역사에 너희들이 그 대임을 맡아 간다는 것, 그것이 얼마나 귀하고 소중한 것인가를 너희들이 과연 생각해 보는가?

24 머지않아 나의 160권의 법전이 세상에 나오니, 그가 모두를 다스릴 것이니, 그 위대한 업적을 너희들 손으로 이루고 있음이니,

25 너희들이 얼마나 소중하고 위대하고 귀한 역사를 하는가?

26 그리하여 내가 너희들이 다된 오늘에 여기서 낙오자가 되지 말라 하며 무너지는 자가 되지 말라 함이니라.

27 머지않아 너희들이 이 위대한 역사를 이루고, 너희들이 이제는 모두를 다 이루었노라 하여 나에게 기도할 시간이 있을 것이니, 그때의 영광까지 너희들이 견디고 나가는 자가 되어야 될 것이며,

28 너희들이 이를 만드는 데 조금도 마음이 흔들리며 의심함이 있으며 의혹하는 마음이 있다면 절대 아니 되는 것이니라.

29 너희들이 어떠한 마음으로 가야 되는 것인가를 알아야 될 것이며,

30 그리고 너희들이 얼마나 위대한 역사를 이루고 있는가, 그리고 그 위대하고 방대한 역사가 지금 얼마나 이루어졌는가?

31 머지않은 여기까지 너희들이 오지 아니하였더냐?

32 너희들의 그 공으로써 내가 너희들을 버릴 수 없다 생각하지 말라.

33 마지막까지 너희들이 버티고 인내하는 자만이 됨이니 그리 알라, 사랑하는 나의 아들딸들아!

34 거의 다 오지 아니하였더냐?

35 마지막 그 고비를 너희들이 넘길 수 있는 마음 자세를 가지며, 흔들려서도 아니 됨이니라.

36 너희들이 이제 마지막 고비를 넘김이니,

37 모든 사탄이요, 사악한 자들이 이 고비를 넘김으로 저희들이 뿌리를 내릴 수 없으며, 저희들이 내가 만든 그 치고 나가는 160권의 불칼에 의하여 제일 먼저 그들이 탈 것이며, 그들이 유황불에 던져지기 때문에,

38 마지막 고개에 너희들이 짐을 싣고 가는 그 수레가 넘지 못하도록 너희들을 당길 것이며, 그리고 너희들 앞에 너희들을 막을 것이니라.

39 그것이 마지막 한 번에 너희들에게 넘겨야 할 환란이 있으며, 너희들이 마음의 고통이 있으며 마음의 변화가 있으며,

40 너희들이 무너질 수 있고 쓰러질 수 있는 그 시련을 한 번씩은 반드시 크게 겪을 것이니,

41 그때 눈을 감으라, 생각을 하지 말라, 그리고 나의 아들을 보라, 그리고 160권의 법전을 보라,

42 그리고 하늘을 향하여 너희들이 '그 모두를 다 역사했나이다, 아버지!' 그

기도를 할 수 있도록 그것만을 생각하
지 아니하면, 너희들이 한 번의 마지
막 그 환란에 무너지게 되어 있음이
니, 이를 넘기라, 그리고 이겨야 될 것
이니라, 사랑하는 나의 아들딸들아!
43 그것이 머지아니하여 한 번은 닥칠 것
이니라.

10,862 번째 하나님 말씀

2004년 5월 1일 07시 06분

1 사랑하는 나의 아들아!
2 "네, 아버님! 말씀하옵소서."
3 나의 모든 백성들이 '아! 그렇구나,
아! 이것이구나.' 그와 같은 탄성이 입
에서 나오기 시작할 때, 너희들의 모
두는 역사하기 시작한다 하지 아니하
였더냐?
4 너희들이 지금 나의 법전을 만들어 나
의 새로운 성경을 만백성에게 전하나,
5 그들이 이를 정독하지 못하며 하늘의
지혜가 열려 있지 못하며, 이것이 하
늘의 뜻이라는 것을 저희들이 받아들
일 수가 없는 것이니라.
6 지금까지 오고 있는 그들의 종교요,
그 믿음에 저 혼자만이 이것을 바로
바꾸고 바로 돌아설 수 있으나,
7 가족이요, 온갖 주변의 모두가 다 같
은 하나의 종파요, 종교로 가고 있는
것을,
8 이 법전을 읽음으로써 저 혼자만이 그
길에서 뛰쳐나와 바른길이요, 이 길을
간다는 것은 보통 용기가 아니면 그리
갈 수가 없으며 그들은 그와 같은 길
을 가려 하지 아니함이니라.
9 더욱이 나약한 자들이요, 그리고 그
가족 안에서 힘이 없는 자요, 그와 같
은 백성이 나의 법전을 접하여 읽었을
때,
10 '아! 이는 정녕 아름다운 말씀이라' 그
리 생각하며, 이는 저에게 도움이 되
며 제가 깨달음을 얻는다 하여도,
11 그들은 지금의 가정이요, 그 주변의
여건 때문에 그를 높이 들고 외칠 수
있는 용기가 없어, 그들은 그저 보통
책으로써 읽어서 지금 접어 둠이니,
그리하여 그들이 꽂아 뒀다 하였지 않
더냐?
12 그러나 이제 머지않아 나의 법전이 세
상에 알려지며 그와 같은 것이 이야기
될 때,
13 그들은 그를 들고 '아! 이것이었구나,
바로 이것이었구나!' 하고 나의 법전
을 다시 꺼내어 읽을 때는 정독할 것
이며, 그리고 그들은 생각이 달라질
것이며 용기 있는 자가 될 것이니라.
14 그리하여 그들이 나의 법전을 다시 꺼
내서 읽을 때, 어떠한 백성이 되는 줄
알겠느냐?
15 바로 너희들과 같은 그와 같은 백성으
로서 거듭남이니라.
16 그리하여 내가 너희들이 나의 법전을
전했을 때, 지금 죽어서 있는 것이 아
니요, 살아서 움직인다 하지 않았느냐?
17 '아! 이것이구나, 아! 그렇구나.' 그들
이 경탄하고 나의 법전을 읽을 때는
그 내용을 알 수 있으며 그 뜻을 알 수
있으며,
18 그들은 그 책장을 여는 순간에 깨우침
이 있을 것이며, 하늘의 지혜를 얻을

것이니라.
19 그와 같은 백성들이 나오기 시작할
때, 그 백성이 역사할 때, 모두가 지금
준비하고 있음이니라.
20 봄이 되면 한 송이의 아름다운 꽃을
피우기 위하여 노력하는 그 꽃봉오리
처럼,
21 그 나약한 꽃봉오리가 그 단단하고 단
단한 껍질을 쪼개고 그 속에서 하나
의 새싹이요, 하나의 아름다운 꽃이
나오지 않더냐?
22 감히 이룰 수 없으며 역사할 수 없으
나, 그들은 그 단단한 껍질이요, 겨우
내 저희들을 추위로부터 보호해 주었
던 그 단단한 막을 깨 버리고 쪼개 버
리고 세상에 나오는 그 위대한 힘을
보라.
23 그것만 봐도 너희들이 알 것이니, 바
로 나의 법전이 그와 같은 시대가 올
것이니라.
24 그때부터 지금 나가 있는 모든 법전은
모든 그들의 생명을 구원하는 것이요,
그들이 거듭나는 길을 역사할 것이니,
25 그들이 '앗! 그렇구나, 이것이었구나!'
하고 나의 법전을 손에 드는 그와 같
은 때가 올 것이니라.
26 그때를 대비하여 지금 나의 법전을 뿌
리고 또 전하고, 또 모든 이에게 너희
들이 나의 법전이 있음을 알리고 있음
이니라.
27 사랑하는 나의 아들아!
28 이제 그것이 머지않았음이니라.
29 너희들이 아무리 피지 아니하고 피지
못하게 한다 해도, 봄에 오는 그 꽃봉
오리요, 봄에 오는 그 새 이파리를 과
연 누가 막겠느냐?
30 그것이 바로 나의 법전이 세상에 전해
지는 이치요, 피어나는 것이니라, 사
랑하는 나의 아들딸들아!
31 모두의 승자는 너희들이요, 모든 영광
을 너희들은 볼 것이니라.

10,863 번째 하나님 말씀

2004년 5월 1일 07시 15분

1 사랑하는 나의 아들아!
2 "네, 아버님! 말씀하옵소서."
3 모든 믿음의 길을 가는 나의 백성들이
열심히 그저 믿고 '아멘!' 찾으며 주일
을 지키며 재물을 바치며, 저희들이
그와 같은 길로 그 믿음의 길을 가면
모두가 거듭나는 영광의 은혜를 얻을
수 있다는 것, 그와 같은 생각 속에 가
고 있는 것이 오늘의 백성들이 아니더
냐?
4 그저 열심히 믿으라, 열심히 나오라,
그리고 열심히 헌금이요, 재물을 내
라, 그저 열심히, 열심히 그것뿐이니
라.
5 그저 열심히 너희들이 믿는다는 것,
그리고 열심히 교회에 나온다는 것,
열심히 헌금을 낸다는 것,
6 그것이 너희들이 거듭나는 은혜를 얻
으며, 새로운 생명으로 거듭나는 그
영광을 얻는다 너희들이 그리 가르치
고 또 가르침이니,
7 모든 믿음의 길을 가는 백성들이 거기
에 연연하며 거기에 모두가 다 빠져
있음이니,
8 너희들은 큰 오류를 범하고 있으며 크

나큰 오산 속에서 지금 살아간다는 것
을 알아야 될 것이니라.
9 너희들 스스로 네가 왜 믿음의 길을
가며, 네가 믿음의 길은 어찌 가야 될
것이며, 창조주 나 여호와가 원하는
것은 무엇인가를 스스로 깨우치고 연
구하는 백성이 되지 아니하면 아니 됨
이니라.
10 그리하여 내가 나의 새로운 160권의
성경을 내려보내는 것이 바로 그러니
라.
11 믿기만 하면 되고, 바치기만 하면 되
고, 따르면 되고, 울고불고 '아멘, 할렐
루야!' 찾기만 하면 된다 하는 너희들
이 그 어리석은 믿음이요, 속을 모르
며 겉만 보는 그와 같은 믿음이기에,
12 내가 너희들 각자가 깨우쳐 '내가 왜
존재하며 내가 왜 믿음의 길을 가야
되는 것이며, 내가 믿음의 길은 어찌
가야 되는 것이며,
13 그리고 창조주 아버지께서 원하는 것
이 무엇이며, 내가 구원을 받을 수 있
는 것은 무엇인가?'
14 각자 너희가 깨우치라 하여 내가 세상
에 내려보냄이니,
15 이게 바로 너희들이 새로운 성령이요,
바로 지혜임을 알라, 사랑하는 나의
아들딸들아!
16 너희들이 인간 세상의 지혜를 가지고
노력하고 이룬다면, 인간 세상에서 사
는 데 남에게 뒤지지 않는 그와 같은
삶을 살 수 있을 것이니라.
17 그러나 너희들은 인간의 지혜로써는
인간 세상에 이루어지는 그 한계를
벗어나지 못함이니라.
18 정녕 너희들이 구원을 받고 나에게 오
르고자 하면 무엇을 알아야 되겠는가?
19 하늘의 지혜를 아는 자만이 하늘의 지
혜에 따라 사는 현명한 자이니, 인간
의 지혜를 가지고 너희들이 살아갈 때
남부럽지 않은 삶을 살듯이, 너희들
이 하늘의 지혜를 입어야 됨이니라.
20 하늘의 지혜를 얻는 자, 하늘의 지혜
를 입는 자만이 너희들이 거듭나는 그
와 같은 백성으로서 태어나게 됨이니
라, 사랑하는 나의 아들딸들아!
21 그러니 하늘의 지혜를 얻도록 노력하
라.
22 하늘의 지혜를 얻을 수 있는 자, 모두
를 비우며 '나'를 던졌을 때 성령이 임
하니,
23 성령이 임했을 때 너희들이 그 모두를
안다 하지 않았더냐?
24 이 세상의 모두를 창조하는 것이 무엇
으로 역사했겠느냐?
25 그 지혜요, 생각으로써 이루어지지 아
니하였더냐?
26 너희들이 이 세상의 과학의 발달이요,
모두를 이룬 것은 너희들이 손과 발
을 움직여서 만들기 전에 그 지혜가
있지 않더냐?
27 그 지혜로써 너희들이 먼저 계산하고
생각하며 그 지혜의 지식에 따라 너희
들에게 모두가 역사했음이니,
28 바로 지혜가 이와 같이 위대한 것이
며, 지혜보다 더 앞에 있는 것이 없다
는 것을 알라, 사랑하는 나의 아들딸
들아!
29 너희들은 마지막 시대에 나 여호와의
능력에 의하여 무엇을 이루고자 하는

그와 같은 생각을 하지 말며,
30 기적과 역사를 보고서 너희들이 그와
같은 것을 나로부터 내려 주기를 바라
지 말며, 그와 같은 것으로써 거듭나
고자 하는 그 믿음에서 벗어나라, 사
랑하는 나의 아들딸들아!
31 다만, 너희들이 이제는 아무것도 없음
이니라.
32 내가 새로운 성경이라 하여 내려보내
는 160권의 법전을 보고 깨우쳐 하늘
의 지혜를 얻으라.
33 그러면 하늘의 지혜의 중요함을 알게
될 것이니,
34 너희들이 바로 하늘의 지혜를 알고 하
늘의 문을 열 수 있으며, 하늘에 너희
들이 올 수 있으며, 하늘의 이치에서
너희들이 남에게 뒤지지 않는 삶을 살
수 있지 않겠느냐?
35 너희들을 내가 이해시키며 깨우치기
위해서 오늘에 지상의 지혜와 하늘의
지혜를 예를 들어 가르쳐 주었음이니,
36 지상의 지혜, 인간 세속의 지혜도 너
희들이 남부럽지 않게 살 수 있는 것
이 너희들의 그 지혜의 현명함이라 했
으니,
37 이제 하늘나라에서 너희들이 남에게
지지 아니하며 하늘에 오를 수 있는
것은 하늘의 지혜를 얻어야 되기 때문
이니라, 사랑하는 나의 아들딸들아!
38 제일도 너희들이 하늘의 지혜임을 잊
지 말라.
39 내가 너희들을 사랑하느니라.

10,864 번째 하나님 말씀

2004년 5월 1일 07시 27분

1 사랑하는 나의 아들아!
2 "네, 아버님! 말씀하옵소서."
3 나의 피조물 만백성 너희들이 세상에
살아 서로 남남이 만나 한 가정을 이
루며 너희들이 서로 사랑하며 살아가
느니라.
4 그러니 너희들이 서로가 만나 한 가정
을 이루는 그 삶도 어떠하더냐?
5 너희들의 마음이 합하여져 하나가 되
는 그 과정은 너희들이 행복 속에 살
아가는 것이요,
6 그리고 너희들이 화합하여 하나의 마
음이 되지 못한다면 너희들은 거기에
불화와 불행이 시작되는 것이 아니더
냐?
7 더욱이 너희들이 사랑하는 연인의 사
이에도 너희들이 그저 사랑하는 마음
으로써 충만한 것보다, 하나로 합하여
져 서로가 하나가 되었을 때만이 너희
들이 얼마나 아름다운 사랑의 그 뜻을
알지 않느냐?
8 그러니 마음이 하나가 되지 아니하면
아니 됨이니라.
9 이제 너희들이 마음이 하나가 된다는
것은 너희들이 모든 상처를 치유해 줄
수 있으며, 모든 아픔을 다스려 줄 수
있는 것이니라.
10 그러나 마음이 하나가 되지 아니하면
너희들은 어떠한 것이더냐?
11 남의 상처를 건드리며, 남의 아픈 상
처를 더 너희들이 아프게 만드는 그와
같은 것이 너희들이 서로의 만남이니,

12 인간 세상에 너희들이 만나고 만나서 살아가는 것도 그러하니라.
13 서로를 사랑하여 서로를 알 때, 서로의 뜻을 알 때, 그것이 하나가 되어 합해졌을 때는 너희들이 병든 자요, 죽어져 가는 자를 살릴 수 있는 위대한 힘이 거기에 있음이니라.
14 너희들은 나 여호와가 사랑이요, 베풀라 함이니, 사랑이라는 것은 그저 너희들이 주고받는 것, 그리고 소중히 여기는 그와 같은 한계에서 끝난다 하지 말라.
15 나 여호와가 역사하는 것이 사랑이라 했음이니,
16 너희들이 정녕 사랑하는 것은 너희들이 진심으로 사랑하고 바라본다면, 상대방의 상태를 너희들이 치료해 줄 수 있으며 상대방의 병을 낫게 해 줄 수 있는 것이 너희들의 사랑임을 알라.
17 서로 너희들이 따뜻하게 모두가 마음이 하나가 되어 진심으로 손을 잡을 때, 그 사랑의 흐름 속에 너희들이 거기에는 치유가 있으며 병의 치료가 있는 것, 그리고 마음의 치료가 되는 것을 알라.
18 너희들은 일찍이 듣고 깨우쳤느니라.
19 어미가 자식을 놓고 '모든 병아, 나아라. 그리고 나의 아들이, 나의 딸이 일어나게 해 달라.' 하며 부모가 자식을 어루만지면서 그저 아무런 의식 없이 드리는 그와 같은 말 한마디,
20 그것으로써 그 자식들이 치료될 수 있으며 그 아픔을 이길 수 있는 것을 너희들은 더러 보았을 것이니, 그것이 무엇이더냐?
21 그게 사랑이지 않더냐?
22 진심으로 어린 자식을 위하여 어머니가 만져 주는 그 손길이, 그 사랑이 진정한 사랑이라, 육의 사랑이니라.
23 그러니 그와 같은 사랑으로써 그 아이가 일어설 수 있으며 그 아픔을 벗어날 수 있는 것이, 너희들은 그것이 그저 그냥 이루어지는 것이라 생각할 것이니라.
24 절대 아니니라. 그는 위대한 치료를 했느니라.
25 그 어미의 사랑이요, 그 부모의 사랑이, 진실한 그 사랑이 바로 그 아이를 치료할 수 있으며 아픔을 치료할 수 있는 것이니,
26 사랑이 너희들이 모든 병을 치유할 수 있는 것이라는 것을 알라.
27 너희들이 의사로서 고칠 수 없는 것, 의사에게 가기 전에 너희들이 의사의 진단을 받아 치료를 받아서 너희들이 고쳐야 할 것,
28 그런데 너희들이 진심으로 사랑하는 마음으로 그 상처를 바라보며 진실한 마음으로써 그들을 사랑할 때,
29 그리고 하늘을 향하여 너희들이 하나도 오점이 없는 그와 같은 아름다운 마음으로 사랑할 때,
30 그 병이 치유될 수 있으며 그것이 나을 수 있으며 새싹이 날 수 있다는 것을 너희들은 모를 것이니라.
31 진정한 사랑이요, 그것이 그와 같이 위대함이니라.
32 너희들이 무엇을 베풀어 주고 육으로 보이는 것을 전해 주고 그것으로써 너희들이 사랑이요, 사랑이라는 것이 거

기서 끝난다 생각하지 말라.
33 모두를 다 치유할 수 있는 것이 거기
에 있느니라.
34 정녕 사랑하는 연인이 아프고 아플 때
서로가 손을 잡고 서로 사랑을 나눌
때, 거기에서는 너희들이 이미 치료가
시작되며 치료의 역사가 이루어지는
위대한 사랑이 있음을 알라.
35 모든 기적은 너희들이 사랑 속에서 이
루어진다는 것을 알라, 사랑하는 나의
아들딸들아!
36 그러니 내가 너희들이 모두가 화합하
여 하나의 사랑으로써 이루어지면, 서
로를 이해하고 서로를 바라다볼 때 너
희들이 그 치유를 할 수 있는 것이니
라.
37 사랑으로써 들여다보면 모두를 볼 수
있는 것이니,
38 사랑이 그와 같이 단순한 것이 아니
요, 이 세상의 모두에 관계되지 아니
하는 것이 없다는 것을 알라, 사랑하
는 나의 아들딸들아!
39 사랑하는 눈으로 바라보면 동물들도
알며, 말 못 하는 동물들도 너희들의
사랑의 눈빛을 앎이니라.
40 진심으로 사랑을 해 보라.
41 너희들이 욕심이라는 뿌리요, 계산된
것이 없는 마음에서 사랑하면 모두를
치유할 수 있을 것이니라.
42 어린 자식이 아프다 하여 어미가 문질
러 주는 그 손으로써 그 아이가 낫는
것, 그것이 바로 사랑의 위대한 치료
법이요, 사랑의 위대한 너희들의 의술
이니라.
43 그것이 반드시 있음이니라.
44 그러니 그 사랑을 찾도록 하라, 사랑
하는 나의 아들딸들아!
45 이제 나의 아들을 따르는 제자들이요,
나의 법전을 읽고 깨우치는 백성, 너
희들은 눈으로써 사랑을 보내어 모두
를 치유할 수 있는 그와 같은 능력의
위대함을 가져야 될 것이니,
46 그것이 아무것도 없는 깨끗한 마음의
사랑함이라는 것을 알라, 사랑하는 나
의 아들딸들아!
47 머지않아 너희들도 그 길을 갈 수 있
으며 그 경지에 도달할 수 있으니,
48 마음을 비우라, 사랑하는 나의 아들딸
들아!
49 화합해야 됨이니, 그를 잊지 말도록
그리하라.
50 더욱이 너희들의 사랑이 그와 같이
위대하며 사랑이 화합하여 서로가 모
두를 치유하고 살아갈 수 있을 것이니,
51 이제 내가 나의 아들을 통하여 내리는
너희들과 나의 사랑함이 어떠한 것인
가를 알겠느냐?
52 너희들이 나 여호와를 사랑하며 내가
너희들을 사랑하니, 화합해야 되지 않
겠는가?
53 그러니 너희들이 서로 사랑하는 마음
이 그 뜻을 알아야 되며 역사하는 것
을 알아야 됨이니라.
54 내가 원하는 것, 내가 역사하는 것을
너희들이 알며 그를 깨우치며 그를
들여다보는 그와 같은 백성으로서 너
희들이 거듭나야, 나와 너희들이 사랑
으로 하나가 이루어지며 화합이 되지
않겠느냐?
55 그러니 너희들이 이것을 알아야 될 것

이니라.
56 나는 너희들의 마음이요, 너희들의 뜻
을 다 알고 있음이니라.
57 이제 사랑하는 나의 아들딸들아, 그리
고 나의 아들을 따르는 제자 너희들은
남은 것이 딱 하나가 있음이니라.
58 나 여호와와 너희들이 화합하여 하나
가 되는 것이니, 그 사랑으로 하나가
이루어져야 됨이니,
59 서로를 이해해야 되며 서로를 들여다
보는 그와 같은 마음을 가지고 너희들
이 지금의 믿음의 길을 가야 될 것이
니라.
60 나의 십계명을 너희들이 정독하여, 그
것이 나 여호와의 뜻이니, 그를 행하
도록 노력해야 될 것이며,
61 내가 나의 아들을 통하여 내리는 160
권의 새로운 성경 이게 내 뜻임이니,
너희들이 이를 읽고 깨우쳐 이와 같이
변하는 삶이 나 여호와와 하나가 되며
화합되는 것임을 알라.
62 이제 모두가 나 너희들에게 가장 귀하
고 소중하며 너희들이 꼭 해야 될 것
은, 너희들과 내가 화합하며 하나가
되는 그 길만 남았음이니,
63 너희들이 나와 화합이 되지 아니하면
아니 되느니라, 사랑하는 나의 아들딸
들아!
64 그를 위하여 너희들이 가도록 그리하
라. 그리 너희들이 가야 될 것이니라.
65 너희들이 인간 세상에 남녀의 사랑도
그것이 무엇이더냐?
66 서로가 사랑하는 것, 서로가 사랑하는
마음이 나왔을 때, 서로가 선택되며
한 가정을 이루며 기쁨을 얻는 것이
아니더냐?
67 그러니 마음에 서로가 사랑하는 마음
이 없으며, 예쁘게 너희들이 볼 수 없
는 그와 같은 자세라면 무엇하겠느냐?
68 아무리 옷 단장을 예쁘게 한다 해도
너희들이 사랑하는 마음이 없을 때,
그를 받아들이며 더불어 가기를 원하
겠느냐?
69 절대 그렇지 아니할 것이니라.
70 그러니 나 여호와가 너희들을 사랑하
며 너희들이 나를 사랑함이니,
71 서로가 받아 줄 수 있는 소중한 사랑
이요, 하나가 될 수 있는 그와 같은 서
로를 사랑할 수 있는 것은, 상대방을
이해해야 되며 그가 원하는 것이 무
엇인가를 알아야 되니,
72 이제는 너희들이 내 뜻을 알아야 될
것이며, 내가 원하는 것이 무엇인가를
알 수 있으며, 그래서 너희들이 어찌
가야 하는 것인가를 알지 않느냐?
73 그와 같은 마음을 가지고 갈 때, 너희
들이 감춰진 보는 나를 볼 수 있음이
니 그리 알라.
74 그리하여 너희들이 그를 노력해도 볼
수 없으며 그를 이해할 수 없기에, 내
가 160권의 법전으로써 세상에 내려
보내는 것, 그리고 십계명을 내가 세
상에 내려보낸 것은 무엇이더냐?
75 너희들이 나를 알고 내 뜻을 알아, 너
희들이 나를 사랑하는 길을 알려 준
것이며, 나를 사랑하는 방법을 알려
준 것이며,
76 그리하여 너희들과 내가 화합하여 하
나가 되기를 바라는 것이 십계명을 내
린 의미요, 내가 새로운 성경을 내려

보내는 의미가 거기 있느니라, 사랑하
는 나의 아들딸들아!

10,865 번째 하나님 말씀

2004년 5월 1일 07시 33분

1 사랑하는 나의 아들아!
2 "네, 아버님! 말씀하옵소서."
3 모든 종교 집단이요, 지도자들이 지금
까지 흘러오는 것이 잘못됐다 내가
그리하지 않았더냐?
4 모두가 참진리요, 하늘에 오르는 길을
위하여 그것을 역사하며, 나 여호와의
뜻이 무엇인가를 너희들이 분별하고
자 노력하는 그와 같은 백성이 되도록
해야 되며, 그와 같은 것이 나에게 오
르는 백성이라 내가 그리하지 아니하
였더냐?
5 그러나 모든 종교 집단이요, 믿음의
길을 가는 자들이 무엇이더냐?
6 능력의 종이 되었으며, 능력의 노예가
되어 버린 자들이니라.
7 나 여호와가 내릴 수 있는 능력이요,
내가 이루는 그 능력에 대한 것만이
너희들이 모두를 바라보며 바치고 감
이니, 그것이 바로 너희들이 잘못된
자들이니라.
8 모든 목자들이요, 종교 지도자들이 예
언의 은사요, 방언이요, 병 고치는 것
이요, 너희들이 어떠한 은사요, 그와
같은 것을 구하고 얻고자 하여 너희
들이 오늘의 그 모든 믿음의 길을 가
는 백성들이니,
9 이게 바로 내 뜻에 가는 백성들이요,
나의 백성이라 할 수 있겠느냐?
10 그와 같은 역사의 은혜를 받고자, 기
적을 이루고자 하는 것이 종교 집단이
요, 지도자요, 울고불고하며 구원을
받은 백성이라 그리 말함이니, 나는
나 여호와의 그와 같은 짓을 하고 다
니는 백성들에게 뭐라 전했느냐?
11 '불법을 하는 자들아, 내게서 모두가
떠나라.' 나의 아들 예수가 얼마나 너
희들을 책망하였더냐?
12 그러니 이제 너희들은 들으라.
13 그와 같은 것으로써 너희들이 하늘에
오르는 길이요, 참진리의 역사하는 것
이 아님을 알라.
14 나의 아들 예수가 책망한 것을 너희들
이 몰라서 그러는가?
15 지금의 모든 종교 집단이요, 그 목자
라 하는 자, 그리고 지도자라는 자, 그
리고 신도라는 자들이 예언의 은사요,
방언의 은사요, 또는 병 고치는 은사
요, 그 모든 너희들이 힘의 은사요, 재
물과 능력을 부어 주는 그와 같은 은
사요,
16 그것을 바라고 그것을 이루기 위해 너
희들이 지도자도 지금 믿음의 길을 가
며, 신도요, 성도들도 그 믿음의 길을
가는 자들이니,
17 어찌하여 너희들이 지금 나의 백성이
라 말하며, 나의 아들 예수가 너희들
의 모두를 씻어 준 대속자라 대속인이
라 그리 말하느냐?
18 나의 아들 예수가 말한 그와 같은 행
위를 하는 자, '불법하는 자들이여, 내
게서 떠나라!' 나의 아들 예수가 책망
하며 너희들에게 꾸짖었던 그 대목을
가지고, 그러면 지금 너희들은 어찌하

여 역사하는가?
19 새로운 시대요, 새로운 변화가 역사하
는 것이니, 너희들은 그것을 바라며
그와 같은 것으로써 너희들이 믿음의
목표를 두며 믿음의 길을 가서는 되는
것이 아니니라.
20 이제는 새로운 성령으로써 임할 때요,
은사로써, 은혜로써 너희들이 모든 은
혜를 받을 수 있는 것, 그리고 그와 같
은 것을 가지고 너희들이 깨우치는 삶
이 아니면 절대 아니 됨을 알아야 될
때가 되었음이니라.
21 이제 그러니 너희들이 나에게 오를 수
있는 길은 너희들이 새로운 성경이요,
그리고 성령으로 임하는 것이요, 그리
고 너희들이 하늘의 지혜를 얻는 것이
니,
22 그러니 그것을 얻지 못하는 자, 그걸
바라보지 못하는 것이 나의 사랑하는
아들딸 너희들이니,
23 마음을 비우지 못하며 저 자신을 다스
리지 못하기 때문이니라.
24 그 지혜가 부족한 백성들에게 지혜를
내려 주며, 성령이 부족한 백성들에게
성령을 내가 임하도록 하는 것이 나의
160권 법전의 그 위대함을 알라 그리
전하라.

10,866 번째 하나님 말씀

2004년 5월 1일 07시 37분

1 사랑하는 나의 아들아!
2 "네, 아버님! 말씀하옵소서."
3 이제 너는 너의 제자들을 이끌어 가며
너희들이 가야 할 길이 무엇인가를 알
겠는가?
4 "네, 아버님! 제가 다 알 수는 없사오
나, 한 가지는 깨닫고 있사옵나이다."
5 그것이 무엇이더냐, 나의 아들아!
6 "네, 아버님!
7 천사가 되되, 지혜 있는 천사가 되어
야 한다는 것, 천사도 지혜가 있는 천
사로서 저희들이 변해야 되는 것,
8 저의 제자들과 아버님의 법전을 읽은
백성들, 새로운 성경을 접한 그 백성
들이 해야 할 일이며 살아갈 길은, 우
선 지혜가 있는 천사가 되는 그와 같
은 모습으로 변화되는 것,
9 이것이 저희들의 급선무며 행하여야
할 것이라 그리 생각되옵나이다."
10 사랑하는 나의 아들아!
11 내가 무어라 하였느냐, 이 지상에서
너희들이 천사 소리를 듣는 자 천사의
날개를 달아 나에게 오를 수 있다 했
듯이,
12 네 말대로 너희들은 이제 지상의 천사
요, 그리고 그 천사들도 지혜로운 천
사요, 지혜가 있는 천사가 되어야 할
것이니라.
13 그러니 각자 너희들에게 자기가 가장
아름다운 지혜의 천사의 그림을 그리
며, 그 그림을 그려 놓아 저희들이 그
리 살아가도록 그리하라 전하라.
14 내가 너희들 각자가 세상의 가장 아름
다운 꽃이 되라 하였음이니, 너희들이
그 아름다운 꽃이 가장 아름다운 너희
들의 지혜요, 그리고 아름다운 천사의
모습이라는 것, 그리고 소중한 지혜를
너희들이 얻도록 그리하라.
15 그리하여 나의 아들을 따르는 제자들

이요, 그리고 나의 법전을 읽은 백성
들에게 내가 엄히 명함이니, 이것은
내가 너희들에게 내리는 명령이니라.
16 그리고 이는 변하지 않는 명령이요,
이를 거역하는 자, 너희들이 나를 볼
수 없음이니라.
17 지혜 있는 천사로서 변하라.
18 그리고 모든 사람들에게 너희들이 지
혜 있는 자가 되라 그리 말하라.
19 너희들에게 지혜라는 것이 얼마나 소
중하고 귀하면, 내가 너희들이 비둘기
와 같은 마음이요, 뱀과 같은 지혜를
얻으라 하였겠느냐?
20 그러니 너희들이 나의 뜻이요, 하늘의
뜻의 지혜가 얼마나 귀하고 소중한 것
이면, 사탄의 그 지혜까지도 너희들에
게 그 지혜는 그와 같이 너희들이 현
명함을 얻어 깨우치라 내가 전한 것이
아니더냐?
21 그러니 너희들의 그 지혜가 두렵고 무
서우며, 그 지혜가 모두를 역사한다는
것을 너희들에게 깨우쳐 줌이니라.
22 그러니 너희들의 그 지혜가 그리 두렵
고 무서운 것이며 귀중한 것이니라.
23 지혜가 없는 자 알 수 없으며, 지혜가
없는 자 깨달을 수가 없기 때문이니,
24 이제 사랑하는 너의 제자들이요, 그리
고 나의 아들딸, 너희들은 내가 엄히
명했음이니, 이제는 너희들이 지혜 있
는 천사로서 거듭나도록 그리하라.

10,867 번째 하나님 말씀

2004년 5월 1일 07시 42분

1 사랑하는 나의 아들아!
2 "네, 아버님! 말씀하옵소서."
3 성령을 거역하며 성령을 위배하는 자,
그를 내가 용서하지 못하며, 그는 용
서받지 못한다 하였음이니라.
4 그러니 내가 너를 따르는 제자들이요,
나의 법전을 읽고 깨우친 백성, 너희
들에게 말하느니라.
5 나의 아들을 찾아오며 나의 법전을 읽
고 깨우쳐 나의 성전에 오는 백성, 너
희들이 부귀와 영화를 위하며 너희들
의 어려운 것을, 너희들의 육의 세상
에 있는 것을 해결하고자, 그를 풀고
자, 너희들이 그와 같은 생각을 가지
고 나의 아들에게 오지 말며, 나의 성
전에 오지 말라.
6 너희들이 그와 같은 마음을 가지고 나
의 아들을 찾으며 나의 아들과 대화할
때, 그건 무엇이더냐?
7 너희들이 나의 아들의 마음에 파장을
이루는 것이기에, 너희들이 나의 아들
로부터 내리는 이 성령을 세상에 내려
오지 못하도록 하는 것이니, 그것이
바로 얼마나 무서운 성령 훼방죄인 줄
알겠느냐?
8 내가 나의 아들의 마음에 파장을 이루
지 말라 하였음이니,
9 나의 아들이 잘못 가는 것, 잘못 역사
하는 것, 너희들이 그를 다스리는 것
은, 그것은 나의 아들의 마음에 파장
을 이루는 것이 아니요, 너희들이 잘
못됨이 아니니라.
10 다만, 네 욕심이요, 네 생각을 바닥에
깔고 너희들이 그와 같은 짓을 했을
때, 그것은 바로 나의 아들에게 성령
의 역사하는 것을 훼방하는 죄니, 그

보다도 더 큰 죄가 없음을 알라.
11 나의 아들이 잘못 가고 잘못 다스렸을
때 너희들이 그를 채찍으로 휘두르는
것은 당연한 것이니라.
12 그러나 너희들이 채찍을 흔들 자격이
있는 것인가, 그리고 너희들이 과연
네 마음이요, 개인의 욕심이요, 개인
의 생각이 거기에 있지 않은가, 이것
을 알고 너희들이 바로 행하여야 될
것이니라.
13 그리하여 너희들이 나의 아들이 역사
하는 것, 그리고 나의 아들이 너희들
에게 성령이 임하여 성령으로써 전하
는 것, 그 모두를 훼방하는 것을 하지
말라는 것은,
14 너희들이 불법적인 행동이요, 그리고
너희들이 육의 어렵고 힘듦을 해결하
고자, 부귀와 영화를 얻고자, 무엇인
가를 얻고자 하는 마음으로 나의 아들
에게 접근하지 말며 나의 성전에 오지
말며 나의 아들과 대화하지 말라 함이
니라.
15 나의 아들은 그와 같은 능력도 없으며
그와 같은 것을 역사할 수 없음을 너
희들은 알라.
16 다만, 나의 아들은 죽은 자로서 거듭
났음이니,
17 내가 내리는 성령을 받아 160권을 전
하는 그와 같은 순수하고 아름다운 마
음 사세로써 그는 그저 존재할 것이
며, 그리 가는 것이요,
18 너희들과 기적이요, 이적을 이루며 너
희들에게 부귀영화를 주며 재물을 주
며, 너희들의 인간 세상의 어렵고 힘
든 것을 풀어 주며 들어주며, 그리하
여 너희들이 그로부터 탈출하는 그와
같은 역사를 하는 것은,
19 나의 아들은 그와 같은 능력이요, 그
와 같은 것은 아무것도 없으며 그와
같은 것을 있지 아니함이니,
20 다만 귀하고 소중한 160권의 법전이
세상에 나오는 데 나의 아들 앞에 너
희들이 파장을 이루지 말며, 마음을
흔들어 놓지 말며, 그가 무너지도록
그리하지 말라.
21 그것이 너희들의 성령 훼방죄이니라.
22 다만, 나의 아들이 잘못 갈 때 너희들
이 가죽채로 휘두르는 것은 말하지 아
니하나,
23 그것도 너희들이 그 기초의 원심의
순수한 마음이 아니요, 계산된 욕심이
요, 제 나름대로의 생각이요, 저를 먼
저 생각하는 것으로써 욕심의 뿌리에
서 너희들이 그리 흔들면,
24 그것 또한 너희들이 불법적인 생각이
요, 네 욕심이요, 너를 앞에 놓고 너희
들이 이야기하는 것, 그와 같은 행동
을 하는 것이 나의 아들을 통하여 내
리는 160권의 법전이 세상에 내려가
는 성령을 너희들이 방해하는 자이니,
25 너희들이 이를 잘 깨우쳐 행하여 그
와 같은 죄를 짓지 말라 그리 전하라.
26 너희들은 이제 머지않아서 모두가 다
이룰 문턱에 와 있음이니라.
27 그 문턱 하나만 넘으면 되는 여기에
도 너희들 스스로 그를 다스리지 못하
며 변하지 못하여 제 욕심이요, 제 생
각을 놓고, 너희들이 나의 성령 160권
의 마지막에 가는 그 길을 방해하지
말라.

28 너희들은 그와 같은 이치를 깨달아야
됨을 잊지 말라.
29 지금의 너희들이 어떠한 형태로써 가
고 있으며 너희들의 마음의 한계는
어디인가, 너희들의 자세는 어디인가,
너희들이 이제 점검하고 들여다보지
아니하면 아니 되는 것이니라, 사랑하
는 나의 아들딸들아!

10,868 번째 하나님 말씀

2004년 5월 2일 06시 12분

1 사랑하는 나의 아들아!
2 "네, 아버님! 말씀하옵소서."
3 너희들이 살아가는 하루의 삶이요, 너
희들 인생의 삶 그 자체를 우울한 마
음으로써 살아가는 것과 너희들이 밝
고 명랑한 삶을 살아가는 그 백성과의
차이가 무엇인 줄 알겠느냐?
4 너희들이 밝고 명랑하게 살아가는 백
성은 한 점의 부끄럼이 없이 살아가는
그와 같은 길을 갈 수 있는 백성이나,
5 너희들이 밝고 명랑하지 못하며 우울
하며 자신의 마음에 부담을 안고 살아
가는 그와 같은 백성, 매사에 웃음을
모르며 매사에 적극적인 모습이 아닌
그와 같은 삶을 사는 백성, 스스로 너
희들이 그와 같은 삶을 엮어 가는 것
이라는 것을 알아야 될 것이니라.
6 이제 너를 따르는 제자들이요, 나의
법전을 읽고 깨우친 만백성 그들에게
너는 전하라.
7 너희들이 하루의 인생의 삶을 살 때,
육의 세상의 삶을 살 때, 밝고 명랑한
마음이요, 한 점의 부끄러움이 없는
그와 같은 마음으로 당당한 모습으로
살아가도록 그리하라.
8 거기에서 너희들이 모든 새로운 역사
가 이루어질 것이며, 새로 모두가 이
루어진다는 것을 잊지 말라.
9 너희들이 '나는 낙오자요, 나는 패자
라' 생각할 때, 그는 낙오자요, 패자의
길을 갈 수밖에 없느니라.
10 그러나 태양을 보며 '나는 미래를 이
룰 수 있어 미래의 꿈이 있으며, 그리
고 내 꿈은 반드시 실현될 수 있다.'
생각하고 가는 백성, 그는 반드시 미
래에 생각했던 꿈을, 계획했던 꿈을
이룰 수 있는 것이니라.
11 너를 따르는 제자들이 마음을 털지 못
하며 마음을 비우지 못하기에, 너희들
이 밝고 명랑한 그와 같은 삶을 살지
못하는 것이니라.
12 내가 이 세상에 내려 준 그 모두를 너
희들이 취하고 느끼고 사는 백성이 되
라 하지 아니하였더냐?
13 그러니 발랄하고 명랑하며 즐거운 삶
을 사는 것도 또한 너희들이 나로부터
받아 나간 인생의 삶이니라.
14 그러니 밝고 명랑한 마음으로 사는
자, 너희들이 나에게 부끄러운 삶을
살지 아니하며, 하늘을 향하여 한 점
의 부끄러움이 없는 그와 같은 삶을
살 수 있는 마음이 될 수 있을 것이니
라.
15 너희들 자신이 우울하며, 너희들 마음
이 찌들어져 있으며, 너희들 자신이
세상사의 모두를 긍정적으로 보지 못
하며 부정적으로 생각하는 것,
16 그리고 그와 같은 마음으로써 너희 자

신을 우울하게 만들며 너희 자신을 슬프게 만드는 것이니,

17 명랑하고 밝은 마음으로써 너희들이 살아가도록 그리하라 전하라.

18 너희들이 그 속에서 새로움이요, 그리고 그 속에서 미래를 이룰 수 있으며, 미래의 꿈을 실현할 수 있는 그와 같은 삶을 살 수 있으며,

19 밝고 명랑한 자 또한 당당한 모습으로 살아갈 수 있을 것이니,

20 이제 나의 아들을 따르는 제자들이요, 나의 법전을 읽고 깨우친 백성, 너희들은 밝고 명랑한 마음으로, 당당한 모습으로 살아가는 나의 백성의 삶을 살도록 그리하라.

21 그것도 내가 너희들에게 내가 내린 축복이니라.

10,869 번째 하나님 말씀

2004년 5월 2일 06시 17분

1 사랑하는 나의 아들아!

2 "네, 아버님! 말씀하옵소서."

3 나의 사랑하는 아들딸 너희들이 경지에 오르면 오름으로써 너희들이 마음의 중심이요, 마음의 무게를 너무 많이 갖고 살아서는 아니 됨이니라.

4 너희들이 모든 경지에 오르면 오를수록 너희들의 마음이 맑음이요, 세상을 보는 마음이 밝아심이니,

5 너희들이 그 맑음을 아는 것처럼 그와 같이 밝고 맑음의 마음이 너희들이 그 세상을 보는 것이요, 너희들의 마음이니,

6 너희들이 밝고 명랑한 그와 같은 마음 자세로써 세상을 살아가도록 그 마음을 열고 가야 될 것이니라.

7 너희들이 한숨을 쉬는 자, 한숨을 쉬는 일이 생기며 한숨이라는 것에서 고통스러움이요, 슬픔이 밀려오며 그를 막을 수 없는 것이니, 스스로 네 마음에서 모두를 자초하는 것이니라.

8 이제 맑고 밝은 너희들의 마음이요, 경지요, 그리고 세상을 보는 마음이 열리는 너희들은 그와 같이 너희들 자신이 맑고 깨끗한 것처럼 밝고 맑은 마음으로 당당한 모습으로써 세상을 살아가지 아니하면 아니 될 것이니라.

9 그게 지도자가 가야 할 길이요, 지도자의 삶이라는 것을 잊지 말라.

10 슬프면 너희들이 슬픔을 스스로 만드는 것이며, 괴로우면 너희들이 스스로 괴로움을 만드는 것이 나의 피조물 만백성 너희들이니라.

11 그러니 너희들이 말을 하는 것, 너희들이 행동하는 것도, 슬픈 자는 슬픈 말이요, 슬픈 행동만을 하게 되어 있으며,

12 미래가 있는 백성은 미래가 있는 이야기를 하며 미래가 있는 밝은 삶을 살아가는 것이니라.

13 그러니 지도자란 너희들이 밝은 마음이요, 맑은 마음으로 세상을 바라보며 그와 같이 경지에 오르면 오를수록 너희들 자신이 그만큼 맑고 밝은 마음으로써 세상을 살아가는 그와 같은 삶을 살도록 그리 전하라.

14 그것이 모든 백성을 지도하는 자가 갖춰야 할 하나의 덕목임을 알며,

15 내가 너희들에게 즐겁고 행복한 세상

을 살라 했지, 너희들에게 슬픔이요, 한숨짓는 그와 같은 세상을 살라 한 것이 아니니,
16 그 또한 모두를 너희들이 누리는 그 중의 하나의 덕목임을 잊지 말라 그리 전하라.
17 슬픔은 너희들이 슬픔을 만드는 것이요, 기쁨은 너희들이 기쁨을 만드는 것이니라.
18 이제 너희들이 밝고 맑은 마음으로 세상을 바라볼 수 있는, 그리고 너희들이 그만큼 경지에 올랐음이니, 너희들의 마음도 그와 같이 밝고 명랑한 삶을 살아야 될 것이며,
19 거기에 버금가는 똑같은 너희들의 행동이요, 말이요, 그 삶에서 너희들이 그를 지키고 살아갈 수 있는 모든 너희들의 자세로써 삶을 바꾸라 그리 전하라.

10,870 번째 하나님 말씀

2004년 5월 2일 06시 25분

1 사랑하는 나의 아들아!
2 "네, 아버님! 말씀하옵소서."
3 새로운 역사요, 새로운 시대를 열어가는 새로운 성경이요, 그리고 나 여호와의 뜻을 지금 어느 나라요, 어느 곳에서 쓰여지고 역사하고 있는가?
4 너희들은 새로운 성경이 어느 나라의 언어로 지금 내려오며, 어느 나라에서 그것을 쓰고 있으며, 그리고 지금 누가 그것을 쓰고 있는 것인가, 너희들은 한번 그를 생각해 보았는가?
5 지금 모두가 새로 나는 것이요, 시작하는 그 모든 역사의 현장이 바로 동양의 작은 나라에서 이루어지고 있는 것이 아니더냐?
6 그리고 그 동양의 작은 나라 중에서도 너희들이 선택된 백성들이니,
7 너희들이 그 큰 은혜요, 영광을 어찌 너희 스스로 그를 모르며 그 은혜와 감사함을 모른단 말이더냐?
8 너희들이 지금 하나의 역사책을 쓰는 것, 그리고 하나의 저서를 내어 세상을 깨우치는 것, 그와 같은 모든 역사의 기록되는 책들도 수없이 많이 있음이니라.
9 그러나 지금 내가 나의 아들을 통하여 160권의 새로운 성경을 내려보내는 것은 무엇이더냐?
10 너희들이 새로 시작하며 거듭나는 것, 그리고 너희들이 다음의 세상에 진입할 수 있는 그 모든 새로운 그 위대한 역사를 지금 동양의 작은 나라에서 동양의 언어요, 동양의 글로써 모두가 지금 쓰여지고 내려온다는 그 위대한 사실이요, 이 엄청난 역사를 너희들이 과연 어찌 생각하는가?
11 너희들이 그리 소홀히 생각하며 그리 소홀히 다룰 수 있는가?
12 동양의 작은 나라의 백성 너희들은 들어야 될 것이니라.
13 구약과 신약 그 모두를 통합하여 마지막 시대에 나 여호와가 새로운 성경을 여기서 역사함이니,
14 그것이 바로 동양의 작은 나라에서 이를 쓰고 있음이니, 이 역사의 현장이 얼마나 위대한 것인가를 생각해 보았는가?

15 그와 같은 역사가 이루어지거늘, 감히
이게 사탄이요, 이단이요, 마지막 시
대에 거짓 선지자가 나와 역사한다
너희들이 그리 말함이니, 너희들이 어
찌 그러한 말을 할 수 있단 말이던가?
16 인간의 능력이요, 인간의 한계로써 너
희들이 하늘의 뜻을 이리 기록하고
전할 수 있으며, 너희들이 만들어 갈
자신이 있단 말이더냐?
17 그 누구도 이를 역사할 수 없으며 이
를 만들어 갈 수 없음이니라.
18 그러니 정녕 새로운 성경이 지금 동양
의 작은 나라의 언어요, 동양의 작은
나라에서 새로이 쓰여지고 있으며, 새
로 너희들이 편성하여 지금 만백성을
구하는 그와 같은 역사가 이루어지고
있거늘,
19 어찌하여 이 감사한 은혜에 너희들이
모든 감사하는 기도를 드리지 아니하
고 감히 나의 새로운 성경 앞에, 그리
고 나의 아들을 놓고 사탄이요, 이단
이요, 마귀요, 그와 같은 말을 할 수
있단 말이던가?
20 너희들이 어찌하여 받을 수 없는 그
큰 축복의 은혜를 받으면서도 그를 모
르며 감사한 줄을 모르고 살아가느냐?
21 너희들이 머지않아 그를 다 알게 될
것이니, 너희들이 깨달았을 때, 나의
새로운 성경을 접하지 아니한 동양에
사는 이 나라의 민족 백성 너희들이
이 위대함이요, 감사함을 모르고 이를
욕하고 찢어 버리는 그와 같은 행위를
하고 살다 나에게 왔을 때,
22 어떠한 결과가 역사하는 것인가를, 너
희들이 그를 어찌 다 감당하려 하느냐?
23 내가 다시 한 번 전하느니라.
24 나의 아들을 따르는 제자들이요, 나의
법전을 읽고 깨우친 만백성, 너희들은
알라.
25 새로운 모든 역사를 기록하는 것, 새
로운 모두를 다 지금 다시 편성하는
것, 그리고 너희들이 구원의 길이요,
하늘에 오르는 그 모두를 원하는 것,
그리고 하늘의 뜻을 내려보내는 것,
26 그 모두를 다 이 동양의 작은 나라에
서 지금 역사하고 있으며,
27 그중에서 선택된 너희들이 그 모두를
만들고 나의 아들과 더불어 감이니,
그것으로써 너희들이 무엇을 생각하
며 그것으로써 너희들이 무엇의 고통
과 시련이라 말할 수 있겠는가?
28 이 위대한 현장의 주역인 너희들이 누
구인가를 다시 한 번 생각해 보도록
그리하라.
29 그러니 내가 너희들에게 밝고 명랑한
삶이요, 당당한 삶이요, 그리고 한 점
의 부끄러움이 없는 모습으로써 살라
함이니, 사랑하는 나의 아들딸들아!
30 이 은혜의 영광을 깊이 깨우쳐 너희
들이 어찌 가야 되며 어찌 처신해야
되며 어찌 살아가야 될 것인가를 너
희들부터 변화되는 삶을 살 것이며,
31 그리고 동양의 모든 백성 너희들은 들
으라.
32 가장 먼저 너희들이 나의 새로운 성경
을 접하며, 너희들이 가장 먼저 이해
하기 쉽고 가장 깨우치기 쉬운 그와
같은 은혜를 입고 있으면서도 이를 모
르는 어리석은 백성 너희들은 돌이켜
생각할 때가 되었느니라.

33 만일 너희들이 강대국이요, 더 큰 나
라요, 다른 민족으로 하여 그 민족의
문화요, 그 글로써 너희들이 새로운
역사가 지금 편성되며 새로운 모든 것
이 쓰여지는 그와 같은 현장에 있다
면, 과연 너희들이 지금 무엇을 깨달
을 수 있으며 무엇을 이해하겠는가?
34 수천 년 수백 년이 지나 너희들의 동
양의 작은 나라에 와 전해지는 그와
같은 역사가 이루어질 것이니라.
35 그 모두를 너희들로부터 시작함이니,
너희들이 아침에 뜨는 태양보다도 더
위대한 역사를 이루며,
36 그 현장이 동양의 작은 나라라는 것을
너희들이 어찌 모른단 말이더냐, 어리
석은 백성들아!
37 오늘 내가 나의 아들을 통하여 너희들
의 언어요, 글로써 쓰여지며, 새로운
역사를 기록하는 것을 여기 동양의 작
은 나라에서 역사한다는 것을 감사한
마음으로 깨닫도록 그리해야 될 것이
니라.

10,871 번째 하나님 말씀

2004년 5월 2일 06시 30분

1 사랑하는 나의 아들아!
2 "네, 아버님! 말씀하옵소서."
3 실타래라는 것이 얽히고설키면 너희
들이 그걸 풀기가 너무나 힘들고 어려
우며 그리고 너희들은 그를 풀 수 없
을 것이니라.
4 그러니 바로 너희들이 살아가는 삶이
그러하니라.
5 내가 나의 아들을 통하여 경지에 오
른 나의 아들을 따르는 백성들, 그리
고 새로운 성경이요, 참진리를 읽고
깨우친 너희들은 밝고 명랑한 삶을 살
라 그리하였음이니,
6 너희들이 그 밝고 명랑한 삶으로써 너
희들의 삶을 바꿨을 때 모든 광명천
지의 밝음을 볼 수 있기 때문이니라.
7 너희들이 슬픈 마음을 갖는 것, 괴로
운 마음을 갖는 것, 그리고 너희 자신
의 마음을 다스리지 못하여 스스로 고
통을 갖는 자, 그리고 번뇌하는 자, 그
리고 인간의 생각으로써 고민하는 것,
이 모두가 너희들이 얽히고설키는 생
각으로써 살아간다면 그것이 무엇이
더냐?
8 얽히고설킨 그 실타래와 같으니, 그를
풀 수 없는 것이니라.
9 너희들이 온갖 생각을 다하며 너희
나름대로 인간의 지혜로써 생각한다
면, 그게 바로 얽힌 실타래처럼 너희
들이 이리 얽히고 저리 얽힘이니, 너
희들이 그 해법을 찾을 수 없음이니라.
10 그러니 너희들이 밝고 명랑한 삶의
한 길을 살아가며, 너희들이 그와 같
은 마음으로 살며, 하늘을 향하여 한
점의 부끄러움이 없는 명랑한 삶을 사
는 것,
11 그것은 너희들이 얽히고설킨 실타래
가 아니요, 곱게 감긴 그 실타래를 푸
는 것과 같으니, 곱게 감긴 그 실타래
야말로 풀기가 얼마나 좋고 편하더냐?
12 그러니 너희들의 마음을 곱고 아름다
운 마음으로 하나하나 너희들 자신을
감아 가라.
13 그리하다 보면 그것은 잘 풀리는 실

타래처럼 너희들이 모두를 다 역사할
것이며 모든 뜻을 이룰 수 있을 것이
니라.
14 그러니 너희들이 인상을 쓰는 얼굴의
모습이요, 슬픈 모습을 하는 그 얼굴
이요, 그리고 마음으로 괴로워하는 것
이요, 자기 자신을 다스리지 못하는
것이요,
15 자기 스스로 제 성질을 이기지 못하며
제 마음을 이기지 못하며, 그리고 저
자신이 슬픔이요, 저 자신이 고통스러
운 것, 이 세상에 살아가는 삶이 저만
이 고통스러움이요, 저만이 슬프다는
것,
16 온갖 것, 너희들이 생각하는 것이 뒤
죽박죽 얽히고설키는 것이 바로 무엇
이더냐?
17 풀 수 없는 실타래가 얽히는 것처럼
너희들의 인생이요, 너희들의 육의 삶
이요, 하늘에 오르는 길이요, 구원의
길도 너희들이 꼬이고 또 꼬이고 얽히
고설키는 그와 같은 삶을 살게 됨이니,
18 그를 풀 수 없는 것이 결국 무엇이더
냐?
19 나에게 오를 수 없는 그와 같은 삶을
사는 것이니라.
20 밝고 명랑하며 한 점의 부끄러움이 없
는 삶을 살아가는 곳에 너희들의 모두
를 생각하라.
21 그리고 내가 너희들에게 왜 그와 같
은 마음을 갖고 살라 하느냐?
22 나로부터 은혜를 받은 것, 너희들이
나의 새로운 성경을 접한 것, 이를 읽
고 깨우치는 것, 그것으로써 너희들은
세상에 더 이상 얻을 수 없고 귀한 것
이 없는 것을 다 얻고 가졌거늘,
23 그와 같은 것을 다 가지고도 너희들
이 슬프며 괴로워하며 네 인간의 잣
대를 가지고 너희들이 모두를 생각하
는 삶을 산다면, 너희들이 얽히고설키
는 실타래를 만드는 것이니라.
24 곱게 감아 놔 곱게 풀 수 있는 실타래
를 너희들이 집어던지고 얽히고설키
게 만들어 놓음이니,
25 그를 쓰지도 못하며 너희들이 사용하
지도 못하며 감지도 못하고 끊어 버리
고 잘라 버려야 되는 그와 같은 너희
들의 인생의 형국이니,
26 너희들의 삶이 곱게 감긴 실타래처럼
너희들이 밝고 명랑한 길을 오는 그와
같은 삶을 살며,
27 그것이 너희들의 인생의 육의 삶을
정리 정돈하는 삶이요, 하늘에 오르는
그 길을 볼 수 있는 길이니라.
28 나의 새로운 성경을 접한 것을 은혜
요, 축복이라 진심으로 생각한다면,
너희들은 밝고 명랑한 그 길 외에는
어떠한 것도 생각해서는 아니 될 것이
니라.

10,872 번째 하나님 말씀

2004년 5월 2일 06시 39분

1 사랑하는 나의 아들아!
2 "네, 아버님! 말씀하옵소서."
3 너희들이 진정으로 사랑하는 그 사랑
은 너희들의 육의 병을 고치며 정신의
병을 치료할 수 있는 것이 너희들이
사랑의 그 진정한 길을 가는 백성이라
그리하였음이니라.

4 진실된 그 사랑은 모두를 역사한다 내
가 그리 전하지 아니하였더냐?
5 또한 너희들은 어찌하였느냐?
6 너희들이 악과 선의 그 모두도 너희들
의 마음속에 달렸으며 네 마음에서 모
두 너희 스스로 좌우하는 것이라 내가
그리 가르쳐 주지 아니하였더냐?
7 그러니 너희들이 바른 삶이요, 남에게
뒤지지 않는 그와 같은 육의 세상의
모든 삶을 사는 것, 그것도 다 너희들
의 마음에 달렸음을 알아야 될 것이니
라.
8 너희들의 사랑하는 그 마음이 육의 병
자요, 정신적인 병자요, 마음의 병자
를 모두 치료할 수 있으며,
9 그것이 바로 너희들의 그 사랑이며,
너희들의 마음의 위대함이라 하지 않
았더냐?
10 그러니 너희들이 구원을 받고 못 받는
것 또한 마음에 달렸으며 너희들의 마
음으로써 모두가 이루어진다 하지 아
니하였더냐?
11 그러니 너희들이 이 세상에서 남에게
뒤지지 않는 삶을 사는 것, 그리고 너
희들이 제자리를 지키고 사는 그와 같
은 삶, 그 모두도 너희들의 마음에 달
렸음을 알아야 될 것이니라.
12 내가 나의 아들을 통하여 너희들에게
한숨짓는 일을 하는 자 한숨짓는 일이
생기며,
13 밝고 명랑한 삶을 사는 자 밝고 명랑
한 미래가 열린다 하지 않았더냐?
14 이것이 다 무엇이더냐?
15 너희들의 마음에 달렸으며 마음에서
역사한다는 의미라는 것을 너희들은
알라.
16 어찌하여 사랑하는 나의 아들을 따르
는 선택된 제자들이요, 그리고 내가
불러 쓰는 백성들이요, 그리고 나의
법전을 읽는, 지혜까지 깨달은 백성
너희들이,
17 어찌하여 내가 하나를 가르치면 열 개
를 만들어서 쓰지 못하며 너희 것으로
만들지 못하고,
18 너희들이 지금의 믿음의 길을 오는 그
백성들처럼 한 줄 가르쳐 주면 그것이
그저 하늘에 오르는 길이요, 그것이
변화되어서도 아니 되며, 또 변화되는
역사를 이루어서도 아니 되며,
19 앞으로 나아가도 아니 된다는 그와 같
은 종교 집단 지도자들에게서 배운 그
신도들처럼, 어찌하여 너희들이 미래
를 생각하며 한 발짝 앞에 나아가 깨
우침을 얻지 못하는가?
20 천 가지, 만 가지 다 내가 하나의 법도
를 너희들에게 내림이니, 거기에 모두
가 속해 있는 것을 너희들은 알아야
될 것이니라.
21 너희들의 마음이 모두를 치료할 수 있
다면, 그 마음의 모두를 다 이루고 못
이루는 그 위대한 역사가 거기 있다는
것을 너희들은 깨닫지 못하고, 그저
하나면 하나라는 그와 같은 믿음으로
써 너희들이 가면,
22 나의 법전을 읽고 깨우친 백성들이요,
새로운 성경을 접한 너희들이 만백성
을 구하는 선생으로서 거듭날 수 없음
을 알아야 될 것이니라.
23 내가 내리는 나의 법전이요, 나의 뜻
은, 그리고 나의 새로운 성경에 기록

되는 그 내용은 너희들에게만 적용되
는 것이 아니요, 만백성에게 적용되듯
이,
24 그리고 나의 아들에게만 적용되는 것
이 아니요, 너희들과 모든 백성들에게
적용되도록 내가 가르치고 내리는 것
처럼,
25 너희들이 자연의 이치요, 깨닫는 것,
그것 하나도 모두가 다 세상사의 이치
가 거기에 있음을 알아야 될 것이니라.
26 내가 너희들에게 숨을 쉬지 아니하면
아니 되는 산소요, 공기를 공급하여
너희들이 살아간다 그리 말하면, 너희
들은 그 하나로써 끝나는 것이 아님이
니라.
27 그와 같이 내가 은혜를 베푼다면, 수
천수만 가지를 다 너희들에게 그와 같
이 베풀었다는 것, 이와 같은 것을 깨
닫고 미래를 볼 수 있는 너희들의 그
머리가 어찌하여 그리도 아둔하며, 너
희들이 그리도 다 막힌 백성으로서 남
아 살아가고자 하느냐?
28 그러니 그 의미를 깊이 깨우쳐 너희들
이 살과 뼈를 만들라는 나 여호와의
뜻을 알며,
29 너희들이 모두를 크게 보며, 우주 공
간에 이루어지는 그 역사가 하나라는
것,
30 그리고 그 우주 속에서 이루어지는 것
이 너희들이 수천수반 가지 같으나,
하나의 원리로써 모두가 이루어진다
는 것을 잊지 말라.
31 내가 그리하여 열여섯 권의 기초에 너
희들에게 무어라 말하였느냐?
32 너희들의 마음을 좁쌀알보다도 더 작
은 마음으로 하나로 모으라 하였음이
니라. 그 모은 마음이 핵폭발보다도
더 위대한 위력을 발휘할 수 있다 했
음이니, 바로 오늘의 이치를 깨달으라
함이니라.
33 사랑하는 마음이 너희들의 육의 병이
요, 정신적인 병이요, 마음의 병까지
치료할 수 있다면, 그 마음이 얼마나
위대한 것인가?
34 마음으로써 못 이룰 것이 없음을 너희
들은 생각해야 될 것이니라.
35 그 마음이요, 너희들의 사랑이 그와
같이 위대하다는 것을 안다면, 그리고
너희들이 사랑하는 마음이 그와 같이
죽을 자를 살린다면,
36 그보다도 더 위대한 치료약이 어디 있
으며 그보다 위대한 것이 어디 있더냐?
37 그러니 너희들의 마음이 그와 같이 위
대하다는 것을 깨달아야 될 것이거늘,
그를 깨닫지 못함이니,
38 너희들이 살아가는 삶을 어찌 살아야
하는 것까지도 모르느니라.
39 그러니 너희들이 마음을 다스릴 줄
모르며, 너희 마음에서 이루어지는 그
역사가 얼마나 위대한 것인가를,
40 네 마음의 능력을 모르며 생각을 모
르며, 너희들이 살아가는 방향이 없이
그저 국한된 세상의 삶에서 보이는
것에만 너희들이 보고 보이는 것만이
이 세상에 존재하는 것처럼 어리석은
삶을 살지 말고 마음을 열라.
41 마음을 열고 마음이 너희들의 모두를
이루지 못할 것이 없다는 것을 깨달
았다면,
42 너희들 자신이 모두를 못 이룰 게 없

으며 역사하지 못할 것이 없다는 것을
깨달으라.

10,873 번째 하나님 말씀

2004년 5월 2일 07시 19분

1 사랑하는 나의 아들아!
2 "네, 아버님! 말씀하옵소서."
3 가장 어리석고 불쌍한 백성이요, 너희
들이 미래를 볼 수 없으며 그리고 성
령으로 임할 수 없는 백성이 어떠한
백성인 줄 알겠느냐?
4 남의 허물은 정확하게 보며 남의 허물
은 지적할 줄 아나, 저 자신의 허물을
모르며, 그리고 제가 하고 있는 그 허
물이요, 그것은 모두가 다 정당한 것
처럼 착각하는 그와 같은 백성이니라.
5 그리고 제가 하는 것은 당연한 것이
요, 남들이 하는 것은 위법이요, 남들
이 하는 것은 잘못된 행위라는 것, 그
것을 볼 수 있으며 지적하는 그와 같
은 사람이 더 어리석은 백성임을 알라.
6 똑같은 행위를 하면서도 남들이 하는
것은 허물이요, 제가 하는 것은 당연
한 것이요, 정당한 것처럼 생각하는
것,
7 그와 같은 제 욕심이요, 그와 같은 마
음을 비우지 못하는 자, 결국 너희들
이 아무것도 볼 수 없는 어리석은 백
성이라는 것을 알아야 될 것이니라.
8 내가 너희들에게 무어라 하였느냐?
9 성령으로 임하는 백성이요, 하늘의 지
혜를 얻음이요, 하늘의 지혜를 얻지
못한다면 너희들은 아무것도 알 수 없
는 백성이라 그리 말하였음이니,
10 바로 너희들이 남의 허물은 보며 제
허물은 모르며,
11 똑같은 짓을 해도 제 것은 정당한 것
이며 당연한 것처럼 생각하는 자, 그
리고 그것이 부끄러운 줄 모르는 자,
그것이 잘못된 것을 모르는 자,
12 그와 같은 자가 성령이 임할 수 있는
백성이 못 되며, 하늘의 지혜를 얻을
수 있는 백성이 못 됨을 너희들은 알
아야 될 것이니라.
13 정녕 너희들이 하늘의 지혜를 얻으며
거듭나는 것이요, 새로운 생명을 얻고
잃음에 대해서 그것으로써 모두가 다
심판됨을 알아야 될 것이니라.
14 너희들이 거듭나는 영광을 얻는 것은
성령으로 임하여 하늘의 지혜를 얻는
백성이요, 너희들이 거듭나지 못하는
백성은 하늘의 지혜를 얻지 못하는 백
성이니,
15 이것이 너희들이 그 갈림길이라는 것
을 명심하고 명심하지 아니하면 아니
됨이니라.
16 이 세상의 모두가 남의 허물을 덮어
주며 제 허물을 남에게 가르침을 받을
수 있는 것, 그리고 저 자신을 부끄러
운 줄 아는 것,
17 그와 같은 마음을 갖고 사는 백성이
되지 않으면 이 세상은 아름다운 세상
으로 변해질 수 없는 것이니라.
18 그러기에 너희들이 화합하지 못하며
서로가 언쟁을 하며 시시비비를 하며,
19 나아가서는 국가와 국가 간에 그와 같
은 충돌이 이루어져 나의 사랑하는 백
성들의 생명을 무참히 죽게 하는 그와
같은 험악한 짓을 하고 있다는 것을

알아야 될 것이니라.
20 그러니 이제 나의 아들을 따르는 제자
들이요, 나의 법전을 읽고 깨우친 만
백성들이 그들과 차별화가 무엇인 줄
알겠느냐?
21 너희들이 남의 허물만 보지 말며, 제
허물을 들여다볼 수 있는 그와 같은
변화되는 삶으로 사는 것이 가장 너희
들이 차별화되는 것이요, 중요함을 잊
지 말라.

10,874 번째 하나님 말씀

2004년 5월 2일 07시 25분

1 사랑하는 나의 아들아!
2 "네, 아버님! 말씀하옵소서."
3 너희들이 하늘의 지혜를 받는 자가 있
다면, 그리고 하늘의 지혜를 봐 그와
같은 깨달음을 얻을 수 있는 백성이
있었다면,
4 2천 년 전 나의 아들을 세상에 내려보
냈을 때, 나 여호와의 뜻이요, 진리를
깨우쳐 너희들이 하늘에 오르는 길을
인도하고자 했던 나의 아들을 못 박아
너희들이 그리 죽게는 하지 아니하였
을 것이니라.
5 그러니 나의 아들을 못 박아 죽게 한
자들이 무엇이던가?
6 그 시대의 종교 지도자요, 대제사장이
요, 그 신도들이 그와 같은 행위를 하
지 아니하였던가?
7 너희들이 그리하여 성서를 제대로 깨
우치지도 못하였으며, 그를 이해하지
못했으며 감춰진 비밀을 알 수 없었
음이니,
8 너희들이 하늘의 뜻을 깨닫지 못하며,
하늘의 지혜를 얻을 수도 없으며, 그
를 생각할 수 있는 그와 같은 지혜가
없었기에,
9 너희들이 그와 같이 포악한 행위를 할
수 있었으며, 너희들이 그와 같이 잔
악한 행위를 할 수 있었던 것이었음
이니라.
10 그러니 2천 년이라는 세월이 흘러온
지금도 종교 집단이요, 지도자들이 성
경 속에 감춰진 비밀이요, 의미를 알
지 못함이니, 그 성도들 또한 하늘의
지혜를 얻는 백성이 하나도 없음이니
라.
11 지금 너희들이 종교 집단이요, 지도자
요, 성도라는 백성, 너희들이 그 삼 단
계 중에 지도자든, 그 집단의 우두머
리든, 그리고 성도든, 누구든지 하늘
의 지혜를 얻는 집단이 있었으면,
12 너희들이 오늘과 같이 이 세상을 이대
로 놔두지는 아니하였을 것이며 바로
잡고자 하는 자가 있었을 것이니라.
13 그러나 모두 그와 같은 자들이 지금의
하늘의 지혜를 얻지 못하고 있음이니,
바로 나의 새로운 성경이요, 새로운
법전이 세상에 내려가는 것을 너희들
이 사탄이요, 이단이라 2천 년 전에
핍박했던 그와 같은 행위를 지금 반복
하며,
14 나의 아들 또한 너희들이 거짓 선지자
라 말하며, 그가 존재하지 못하게 그
가슴에 활을 쏘려 하는 그와 같은 자
들이 지금 있음이니, 이를 어찌해야
한단 말이더냐?
15 사랑하는 나의 아들딸들아!

16 모두가 다 너희들이 그와 같은 전철을
밟고 역사한다는 것, 여기서 너희들이
깨닫지 아니하면 아니 됨을 그들에게
전해 줘야 될 것이니라.
17 그리고 나의 아들을 따르는 제자 너희
들이 나의 법전을 만들어 이 세상을
덮는 그와 같은 역사를 하여, 나의 지
금의 잘못 가는 종교 집단이요, 지도
자요, 그 백성들이 바로 서고 거듭나
지 아니한다면 결국 무엇인 줄 알겠느
냐?
18 너희들이 그 무서운 대환란을 받게
되며 고통 속에서 벗어나지 못하며,
나의 법전은 세상을 덮지 못하는 그
와 같은 무서운 환란이 닥칠 것이니라.
19 그러니 너희들이 나의 법전을 만들어
물이 흐르듯이 조용히 세상에 전하며,
만백성에게 나의 법전을 전하는 것은
그들이 깨우침도 있으나,
20 지금 이미 새로운 성경이 내려가며 나
여호와의 뜻이 내려가나, 2천 년 전처
럼 저희들이 그를 받아들이지 아니하
며 하늘의 지혜가 없어 그를 알지 못
함이니,
21 그들이 너희들에게 이루고자 하는 그
환란이요, 그 핍박은 이루 감당할 수
없음이니,
22 곧 나의 법전이 전해지는 것이 너희들
에게 닥쳐 오는 그 환란이요, 고통을
막는 하나의 예비책이라는 것을 알라.
23 너희들은 만백성을 구하는 깨달음이
요, 그들을 인도하는 역사도 있지만,
24 너희들에게 환란이 닥쳐 나의 법전이
요, 나의 아들이 세상에 존재하지 못
하며 그 제자들이 세상에 뿌리를 내리
지 못하고 흩어지는 그 무서운 대반란
이요, 환란을 내가 미리 막고자 하여,
25 나의 법전이 세상에 물 흐르듯이 나가
하얀 눈이 덮듯이 세상을 다 덮는 그
와 같은 역사를 조용히 이루라 하는
것이니, 너희들의 환란을 막아 주고자
함이 여기 더 큰 뜻이 있음을 알라.
26 나의 피조물 만백성을 구하는 그 위대
한 뜻이요, 또한 너희들을 보호하여
내가 나의 법전이 영원히 존재함이요,
새로운 세상을 열어 갈 수 있는 그 뿌
리를 내리기 위해 너희들을 보호하고
지키기 위한 나의 큰 뜻이요, 사랑이
또한 거기 있음을 너의 제자들에게 전
하라.

10,875 번째 하나님 말씀

2004년 5월 2일 07시 31분

1 사랑하는 나의 아들아!
2 "네, 아버님! 말씀하옵소서."
3 나 여호와가 너희들을 위하여, 사랑하
는 나의 아들딸을 위하여, 그리고 가
장 아름답게 만들어 세상에 내려보낸
피조물 나의 백성 너희들을 위하여 모
두를 내가 예비하지 아니한 것이 없으
며, 준비해 두지 아니한 것이 없으며,
4 내가 미리 모두를 다 예비하여 모든
미래까지 너희들에게 준비해 두지 아
니한 것이 없느니라.
5 너희들이 이 자연 속에서, 이 역사하
는 지구상에서 너희들이 관리하고 통
제하지 아니하는 것이 없듯이,
6 내가 세상에 생명을 내보내며 너희들
이 살아갈 수 있는 것을 같이 내보낸

다는 그 의미를 너희들은 모르는가?
7 그러니 모두가 다 너희들을 위하여 예
비된 것이니, 너희들을 위하여 예비되
지 아니한 것이 없음이니라.
8 천사와 같은 마음으로 살 수 있도록,
그리고 너희들이 욕심이라는 뿌리를
갖지 아니하고 자연의 순리대로 살아
갈 수 있는 그와 같은 모두를 다 내가
너희들에게 내려 주었거늘,
9 너희들의 마음이 어두운 것이요, 네
마음에 어두운 그늘이 있기에, 너희들
이 눈은 있되 보지 못하고 있으며, 귀
는 있되 듣지 못하는 그와 같은 형국
이 되어 있음이니라.
10 그저 욕심에 눈이 어두워, 인간의 생
각이요, 인간의 삶의 그 한계에서 벗
어나지 못하고, 인간의 생각에서 모두
를 맞춰 나가며 그것이 끝이라 생각하
는 그와 같은 깨달음 때문에 너희들이
얻지 못하며 구하지 못하며, 내가 예
비하여 내린 것을 너희들이 쓰지 못하
는 그와 같은 삶을 산다는 것을 알라.
11 이제 사랑하는 나의 아들을 따르는 제
자들이요, 나의 법전을 읽고 깨우친
만백성, 너희들은 세상에 너희들의 생
명을 내보내는 것도 예비된 것이요,
12 너희들이 모두를 다스리고 취하고 살
수 있는 것도 하나서부터 백 가지까
지 너희들에게 예비되지 아니한 것이
없음이니라.
13 매일 받아들이는 것이 없이 비춰 주
는 그 태양이요, 그저 불어오는 바람
이니라.
14 내가 나의 아들을 통하여 너희들에게
말함이니라.
15 종교 지도자요, 너희들이 이끌어 가는
백성들은 아무런 대가도 없이, 그저
아침이면 태양빛이 내려 너희들을 비
춰 주어 모든 동식물이 살아가는 은
혜를 내리듯이,
16 너희들이 그와 같은 지도자가 되어야
될 것이며, 지도자상이 그러한 것임을
알라 그리 전하라.
17 불어오는 바람이 너희들에게 무엇을
요구하던가?
18 공기요, 산소를 공급하여 너희들의 생
명을 유지해 주면서 너희들에게 달라,
이루어 달라 하는 것이 무엇이 있더냐?
19 사랑하는 나의 아들아!
20 너는 그리 가야 될 것이며,
21 너의 제자들이 세상에 나가 지도자가
됨이니, 아무런 대가 없이 그저 변함
없이 너희들이 꾸준히 계속 내려 주고
비춰 주는 태양이 바로 지도자의 모습
이요, 바람이 지도자의 모습이니라.
22 그러니 네가 그리되어야 할 것이며 너
의 제자들이 그리되라 그리 전하라.
23 이제 너희들의 스승을 알겠느냐, 그리
고 너희들의 지표를 알고 너희들의
마음을 알겠느냐?
24 아무리 누가 뭐라 해도 지상에 천둥
번개를 이루고 무엇을 해도, 그저 다
음날이 되면 비춰 주는 그 태양처럼,
25 그것이 바로 지도자의 상이요, 만백성
을 구하는 선지자의 상이며 나의 아들
이 가야 할 상이니라.
26 그리고 너를 따르는 제자들이요, 이제
새로운 시대를 열어 만백성을 이끌어
가는 전사들의 자세가 변함없이 비춰
주는 태양이 바로 너희들의 스승이요,

본보기요,
27 그게 바로 너희들이요, 태양이 너희들
이요, 너희들이 태양의 자세라는 것을
잊지 말라, 사랑하는 나의 아들아!
28 아무런 조건 없이 불어 주는 바람처
럼 살라.
29 그리고 아무것도 바라지 아니하고 공
급해 주는 산소처럼 살라, 사랑하는
나의 아들아!
30 "네, 아버님! 알겠사옵나이다.
31 아버님! 어찌하여 이 어리석은 저희
들에게 일찍이 그와 같은 깨우침을 주
시지 않으셨나이까?
32 제가 아버님께 여쭈고 기도드렸사옵
나이다.
33 아버님! 누구를 지표로 삼아 제가 살
아가야 되겠사옵나이까?
34 인간의 스승으로서 또는 무엇으로서
제가 지표로 하여 제 마음을 다스려
갈 수 있으며 제가 어찌 살아가야 될
것인가를 아버님께 간곡히 기도를 드
리고 올렸사오나,
35 어찌하여 아버님, 이제야 그와 같은
스승이요, 제 마음이요, 또한 그들이
저희들이라는 그와 같은 깨달음을, 그
들처럼 살아가야 된다는 것을, 그 아
름다우신 말씀을 이제야 주시옵나이
까?"
36 사랑하는 나의 아들아!
37 걷지 못하는 아이에게 짐을 준들 그것
을 짊어지겠느냐?
38 그러니 나 여호와가 네가 걸을 수 있
고 달릴 수 있을 때까지 기다리며 기
다린다 하지 아니하였느냐?
39 그러니 너는 슬퍼하지 말며 괴로워하
지 말라.
40 그것을 일찍이 가르쳐 줬다 해서 네가
오늘의 더 높은 깨달음이요, 더 변화
가 있는 것도 아니요,
41 네가 듣고 깨달았을 때, 또한 너의 제
자들이 똑같이 듣고 깨닫는 그와 같은
시대는 세월이 필요함이니라.
42 나는 너를 가르치며 너를 따르는 제자
들을 다 가르치며, 모든 백성들을 가
르치며 그들을 깨우치는 것이 나 여호
와의 가르침이니, 너는 그리 생각함에
그리 깨달으며 마음 아파하지 말라.
43 내가 태양과 같이 사는 자, 그리고 태
양과 같이 베푸는 것, 아무런 조건 없
이 불어 주는 그 바람과 같이 사는 것
이 네 삶의 지표요, 네가 살아가는 길
이요, 네 스승이라 말한들, 네가 그를
깨달아 그리 행할 수 있는 자세가 되
지 아니하였으니,
44 지금은 네가 벗겨지고 다스려지고 씻
어졌으며, 너의 제자들 또한 닦이고
씻어져, 그 흙에 묻혔던 진주의 모습
이 지금 보이기 시작함이니,
45 내가 너희들에게 상을 내려 줌이니 그
리 전하라.

10,876 번째 하나님 말씀

2004년 5월 2일 07시 37분

1 사랑하는 나의 아들아!
2 "네, 아버님! 말씀하옵소서."
3 이제는 네가 지도자가 무엇이며, 지도
자의 가는 길이 무엇이며, 지도자의
지표를 어디에 두어야 될 것인지 알았
느냐?

4 누구를 스승으로서 네가 가야 되는지
를 알았느냐?
5 "네, 아버님! 이제야 그를 깨달았사옵
나이다."
6 그러니 너는 들으라.
7 너의 제자들과 모든 나의 뜻을 따르
는 백성, 너희들은 오늘의 종교 집단
이요, 지도자 저희들이 스승이요, 나
로부터 선택된 목자라 말하나,
8 바로 태양과 같이, 불어오는 바람과
같이 끝없이 주며, 변함없이 주며, 그
저 줄 줄만 알며 계산이 없으며 거둬
들이지 아니하는 것, 그것이 바로 너
희들이 지도자라 함이니,
9 오늘의 종교 집단이요, 지도자들이 그
리 살아가지 아니하거든 그들에게 지
도자라는 말을 떼라 그리 전하라.
10 그러니 너희들이 모두를 평가하라.
11 바로 이것은 무엇이더냐?
12 나 여호와의 마음이요, 내가 너희들에
게 베푸는 그 사랑이니라.
13 나로부터 선택된 백성들이요, 내 뜻을
역사하는 백성이 무엇이더냐?
14 내 뜻대로 행하는 것이요, 내가 역사
하는 것을 닮아서 가는 것이 나의 아
들딸들이요, 내 대업을 역사하는 자들
이라는 것을 알라.
15 말없이 비춰 주는 그 태양이요, 어김
없이 시간이 되면 비춰 주는 그 태양
이요, 잠시도 어기지 아니하며 정해진
것을 벗어나지 아니하며, 그리 어떠한
형태가 있든 간에 꼭 다시 또 비춰 주
는 그 태양이 바로 나 여호와의 사랑
이니라.
16 너희들이 베푸는 하나님이요, 주는 하
나님이라 너희들이 그리 말함이니, 나
는 이미 그와 같이 세상을 다 비춰 주
고 다 내려 줌이니,
17 너희들이 나에게 주는 하나님이요, 베
푸는 하나님이라 하지 말라.
18 이미 다 베풀고 다 주었거늘, 너희들
이 어찌 그런 말을 할 수 있단 말이더
냐?
19 너희들에게 태양이요, 바람보다도 내
가 더 꾸준히 변함없이 주고 내려 준
것이 나 여호와이니, 그러니 내가 너
희들에게 무엇이더냐?
20 다 이미 내려 주고 베푼 나 여호와거
늘, 사랑하는 하나님이요, 베푸는 하
나님이요, 가슴으로 내려 주는 하나님
이라 너희들이 그리 말함이니,
21 내가 너희들에게 다 주지 아니하고,
내가 필요한 자, 노력하고 기도하는
자에게 주는 나 여호와라 그리 생각하
느냐?
22 그러니 그것을 달라, 이루어 달라 하
는 그 백성들이 얼마나 어리석은 백성
이더냐?
23 천 가지, 만 가지, 수억 가지 내가 줄
수 있는 모두를 다 이미 너희들에게
주었으니 아버지요, 모두를 다 내려
주었으니 내가 창조주라 너희들은 그
뜻을 모르겠느냐, 나의 아들아!
24 "네, 아버님! 지금 말씀을 주시니 그
를 깨달을 것 같사옵나이다.
25 아버님께서는 모두를 다 주셨거늘, 저
희들이 무엇을 달라 하며, 베푸는 하
나님이요, 사랑을 내리는 하나님이요,
사랑의 하나님이라 하는 것,
26 이미 주실 것 다 주셨거늘, 저희들이

그와 같이 부분적인 생각을 하는 것, 부분적인 마음을 가지고 있는 것이 얼마나 잘못된 것이며 아버님의 뜻을 거역하는 것이며, 아버님의 뜻을 모르는 것인가를 이제 깨달았사옵나이다."

27 그러니 달라는 기도, 이루어 달라는 것이 부분적인 그것이니, 그것이 얼마나 잘못되고 어리석은 것인가?

28 "이미 다 준 것을 병자에게 약을 주어 치료했으며 의사를 보내 다 치료했거늘, 치료한 것을 저희들이 무엇을 또 치료해 달라, 고쳐 달라 한들 할 것이 없는 그와 같은 형국이 되어 버린 것을 모르고 있는 어리석은 저희들을 용서하여 주옵소서.

29 말없이 비추는 태양보다도, 말없이 불어오는 바람보다도 더 위대한 역사를 한 것을 아버님께서 다 주셨으며 이미 빈 껍데기만 남아 있는 것이 아버님의 사랑이며,

30 속은 다 내려보내시면서 그저 껍데기만이 존재하는 아버님의 모습에 무엇을 달라, 무엇을 이루어 달라 하는 것은,

31 죽어 가는 부모가 모두를 다 주었거늘, '감춰 놓은 것이 있으면 내놔라, 또 속이는 것이 있으면 내놔라, 숨겨 놓은 것이 있으면 내놔라,

32 당신이 죽어 가 정신이 혼미하니, 당신이 가지고 있는 재물을 우리에게 남겨 주지 아니하고 또 그대로 묻히는 것이 없는가 생각해 보라, 생각해 보라.' 하는 사악한 자식과 같사옵나이다."

33 죽어 가는 부모의 임종이요, 그 아픈 마음을 생각하는 것이 아니라, 저희들에게 주고 갈 재물이 더 있지 않은가, 숨겨 놓은 것은 없는가, 그것을 가르쳐 달라며 흔들어 깨우는 그 자식과, 죽어 가는 부모의 비통해하는 마음과 같으니,

34 내가 모두를 다 주어 비어 있는 내 마음을 아는 너희들과, 무엇을 더 달라, 이루어 달라, 또 달라는 그 백성들과의 차이가 무엇이더냐, 사랑하는 나의 아들딸들아!

35 내가 너희들을 사랑함이 무엇인 줄 알겠느냐?

36 모두를 다 주었음이니, 이미 내려보냈으며 줄 것이 없으니, 달라는 기도 하지 말며 소원하는 기도 하지 말라 그리 전하라, 어리석은 백성들에게.

10,877 번째 하나님 말씀

2004년 5월 2일 07시 44분

1 사랑하는 나의 아들아!

2 "네, 아버님! 말씀하옵소서."

3 자식을 위하여 모두를 다 바쳤으며 자식을 위해 모두를 다 던진 그 부모가 죽어 감의 그 고통에서 시련을 겪고 있거늘,

4 감춰 놓은 재산이 없으며 밝히지 못하는 재산은 없느냐며 흔들어 깨운다면 그 고통스러운 부모의 마음은 어떠하겠는가?

5 그 마음이 부모를 사랑하기에 그 생명을 연장하기 위하여 제 피를 빼서 입에 넣는 그와 같은 정성 어린 자식이 아니요,

6 그저 재물을 더 숨겨 놓은 것, 버리고
가는 것이 없나, 하나라도 더 밝히려
흔들어 깨운다면, 그 고통 속에 그 부
모는 무엇을 생각하며 그 마음이 얼마
나 저리고 아프겠는가?
7 그러니 이것이 나 여호와의 마음임을
너희들은 알겠느냐?
8 나는 모두를 다 주어 지금 빈 껍데기
만 있으며 더 줄 것이 없다 하였음이
니라.
9 그러니 나에게 무엇을 달라, 이루어
달라 기도를 한다면, 바로 무엇이더냐?
10 죽어 가는 그 부모에게 재산 목록을
더 밝히라 깨우는 그 사악한 자식과
무엇이 다르며 그 부모의 가슴이 얼마
나 아프고 저리겠느냐?
11 이제 사랑하는 나의 아들을 따르는 제
자 너희들만이라도 빈 껍데기인 나에
게 무엇을 달라 하는 그와 같은 기도
를 하지 아니함이니 나의 기쁨이니라.
12 죽어 가는 그 부모 앞에 자식이 무엇
인가를 더 밝혀 달라 하는 것, 그리고
더 이루어 달라 말하는 그 자식과 부
모의 죽어 감을 슬퍼하여 말없이 한구
석에 앉아 눈물을 흘리는 그 자식을
보는 부모의 마음이 어떠하겠는가?
13 너희들은 어떠한 마음으로써 살아가
야 되며 어떠한 생각으로 살아가는 자
식이 되어야 하겠느냐, 사랑하는 나의
아들딸들아!
14 내가 마지막 모두를 다 태워서 내린다
했음이니, 내가 무엇을 감추고 있으며
내가 무엇을 더 속이고 있으며 더 가
진 것이 있더냐?
15 내 모두를 태워서 나의 성령을 내려보
내어 만백성을 구하는 그 역사를 이룬
다 했으니,
16 죽어 가는 부모가 제가 가지고 있던
모두를 다 털어놓고 모두를 다 주고
가는 그 부모에게 더 있는 것이 없나
눈을 감지 말고 생각해 보라, 더 줄 것
이 없는지 눈감지 말라고 흔들어 깨
운다면,
17 마지막 죽어 가는 순간의 그 고통까
지도 마음대로 할 수 없는 그 부모가
그리 사악한 자식을 보는 마음이 얼마
나 아프겠는가?
18 나 여호와가 모두를 태워서 내려보낸
다는 것은 빈 껍데기요, 아무것도 가
진 것이 없거늘,
19 어찌하여 너희들이 더 달라, 더 이루
어 달라 그저 울고불고, 나의 사랑하
는 백성들이 개구리 울음소리처럼 악
을 쓰고 그리 울부짖고 있으니, 그를
보는 내 가슴이 어떠하겠는가?
20 죽어 가는 부모가 재산이 더 있는 것
이 없는가, 숨겨 놓은 것이 없는가 밝
히라고, 죽지 말라고 흔드는 그 자식
을 보는 부모보다도 내가 더 고통스러
움이요, 더 아픔을 겪고 있다는 것을
너희들은 생각해 보았느냐?
21 사랑하는 나의 아들딸들아!
22 나를 더 이상 그리 울리지 말며 고통
스럽게 하지 말라.
23 내 유업을 받아 살아가는 백성, 내 유
업의 모두를 다 받아 역사하는 백성,
그와 같은 너희들이 세상에 날 때, 나
의 빈 껍데기가 다시 채워지며 내 마
음의 기쁨을 얻을 수 있다는 것을 알
라.

24 그러니 너희들이 나 여호와의 빈 껍데
기요, 아무것도 속이 차 있지 아니하
고 모두를 다 준 나 여호와의 마음을
너희들이 기쁘게 하는 것은 바로 무엇
이더냐?
25 죽어 가는 부모에게 재산 목록을 더
달라 울고불고하는 자식이 아니요, 돌
아가는 부모의 고통을 보며 아파 한
쪽에 앉아 소리 없이 눈물을 흘리는
그와 같은 자식으로서 너희들이 거듭
나기를 바라는 것이 나 여호와의 뜻이
요,
26 지금 나의 아들을 따라가는 그 제자들
이요, 나의 법전을 깨우친 백성 너희
들이 돌아가는 부모를 보며 슬픔에
가슴이 아프고 미어져 소리 없이 울
며, 재산 목록을 밝히라는 그 형제들
을 원망하며, 감히 추하고 더러워 말
못 하고 우는 백성이 바로 너희들의
모습이니, 너희들이 바로 그와 같은
나의 아들딸이니라.
27 그러니 부모가 그 자식을 볼 때 마음
이 어떠하겠는가?
28 그러나 그 자식이 있기에 부모는 그
래도 안심하고 그 죽음의 고통을 넘어
갈 것이니라.
29 너희들이 있기에 빈 껍데기인 나 여호
와가 지탱하고 버틸 수 있다면 너희들
은 알겠느냐, 사랑하는 나의 아들딸들
아!

10,878 번째 하나님 말씀

2004년 5월 2일 07시 52분

1 사랑하는 나의 아들아!
2 "네, 아버님! 말씀하옵소서."
3 너의 제자들에게 그 모습을 너희들이
입은 그 형태요, 네 갖추고 있는 그 형
태대로 거울에 한번 비춰 보도록 그리
전하라.
4 너의 제자들이 제 모습을 거울에 비
춰 보니, 그 자신의 잘못된 부분을 발
견하는 백성이 있는가 하면, 잘못된
것을 발견하지 못하고 그냥 넘어가는
그와 같은 백성이 있을 것이니라.
5 그러나 너희들이 잘못된 것을 발견하
는 백성이요, 잘못된 것을 발견하지
못하는 그 백성의 차이는 별것 아니니
라. 그리고 그것은 크나큰 문제가 되
지 않느니라.
6 그러나 너희들이 더 무섭게 지켜야
될 것이며 너희들이 바로 행해야 될
것이 무엇인 줄 알겠느냐?
7 거울에 비춰 보니, 너희들이 잘못된
부분을 찾았으며 그를 보았음이니라.
8 그래도 그것을 고치지 아니하며 그걸
바로잡지 않는 백성, 그가 어리석은
백성이요, 그가 가장 불행한 백성이
요, 그는 잘못된 백성이라는 것을 너
희들은 알아야 될 것이니라.
9 지금 나의 아들을 따르는 제자들이요,
나의 법전을 읽고 깨우친 백성, 너희
들이 왜 소중하고 귀한 백성인 줄 알
겠느냐?
10 너희들 자신이 거울에 네 모습을 비춰
보며, 네가 잘못된 것을 보고 바로 그
를 찾으려 하며 다스리려 하며 바로
세우려 하는 것이기 때문에 너희들이
소중하고 귀한 나의 아들딸임을 알아
야 될 것이니라.

11 그러니 오늘의 종교 집단이요, 지도
자, 성도 그들 모두가 이대로는 구원
을 받을 수 없으며 하늘에 오를 수 없
다는 것을 너무나도 잘 알고 있는 것
이니라.
12 그것은 바로 저희들이 거울에 비춰 봐
제 모습을 정확히 보고 잘잘못을 이미
알고 있는 그와 같은 백성들이 아니더
냐?
13 그러니 그것을 알면서도 그를 고치지
않는 것이 그들이니, 그보다 더 잘못
된 백성이 어디 있으며, 그보다 더 무
서운 백성이 어디 있으며,
14 그들이 지금 나에게 오를 수 있는 그
길을 등을 돌리고 가는, 얼마나 저희
들이 해서는 안 되는 일을 하고 있는
백성들인 줄 알겠느냐?
15 지금의 종교 집단 지도자, 그 성도들
이 잘못되고 잘못 가고 있다는 걸 저
자신이 잘 알고 있으며, 저희들 스스
로 비춰 보는 그 거울에 그들이 잘 비
춰 보고 있음이니라.
16 그러나 잘 알면서도 저희들이 그를 바
로잡으려 하지 아니하며 바로 서지 아
니하는 것이니,
17 이들이 얼마나 가련하고 불쌍한 자들
이요, 내 뜻을 거역하는 자요, 나를 능
멸하는 자인지, 그 죄를 그들이 모르
며, 저희들이 가고 있는 행위를 모르
는 그 불쌍한 자들이니라.
18 그러니 사랑하는 나의 아들딸들아!
제 거울로 비춰 봐 제가 잘못된 것을
알면서도 그를 바로잡지 못하는 백성
을 어찌 가르치겠느냐?
19 이는 어떤 것으로써도 그들을 다스리
고 가르칠 수가 없음이니라.
20 오로지 새로 내리는 성경을 접하지 아
니하면 너희들이 그를 바라볼 수 없는
것이며, 그를 바로 고칠 수 없는 백성
들이니라.
21 그러니 내가 새로운 성경을 내려보내
어 그들을 저 자신을 들여다보도록
하니, 그래도 저 자신을 들여다보지
아니하며 그를 바로잡으려 하지 않는
백성,
22 그들이 얼마나 비참하고 불행한 백성
들이요, 저희들의 말로가 어떠한 것인
가를 그들이 알 날이 머지않았음을 그
들에게 전하라.
23 그들보다도 더 무서운 죄의 대가를 치
르는 백성이 없을 것이며, 그보다 더
고통스러운 지옥 불로 가는 백성은
결코 없을 것이니라.
24 너희들이 잘못된 것을 알면서도, 너희
들이 거울에 비춰 보듯이 너희들의
잘못된 부분을 다 알며 시정하며 고쳐
야 될 것을 알면서도 고치지 아니하고
그대로 가는 자,
25 너희들은 내가 내려 준 그 모든 은혜
를 거부하는 자요, 그를 잘못 쓰는 자
요, 그를 악의 도구로 쓰는 것과 똑같
은 자들이라는 것을 명심하고 명심하
도록 그리하라.
26 그러니 이제 나의 아들딸 너희들은 너
희 자신의 거울에 비춰 봐 너희들을
바로잡고자 하며 바로 너희들이 그 모
두를 고쳐 가는 그와 같은 백성들이니,
27 그 고쳐 가고 다스려 가는 것을 끊임
없이 너희들이 고치고 다스리고 노력
하라.

28 그리해야만 너희들이 나를 볼 수 있으
며 나에게 오를 수 있는 영광을 얻게
된다는 것을 잊지 말라, 사랑하는 나
의 아들딸들아!
29 그 길이 아니면 아니 됨이니라.
30 그러니 너희들의 잘못된 그 모습을
바로잡는 것, 너희들이 거울로 비춰
보면 모든 곳에 잘못된 것을 너희들이
정상으로 바로잡는 것은 나의 법전을
가슴에 안고 정독하며 그를 놓지 아니
하며 그를 버리지 아니하며,
31 그를 읽고 또 읽어, 너희들이 나의 아
들을 통하여 내리는 강론을 듣고 들어
너희들이 변화되는 모습이요,
32 잘못된 것을 계속 발견하고 발견할 때
마다 그를 바로잡아 가는, 그리고 네
모습을 아름답게 가꿔 나가는 것,
33 그것이 아니면 너희들이 나에게 오를
수 없으며 그 영광을 얻을 수 없느니
라, 사랑하는 나의 아들딸들아!
34 그 길만이 나에게 오르는 길이요, 하
늘에 오르는 길이요, 너희들이 그리
갈구하고 소원하는 것을 잊어버리고,
35 너희들이 하늘에 오르는 하나 있는 천
국에 오르는 길이요, 그 모두를 양보
하고 너희들과 관계없이 그 문을 의식
하지 아니하고 살아간다 해도, 그 자
리를 채울 수 있는 백성이 하나도 없
음이니,
36 바로 너희들이 그 자리를 채우는 것은
당연한 것이 아니더냐?
37 마음으로 양보하며 삶에서 양보한들,
그것이 무엇이더냐?
38 마음의 삶에 너희들이 육의 세상에서
그것은 네가 차지하며, 네가 네 것이
라 하여 그것을 너희들이 그 악을 쓰
고 살아가나,
39 그 자리에 올 자격이 없는 자는 그리
올 수 없는 그 무서운 현실을 모르느
니라.
40 그러니 모든 종교 집단이요, 지도자들
이 그리 말하느니라,
41 나의 아들이 믿음이라는 그 근본이요,
신앙이라는 것은 너희들이 구원을 받
는 그 자리 하나를 양보하는 것이 믿
음의 길을 가는 백성이요, 믿음의 근
본이라 그리 말하니,
42 나의 아들에게 정신 나간 자요, 미친
자라 말하느니라.
43 구원을 받지 아니하려거든 뭐하러 믿
음의 길을 가며 신앙의 생활을 하며
뭐하러 봉사하며 너희들이 베푸는 체
하고 사느냐?
44 그러니 어리석은 자들이라 그리하니,
45 누가 어리석은 자들이더냐?
46 너희들이 온다고 해서 올 수 있는 자
리며, 거기에 앉는다고 해서 앉을 수
있는 자리더냐?
47 인간 세상에서도 너희들이 그 자리요,
직급이라는 것이 거기에 해당된 자만
이 거기에 앉을 수 있거늘, 너희들이
말로 그리한다 하여 온단 말이더냐?
48 너희들은 오지 못하느니라.
49 그러나 그를 양보하는 마음으로 살며
생각지 아니하며 사나, 너희들이 서서
히 살면서 거기에 앉을 수 있는 실력
을 양성하며 그 자격을 다스리며 가는
자가 그 자리에 앉는 것이지,
50 온다고 해서 얻는 것이 아니요, 그리
고 그 자리를 넘보지 말라 하는 것이

잘못된 자요, 사악한 자더냐?

51 넘보지 아니하여도 능력을 갖추면 너희들이 인간 세상에 그 상사는 사람을 선별하여 거기다 씀이니라.

52 물론 너희들이 비뚤어진 자, 잘못된 자가 한둘은 있을지 몰라도 정상적이요, 제 회사요, 제 모두를 갖다 아끼는 자라면, 저희 집단을 소중히 생각한다면, 꼭 필요한 자, 능력 있는 자를 거기다 앉히지 않겠느냐?

53 하늘에 오르는 길은 양보한다고 해서 너희들이 못 오르고 못 얻는 것이 아님이니라.

54 그러니 그 어리석은 백성들에게 그와 같은 이치를 깨우쳐 눈을 뜨도록 그리하라, 사랑하는 나의 아들딸들아!

10,879 번째 하나님 말씀

2004년 5월 2일 11시 42분

1 사랑하는 나의 아들아!

2 "네, 아버님! 말씀하옵소서."

3 내가 가지고 있는 것, 그 모두를 다 너희들에게 내려보냈으며 내가 너희들에게 예비하여 모두를 다 준비시켰음이니,

4 나 여호와는 너희들에게 더 내릴 것이 없으며 줄 것이 없다 그리하지 않았더냐?

5 그리하여 나는 비워진 자요, 나는 껍데기만 남아 있는 나 여호와라 그리 말하였음이니라.

6 그러니 그와 같은 나에게 무엇을 달라, 이루어 달라 기도한다면, 줄 것이 없는 나 여호와의 마음이 과연 어떠하겠는가?

7 그러니 그와 같은 기도를 하지 말라 함을 너희들은 명심하여 깊이 깨우쳐, 너희들이 바라는 마음, 소원하는 마음을 갖지 말도록 그리하라.

8 나 여호와에게 너희들이 무엇인가를 이루며 무엇인가를 얻고자 한다면, 나는 더 이상 주고 내릴 것이 없음이니라.

9 그러니 모두를 예비하여 세상에 다 내려보냈으니, 너희들이 거기서 답을 찾아야 될 것이니라.

10 스스로 문제를 풀어서 너희들이 그 답을 찾지 아니하면 아니 됨이니라.

11 모두가 답을 푸는 것이요, 그 답을 찾는 것은 너희들의 노력에 달렸음을 잊지 말라, 사랑하는 나의 아들딸들아!

12 그리고 내가 나의 아들을 통하여 무어라 말했느냐?

13 너희들이 마음을 비우는 것, 그리고 마음을 지운다는 것, 그리고 그 모두를 다 내가 너희들에게 뭐라 하였느냐?

14 기쁜 마음으로써 모두를 다 지우며 네 마음을 다스리라 하였음이니라.

15 그리고 기쁜 마음이요, 즐거운 마음으로써 너희들이 그리해야 될 것이요,

16 너희들이 아쉬운 마음이요, 미련을 가지고 있는 마음으로써 모두를 버리고 너 자신을 지운다면,

17 그것은 결코 네가 변화된 것이 아니요, 지워진 것이 아니라는 그 의미를 깊이 깨우치도록 그리하라.

18 '내가 모두를 다 놓았으며 모두를 다 포기했으며, 나는 이와 같이 아름답게 살겠다, 그리고 나를 생각하지 않는

다.'는 너희들이 지금 경지에 오르고
변화된 그 삶이 정녕 너희들이 아쉬움
이 없이 당당한 모습으로써 기쁜 마음
으로 모두를 비우고 놓았는가를 생각
해 보도록 그리하라.
19 미련을 가지고 아쉬움을 가지고 너희
들이 비웠다 하면, 돌부리에 걸려 무
너지듯이 언젠가는 그 마음이 고개를
듦이니, 그리하여 너희들이 일순간에
모두가 무너지고 잃게 됨이니, 큰 것
을 잃게 됨이니라.
20 너희들이 백이라는 숫자에서 아흔아
홉 개 그 모두를 버리고 비웠으나, 하
나의 아쉬움이요, 미련을 마저 버리지
못하며, 기쁜 마음으로 네 마음을 다
스리고 버리지 못하면,
21 그것 하나로써 너희들이 무너진다는
것을 알아야 될 것이니라.
22 그것이 얼마나 무서운 결과를 초래하
는지 알겠느냐?
23 그러니 너희들이 모든 역사한 것이 하
루아침에 무너지는 그와 같은 불행을
맞이하게 됨이니,
24 너희들이 한 번 올라왔다 무너지는 자
는 거듭나기 어려우며 다시 그와 같은
길에 가기가 어려우니라.
25 너희들이 지금까지 경지에 올라온 것
이 얼마나 힘든 길을 왔는지 알겠느냐?
26 너희들은 모르나 너희들이 세상사에
나가서 사람들의 삶의 모습을 보면 너
희들과 그들의 삶이 말하지 아니해도
피부로 느낄 것이니라.
27 그들이 가지고 있는 마음이요, 그들이
가지고 있는 생각과 너희들이 가지고
있는 마음과 너희들이 가지고 있는 생
각이 다름이니,
28 이것은 인간사에서 성을 쌓는 것도 아
니요, 너희들이 어떠한 업적을 남기는
것도 아니요, 너희들이 추수하여 곡식
을 쌓아 놓는 높이의 노적가리도 아님
이니라, 사랑하는 나의 아들딸들아!
29 하늘에 오르는 길이요, 구원을 받고
못 받는 영혼의 그것을 너희들이 쌓는
것이니라.
30 지금까지 너희들의 그 영혼이 맑아졌
으며 그 영혼을 높이 쌓았기 때문에
그 백성들이 살아가는 모습이요, 그
얼굴을 보며 그 마음을 알며, 너희들
이 두려워서 그들에게 접근하지 못하
는 그와 같은 선이 그어짐이니,
31 그러니 여기서 너희들이 한 번 무너지
면 지금의 이 경지까지 오르기는 두
번 다시 여기까지도 올 수도 없음이니
라.
32 이것이 너희들의 마음이니라.
33 한 번 무너지는 것, 한 번 뒤돌아서면
돌릴 수 없는 것이 너희들의 마음이
니, 그게 아쉬움이요, 미련이라는 걸
버리지 못했기 때문이니라.
34 모든 마음을 비우고 너희들이 모두를
던졌으며 모두를 버렸다면, 아쉬움과
미련이 없이 버리라.
35 그리고 하늘을 보고 하늘에 나 여호와
가 있으며 내가 그 모두를 버린 너를
보고 기뻐하고 있음이니,
36 내 웃음이요, 내 웃음소리를 듣는 그
영광을 얻도록 그리하라, 사랑하는 나
의 아들딸들아!
37 아쉬움이 없으며 미련 없이 모두를 지
우고 버렸거든 그대로 버리도록 그리

하라.
38 그 마음을 버리지 아니하면 돌부리에
무너지듯이 그 버리지 못한 마음 때문
에, 미련 때문에 너희들이 무너지고
쓰러지면 두 번 다시 여기까지도 올
수 없는 것이니라, 사랑하는 나의 아
들딸들아!
39 내가 너희들을 사랑하며 너희들의 모
든 마음을 아느니라.

10,880 번째 하나님 말씀

2004년 5월 2일 20시 12분

1 사랑하는 나의 아들아!
2 "네, 아버님! 말씀하옵소서."
3 나의 아들을 통하여 내리는 나의 새로
운 성경 160권을 정독하고 깨우치는
백성 너희들은 나에게 오르는 길에 들
어선 자이니라.
4 내가 나의 아들을 통하여 너희들에게
뭐라 했느냐?
5 나의 아들을 따르는 제자 너희들은 누
구와도 인간의 고리를 끊지 말라 했으
며, 너희들의 이름을 기억하고 있는
모든 백성들의 이름을 지우지 말라 하
였음이니라.
6 너희들이 그들을 지우지 아니함으로
써 너희들과 거래가 이루어지며, 너희
들과 거래가 이루어짐이니 나의 성령
이요, 새로운 성경의 그 귀하고 소중
한 한마디를 들을 수 있으며, 그를 들
음으로 인하여 그들이 변화의 역사를
이룰 수 있다 하지 아니하였더냐?
7 그러니 지금 나의 법전을 읽고 깨우치
고 단 하루의 강론을 들은 나의 백성
이라 해도, 너희들은 그를 가지고 만
백성을 구하며 그들에게 전하지 아니
하면 아니 됨이니라, 사랑하는 나의
아들딸들아!
8 나의 법전을 읽고 깨우치고 공부한 너
희들은 나의 법전을 가지고 만백성을
깨우치고 인도하는 데 최선을 다하며,
너희들이 게을리해서는 아니 됨이니
라.
9 한 줄을 읽었든, 한마디의 강론을 들
었든, 만백성을 구하는 데 너희들이
최선을 다해야 함이니라.
10 사랑하는 나의 아들아!
11 그 이유와 뜻이 어디 있다 너는 생각
하느냐?
12 "네, 아버님! 저는 그리 생각하옵나이
다.
13 우선은 아버님께서 저희들에게 그 손
을 놓지 말라 하셨으며, 그리고 저에
게 그를 하문하시니, 제 가슴이 아파
오옵나이다.
14 그러나 다만 아버님께서 하문하시니,
저희들이 왜 법전을 들고 한 줄을 읽
은 사람이 나가서 만백성을 깨우쳐야
되는 것인가 그를 생각하니,
15 저와 저의 제자들이요, 법전을 읽고
깨우친 백성들이 얼마나 은혜와 영광
을 받은 백성인지 그것을 감사하는 마
음을 이루 헤아릴 수 없어 제 가슴에
눈물이 맺히옵나이나, 아버님!
16 1년, 2년, 3년씩 법전을 만드는 데 모
두를 바친 그 백성이요, 그 제자들, 그
리고 그 고생하는 제자들, 그들이 얼
마나 아버님께 은혜와 영광을 받은 백
성인가를,

17 아버님께서 오늘 단 한 줄을 읽고 한
페이지를 들여다봤으며, 하루의 강론
을 들었어도 너희들이 가서 만백성을
구하지 아니하면 아니 된다는 그 말
씀은,
18 아버님이 내리신 그 말씀을 한 번 듣
고 한 페이지를 읽었다 해도, 모든 백
성들이 그만큼 깨달음이 없으며 그만
큼 알지 못하기에 가서 그들을 깨우치
라 하시는 뜻이라 그리 생각되옵나이
다.
19 저희들이 아름답게 생각하는 마음이
저희가 생각할 때는 미비하나, 한 줄
을 읽고 아름다움을 깨달았으면 그것
보다 더 소중하고 귀한 것을 아는 백
성들이 없으니, 그를 깨우쳐 주라 하
시는 것이요,
20 저희들의 온유한 마음이 별것 아닌
것 같으나 저희들의 온유한 마음을
모든 백성들이 따라가지 못하며 바라
보지 못하니,
21 그 온유함이 얼마나 높은가 하여 그를
전해 주고 깨우쳐 주지 아니하면 아니
된다 그리 말씀하시는 것이라 그리 깨
닫고 있사옵나이다.
22 십계명을 지키고 살겠다 저희들이 몸
부림치는 것, 그것이 저희들이 생각할
때는 당연한 것이요, 아무것도 아닌
것이나, 그를 지키고 살아가고자 발버
둥치는 것이 아버님의 은혜에 보답하
는 것이요,
23 아버님의 사랑이 얼마나 크고 위대한
것인가를 나가서 저희들이 가르쳐야
된다는 것을 저희들은 저는 그리 깨닫
고 있사옵나이다.
24 그러니 몇 년씩, 몇 개월씩, 그리고 수
없는 법전을 읽고 깨우치며 강론을 들
은 저희들이 얼마나 높이 가 있으며,
아버님의 사랑과 은총 속에서 있는 백
성들인가, 그 감사한 마음을 생각하니
제 마음이 저려 오옵나이다, 아버님!
25 정녕 아버님께서 하문하신 뜻이 거기
에 있다 저는 생각되옵나이다.
26 저희들의 온유한 마음처럼 모든 백성
들이 온유하지 못하며, 저희들이 사랑
하는 것만큼 그 백성들이 사랑함이 없
으며, 저희들이 베풀고자 하는 것만큼
그들이 베풀지를 못하며, 저희들이 아
름답게 살고 역사하는 것만큼 그들이
하지 못하기에,
27 그것이 단 한 권의 책을 읽은 사람이
요, 한 줄을 읽고 깨우친 사람이요, 단
한 번의 강론을 듣고 깨우친 백성이라
해도 그들이 저희를 따라오지 못하며,
한 번 들은 백성을 따라오지 못하며,
28 그들과 세상사의 차별화가 너무나 크
고 너무나도 높다는 것을 아버님께서
저에게 깨우쳐 주시는 것이며, 만백성
에게 전하도록 그리 하문하신 것이라
그리 생각되옵나이다."
29 사랑하는 나의 아들아, 그러하니라.
30 단 한 줄을 읽고 한 권의 책을 읽고 한
번의 강론을 들어서 너희들 마음이 온
유하며 아름답게 변한다면, 그 마음을
그들이 알지 못하기 때문에 그 손에
쥐여 주라 함이니라.
31 너희들이 베푸는 마음이 너희들은 아
무것도 아니라 하나 너희들이 베푸는
만큼 그들이 모르니,
32 그들의 손에 쥐여 주고 전해 주지 아

니하면 그들이 변화될 수 없고 깨우칠 수 없기 때문이니라.

33 그러니 하나서부터 만 가지까지 너희들이 변하고 깨달은 것을 그들이 모르기 때문이니라.

34 그러니 모르기 때문에 내가 전해 주라 하는 뜻을 네가 그리 알면 될 것이니라.

35 사랑하는 나의 아들아!

36 그리하여 너희들이 법전을 전하고 만백성을 인도하는 데 너희들이 기다리지 말며 주저하지 말라 함이 여기 있느니라, 사랑하는 나의 아들딸들아!

10,881 번째 하나님 말씀

2004년 5월 3일 09시 52분

1 사랑하는 나의 아들아!

2 "네, 아버님! 말씀하옵소서."

3 하늘 높이 날아가는 그 기러기가 떨어지기를 바라고 소원하는 마음으로 하늘을 바라보며 기러기가 떨어지길 바란다면, 과연 기러기가 떨어지겠느냐?

4 그는 결코 네 앞에 떨어지는 그와 같은 일은 없을 것이니라.

5 너희들이 노력하지 아니하고 무엇인가를 얻으려 하는 것이 그와 같은 형국이지 않더냐?

6 그러니 지금 너희들이 믿음의 길을 가는 그 백성들이요, 그리고 종교 집단에 속해 있는 모든 나의 백성, 너희들이 노력을 하여 무엇을 얻으려 하는 것을 하지 아니하고,

7 그것을 말로써 모두를 다하며 노력은 말로써 하며, 그리고 너희들이 말로써 모두를 이루고 거두고 이루려는 그와 같은 형국으로 오늘의 종교 집단이요, 너희들이 그리되었음이니라.

8 그러니 그것이 바로 타락한 것이요, 잘못되었다 함이니라.

9 더욱이 너희들이 날아가는 그 기러기가 떨어지도록 아무리 소원하고 빌고 빌어도 떨어지지 아니할 것이며, 말로 떨어지라, 떨어지라 소리를 지른들 그것이 떨어지겠느냐?

10 결국 떨어질 수 없는 것이니라.

11 그보다도 더한 것이 지금의 종교 집단이요, 그리고 그 믿음이라는 길을 가는 백성들이 울고불고 소리 지르는 것이 그 형국이니라.

12 하늘에 오르는 길이요, 천국에 오르는 것이 얼마나 힘들고 어려운 길인가를 알겠느냐?

13 날아가는 철새가 떨어지기를 바라는 것보다도 더 어렵고 힘든 것이 하늘에 오르는 길이니라, 사랑하는 나의 아들딸들아!

14 그러니 너희들이 행함이 없이 말로써 모두를 이루며 말로써 역사하고자 울고불고하는 것이 얼마나 어리석은 것이고 잘못된 것인지 알겠느냐?

15 나 여호와가 하늘의 진리가 끝이 없으며 내가 너희들에게 내릴 것이 한이 없다 하였음이니라.

16 그러니 내가 나의 아들이 살아있는 한, 나의 아들이 존재하는 한 그를 위하여 우선 내가 160권의 법전을 세상에 내려보내니,

17 이것 또한 기본이요, 근본이 되는 것이니, 이걸 기초로 하여 너희들이 하

늘에 오르는 그 길을 보도록 하고 깨
우치고자 함이니라.
18 그러니 나의 아들을 따르는 제자들이
요, 그리고 나의 법전을 읽고 깨우친
백성, 너희들은 모든 지금 종교 집단
에 속해 있는 백성들이 행함은 없이
말로써 나의 아들 예수를 믿기만 하
면 저희들이 구원에 오른다 하니,
19 날아가는 철새를 보고 너희들이 떨어
지라, 떨어지라 소리 지르면 떨어진다
말하는 자들이니라.
20 그러니 너희가 그것을 화살로 쏘아
그를 떨어트리려는 그 수고는 하지
아니하며 그는 엄두도 내지 아니함이
니라.
21 화살로 쏘아서는 올라갈 수 없고 맞
을 수도 없으니 쏘지 말라 하는 그와
마찬가지로 너희들은 결국 그와 같이
가는 믿음이니라.
22 그러나 너희들이 날아가는 그 철새도
너희들이 화살을 쏘아 그를 맞추려 노
력하지 아니하면 결코 너희들은 그와
같은 생각도 할 수 없는 것이니라.
23 그러니 지금의 믿음의 길을 가는 그
모든 종교 집단이요, 지도자들이 말로
써 그와 같이 소리 지르고 울고불고하
는 것이니,
24 과연 그들은 결코 갈 수 없다는 것이
며 얻을 수 없다 함이 내가 가르침이
니라.
25 그러니 이와 같은 뜻을 그들에게 전하
여, 그들이 더 이상 지금 환상 속에,
착각 속에 헤매지 말고,
26 저희들이 그를 잡으려 또 떨어트리려
하며 그 노력하는 모습이요, 노력하는
자,
27 그리고 너희들이 나에게 오르는 구원
을 받고자 한다면 행함이 우선이요,
너희들이 실천하여 너희 자신의 악습
을 버리고 마음을 곱게 천사와 같이
다스리는 훈련을 하며, 그리고 너희들
이 행함에 있어서 한 점의 부끄러움이
없는 그와 같은 삶을 살도록 그리하라.
28 그것이 바로 너희들이 나에게 오를 수
있는 길이요, 구원이요,
29 나의 아들 예수의 보혈로써 그저 믿기
만 하면 구원받는다는 것은, 이것은
절대 있을 수 없다는 것을 그들에게
전하여, 그들이 지금이라도 깨우치도
록 그리하라.

10,882 번째 하나님 말씀

2004년 5월 3일 10시 04분

1 사랑하는 나의 아들아!
2 "네, 아버님! 말씀하옵소서."
3 모든 종교 집단이요, 지도자와 신도들
이 가는 그 믿음이, 날아가는 철새를
보고 떨어지라 떨어지라 너희들이 그
리 소리 지르는 것,
4 그리하면 떨어진다 생각하고 떨어지
는 것처럼 믿는 것이 너희들의 오늘
의 믿음이라 그리 내가 너희들에게 전
하지 아니하였더냐?
5 그 어리석은 믿음에서 벗어나며 그
어리석은 믿음에서 깨어나지 아니하
면 결코 아니 된다 내가 너희들에게
그리 말하였느니라.
6 모든 믿음의 길을 가는 것이 하나서부
터 백 가지까지 너희들이 그런 형국

으로 그러한 형태로 흘러왔음이니라.
7 그러나 내가 나의 아들 예수를 통하
여 너희들에게 역사하고자 하는 것은
무엇이더냐?
8 너희들이 행하고 실천하는 것, 거기에
서 너희들이 모든 답을 얻을 수 있는
것이라 하였거늘,
9 그와 같은 것은 관계없이 그저 말로써
떨어지라 하면 철새가 떨어진다고 믿
는 것처럼, 말로써 구원을 받았다 생
각하면 구원받은 것처럼 너희들이 그
리 생각하는 백성이니,
10 오늘의 종교 집단이요, 지도자와 신도
들이 얼마나 어리석고 잘못된 믿음으
로 가고 있느냐?
11 너희들은 구약과 신약이 너희들에게
가르치며 너희들을 깨우치는 것만을
너희들에게 내려보냈다 생각할 것이
니라.
12 그러나 내가 구약과 신약에 너희들에
게 전하는 것은 바로 너희들이 어찌
살아가야 되며 어찌 행해야 될 것인
가, 그 경고의 뜻이 거기 있음을 너희
들은 알아야 될 것이니라.
13 너희들은 그를 믿고 그와 같이 행하고
살아가는 것이 구약과 신약이요, 나의
아들 예수가 와 역사한 것이 아니라,
14 그 모두가 너희들에게 내려진 경고임
을 알아야 될 것이니라.
15 너희들이 내가 내린 경고를 무시하고
어찌하여 너희들 자신을 지켜 갈 수
있단 말이던가?
16 그러니 구약과 신약은 너희들에게 내
려 준 경고이기에, 그를 너희들이 지
키고 행하지 아니하면 아니 되느니라.
17 나의 십계명 또한 그러니라.
18 너희들에게 지키라 하는 것이요, 너희
들이 잘못하기에 바로 살라 하는 것이
요, 그 모두가 따지고 보면 내가 너희
들에게 내리는 엄격한 경고임을 너희
들이 알아야 되거늘,
19 어찌하여 그 경고를 듣지 아니하고 너
희들이 그리 살아갈 수 있으며, 너희
들이 나에게 오를 수 있다 생각하느냐?
20 경고를 무시하는 백성 너희들은 결코
나에게 오를 수 없으며, 그와 같은 믿
음으로써 너희들이 나에게 역사할 수
없음을 알라.
21 내가 너희들에게 말하기를, 날아가는
철새요, 기러기를 보고 네 앞에 떨어
지라, 떨어지라 하면 떨어진다 하는
것이 바로 무엇이더냐?
22 내가 구약과 신약에 기록해 놓은 모
든 내용의 그 경고의 메시지를 너희들
이 두려운 줄 모르며 무서운 줄 모르
며,
23 그를 가지고 너희들이 깨우쳐 바른길
로 살아가는 그와 같은 것을 저버리고
가는 자들이기에, 경고를 무시하는 자
들임을 너희들은 알아야 될 것이니라.
24 너희들이 구약의 시대의 경고를 모르
며 그것을 무시하면 구약의 시대와 같
은 삶을 살 것이며, 너희들이 그와 같
은 짓을 할 것이니라.
25 우상을 만들고 너희들이 다른 신을 놓
고 경배하는 자요, 신약의 시대를 너
희들이 또한 경고의 그 무서움을 모르
고 두려움을 모른다면,
26 너희들은 나의 아들 예수를 못 박아
죽게 하는 그와 같은 전철을 그대로

밟을 것이며 그 짓밖에 할 수 없는 것
이 너희들임을 알라.
27 내가 내린 구약과 신약의 모든 계명이
경고임을 그 무섭고 두려움을 너희들
이 알지 못하면 아니 될 것이니, 그 전
철을 밟지 아니하려거든 너희들이 나
의 모든 메시지가 경고임을 알라.
28 내가 지금 마지막 시대에 내리는 나
의 법전도 너희들이 하늘에 오르는 기
초요, 기본을 깨우쳐 주는 것이라 하
나, 너희들이 이 모두는 경고임을 알
라.
29 그리하여 내 명령을 어기는 자 그 대
가를 용서치 못한다 했듯이,
30 너희들은 모두를 경고로 받아들이며,
그 경고를 받아들여 너희들이 변화되
는 삶을 살지 아니하며 그대로 따라
행하지 아니하면,
31 결국 너희들은 지난 역사의 전철을 밟
는 그것밖에는 더 이상 벗어날 수 없
는 것이니라.
32 그 죄의 행위를 너희들이 할 수밖에
없는 것이 너희들의 운명이 아니더냐?
33 예수를 못 박는 그와 같은 죽음을 너
희들이 역사했던 것, 그 전철을 그대
로 밟으며 그대로 행하는 것이 지금
너희들이며,
34 그 순리에 도달하고 있는 것이 오늘의
믿음의 길을 가는 집단의 모든 백성이
요, 신도들이요, 지금 너희들이 구원
을 받았다 말하는 자들이 아니던가?
35 그러니 내가 나의 아들을 통하여 내리
는 160권의 이 새로운 성경이요, 이를
가지고 이단이요, 사탄이라 하여 이가
세상에 덮어 나갈 때 너희들은 지난날
의 전철보다도 더 무섭고 사악한 방법
으로써 환란을 이룰 것이며 핍박을 할
것이니,
36 그러니 너희들이 바로 경고를 모르며
하늘의 지혜를 얻지 못하는 백성들이
기 때문이니 그리 알라.
37 저희들이 그저 날아가는 기러기를 떨
어지라 소리만 지르면 떨어질 것을,
부득이 너희들이 그를 쏘아 떨어트리
는 수고를 하지 말라 하니,
38 그 수고함이 괴롭고 그것이 고통스러
움이니, 그와 같이 수고로움을 하여
얻는다 하는 정답을 가르치는 자를 너
희들이 짓밟고 핍박하는 것이요,
39 너희들이 지금까지 오는 믿음이요, 믿
음의 길을 가는 백성들이 그와 같은
형국으로써 얼룩진 역사의 세월만 흐
르게 하였음이니,
40 그 전철을 또다시 밟으려 하는 것이
너희들임을 알라 그리 전하라.

10,883 번째 하나님 말씀

2004년 5월 3일 10시 08분

1 사랑하는 나의 아들아!
2 "네, 아버님! 말씀하옵소서."
3 너를 따르는 제자들이요, 나의 법전을
읽고 거듭나고자 하는 백성, 너희들은
알아야 될 것이니라.
4 너희들이 죽어 나에게 왔을 때 정녕
내가 너희들에게 '수고했노라!' 하는
그와 같은 말 한마디를 듣는 그와 같
은 삶을 살지 아니하면 아니 됨을 너
희들은 그리 전해 주도록 하라.
5 그와 같은 말을 들을 수 있는 백성이

되지 아니하며 그와 같은 말을 들을
수 있는 너희들이 되지 아니하면 아니
된다는 것을 전하라.
6 오늘의 삶을 너희들이 그와 같은 방향
에서 살지 아니하면 결코 아니 됨이니,
7 과연 너희들의 마음이요, 너희들의 행
동이요, 살아가는 것이 무엇이더냐?
8 만백성을 구하는 그 대명을 받은 자들
이요, 귀하고 귀한 나의 새로운 성경
이요, 그리고 나의 아들을 통하여 내
리는 강론이요, 그 모두를 듣고 깨우
치는 너희들이 과연 얼마나 깨우치고
얼마나 변했는가?
9 흔들리는 갈대라는 것처럼 너희들이
흔들리는 마음은 과연 아닌가?
10 너희들이 수시로 흔들리는 자, 그것이
네 마음의 변함이요, 네 마음의 본성
이니라.
11 내가 너희들에게 두마음의 흔들리는
마음을 가져서는 아니 된다 하였거늘,
12 너희들은 아직도 그 기초요, 근본도
벗어나지 못하여, 흐린 날씨와 맑은
날씨가 있듯이 너희들의 마음이요, 행
동함이 그리 흔들려서는 결코 아무것
도 이룰 수 없는 것임을 너희들은 알
아야 될 것이니라.
13 너희가 죽어 나에게 왔을 때, 그러한
말을 들을 수 있는 그 일을 하고 또 해
도, 너희들이 천 번 만 번 그와 같은
역사를 이룬다 해도,
14 너희들이 단 한 번의 실수요, 단 한 번
의 잘못을 했을 때, 너희들이 그 말을
들을 수 없는 것이 하늘의 법도라 그
리 무섭게 내가 가르치고 전했거늘,
15 너희들이 아침저녁으로 변하는 그와
같은 마음 자세로 살아간다면, 과연
그러고도 너희들이 나에게 와 내가
'정녕 수고했노라, 나의 아들딸아!' 그
말을 너희들이 들을 수 있다 생각하는
가?
16 어찌하여 너희들이 나의 법전을 믿으
며 나의 아들을 따라 한 길을 가는 자
들, 너희들이 아침과 저녁으로 변하는
그와 같은 마음의 형태를 가지고 있다
면,
17 그것이 너희들이 나에게 오를 수 있는
길이요, 나로부터 수고했다는 말을 들
을 수 있다 생각하느냐?
18 결코 들을 수 없음이니 그리 알라.
19 날씨가 흐리고 개는 것처럼 마음이
동요되어서는 아니 됨이니라.
20 너희들이 나에게 오를 수 있는 길이
요, 나에게 '수고했노라!' 그 말을 들
을 수 있는 그 길을 오고 또 달려온다
해도, 너희들이 한두 번의 실수로써
그 말을 들을 수 없으며 나를 보지 못
한다 하였거늘,
21 너희들이 아침저녁으로 변하는 그와
같은 마음을 가지고, 이중적인 마음을
가지고 그 말을 들을 수 있다 생각하
느냐?
22 그러니 나의 아들을 따르는 제자 그들
에게 너는 전하라.
23 너희들이 나에게 와 '정녕 수고했노
라!' 그 말을 들을 수 있는 삶을 생각
해서 살 것이며, 생각해서 깨우칠 것
이며, 생각해서 너희들이 그 길을 오
라 그리 전하라.
24 나는 모두를 너희들에게 예비시켰으
며 모두를 다 주었음이니라.

25 내가 그들에게 가르쳐 주지 아니하였
더냐?
26 나는 빈 껍데기요, 나 여호와는 아무
것도 줄 것이 없는 나라는 것을.
27 그러니 너희들이 어찌해야 될 것인가
를 스스로 노력해서 찾고 이루라는 뜻
이라는 것을 잊지 말라, 사랑하는 나
의 아들딸들아!

10,884 번째 하나님 말씀

2004년 5월 4일 06시 16분

1 사랑하는 나의 아들아!
2 "네, 아버님! 말씀하옵소서."
3 너희들이 살아가면서 세월과 시간의
지배를 받고 살아가는 백성과, 세월과
시간을 다스리고 통제하는 그와 같은
백성의 삶이 있음이니라.
4 그러니 나의 아들을 따르는 제자들이
요, 법전을 만드는 백성들이요, 그리
고 이를 읽고 깨우친 백성, 너희들은
시간과 시대를 지배하며 시간과 공간
을 지배하며 다스리는 그와 같은 너
희들의 삶을 살아야 됨을 잊어서는
아니 될 것이니라.
5 너희들이 시간에 끌려가는 그와 같은
삶을 살아서는 아무것도 이룰 수 없는
것이니라.
6 스스로 너희들이 기쁜 마음으로써 노
력하는 자는 똑같이 흘러가는 시간과
그 공간의 모두를 다 다스리고 살아
가는 백성이요,
7 게으른 자, 그저 마지못하여 살아가는
그와 같은 삶을 사는 자는 시간에 끌
려가는 그와 같은 삶을 사니, 도살장
에 끌려가는 짐승과 같은 삶을 사는
것과 무엇이 다르단 말이더냐?
8 그러니 너희들은 시간과 공간 모두를
다 지배하는 삶으로 살지 아니하면 아
니 됨이니라.
9 스스로 즐겨서 하는 것, 스스로 찾아
서 하는 것, 스스로 하고자 하여 노력
하는 것, 그리고 스스로 계획에 의하
여 역사하는 것,
10 그와 같은 너희들의 삶을 사는 것은
모두를 너희들이 다스리고 지배하는
삶이요,
11 그렇지 아니한 삶은 너희들이 지배를
받는 삶이라는 것을 잊지 말도록 그리
하라.
12 내가 너희들에게 뭐라 말하였느냐?
13 이 세상에 살아가면서 밝고 명랑한 모
습이요, 샛별과 같이 아름다운 모습으
로 살라 하지 아니하였더냐?
14 그것은 한 점의 부끄러움이 없는 것이
요, 하늘을 향하여 한 점의 부끄러움
이 없는 그와 같은 삶을 너희들이 살
수 있다 하지 않았더냐?
15 그와 같은 삶을 사는 자는 너희들이
시간과 공간을 다스리는 백성이요, 그
렇지 못한 자는 끌려가는 백성이니,
슬픔과 고통과 괴로움으로써 하루하
루를 사는 그와 같은 삶을 사는 것이
니라.
16 내가 너희들에게 쥐여 준 이 아름다운
세상에 너희들이 소중한 생명의 그 시
간을 어찌 살아가며 어찌 쓰느냐 하
는 것이 얼마나 귀한 것인가를, 이제
나의 아들을 따르는 제자들과 법전을
읽고 깨우친 백성 너희들은 알아야 될

것이니라.
17 내가 너희들에게 다시 한 번 전함이 니, 너희들이 시간과 공간과 이 자연의 모두를 다스리는 그와 같은 부지런하고 계획성 있는 백성이요, 그리고 삶을 아름답게 즐거운 마음으로 살도록 그리하는 백성이 되라.
18 그렇지 아니하면 너희들이 이 세상의 삶이 우울하며 슬픔의 그 세상 속에서 사는 자, 계획이 없는 자요, 노력하지 아니하는 자니,
19 그저 시간이 흘러가는 대로 끌려가는 그와 같은 형국으로 사는 자, 아무것도 찾을 수 없으며 이룰 수 없으며 역사할 수 없으며, 오로지 패배 의식밖에 없음이니라.
20 나의 법전을 만드는 선택된 너희들 또한, 그와 같이 모두를 지배하며 다스리는 삶을 살라.
21 너희들이 끌려가는 삶을 사는 것은 너희들이 바로 나의 법전이요, 새로운 성경을 깨닫지도 못하며 그 의미를 알지도 못하며,
22 또한 이를 만들어 만백성에게 전하는 것도 너희들이 세월만 흘러감이니, 이루어짐이 없음이니라.
23 그러니 너희들이 모두를 다스리고 지배하는 삶을 살라.
24 그러면 시간을 지배하다 보면 너희들이 시간을 함부로 쓸 수 없는 것이요,
25 그 귀하고 소중함을 알기에, 흘러감이 얼마나 부질없는 것이며, 얼마나 귀하고 귀한 것을 너희들이 잃고 사는 것이며, 다스리지 못하고 사는 것인가를 깨닫게 될 것이니라.

10,885 번째 하나님 말씀

2004년 5월 4일 06시 19분

1 사랑하는 나의 아들아!
2 "네, 아버님! 말씀하옵소서."
3 인간 세상의 구조요, 그 흐름이 무엇이더냐?
4 권력 있는 자, 재물 있는 자, 능력 있는 자, 큰소리치며 제 목소리를 다 내고 사는 것이 이 세상의 삶이 아니더냐?
5 없고 가난한 자, 남의 눈치를 보며 남의 지배를 받으며 살아가며, 너희들 말대로 어깨 한 번 펴지 못하고 사는 것이 이곳 세상에 너희들 세속의 삶이 아니더냐?
6 그러니 너희들이 나에게 오르는 길이요, 만백성을 사랑하며 평등하며 자유로운 백성이라는 종교 집단이요, 교회 안에서 목에다 힘을 주고 힘을 주지 않는 그와 같은 백성으로 분류되는 현상이 있다면,
7 과연 그것이 나에게 오르는 길이요, 하늘에 오르는 길을 인도하는 장소라 그리 말할 수 있단 말이더냐?
8 돈 있는 자, 헌금을 많이 내는 자는 목소리가 커지며 제소리를 다 내고 살며,
9 그리고 헌금을 내지 못하는 자는 말없이 남의 눈치만 보고 그저 왔다 가는 그와 같은 장소가 오늘의 너희들의 교회요, 성당이요, 성막이요, 법당이라 너희들이 그리 말한다면,
10 과연 이것이 너희들이 나의 백성을 구하는 천국의 길을 안내하는 장소요, 선택된 장소라 말할 수 있으며, 나로

부터 명반은 목자가 지배하며 다스리
는 장소라 말할 수 있는가?
11 이것이 내가 잘못되었다 함이니라.
12 그와 같은 한 가지만 보더라도 너희들
이 지금 가고 있는 교회요, 성당이요,
성막이요, 모든 종교 집단이요, 지도
자가 현실적인 문제요, 현실적인 것에
너희들이 얻고 잃는 것으로써 모두를
평가하는 그와 같은 타락된 믿음 속에
서 허덕이니,
13 거기는 참진리요, 아름다운 빛이 없음
을 내가 너희들에게 알려 줌이니라.
14 너희들이 혼탁한 자요, 그리고 재물에
의해서 사람이 평가를 받으며, 능력
있는 자와 없는 자를 차별하는 그와
같은 속에서 사는 것이 오늘의 종교
집단이요, 너희들이 하고 있는 행위라
면,
15 과연 너희들이 말하는 거기서 빛과 소
금이 될 수 있는 것이 있는가?
16 빛과 소금이 될 수 있는 것이 거기는
없음이니 그리 알라 전하라.

부 록

【하나님께서 가르쳐 주신 운동】

천재지변이 일어날 때, 동물이나 미물들은 미리 알고 대피하지만, 인간은 알지 못하고 큰 화를 당합니다. 하나님께서 인간에게 가장 높은 지혜를 주시고 완벽하게 창조해 주셨기에 동물들보다 더 잘 알 수 있지만, 욕심으로 마음이 혼탁해져서 한 치 앞을 보지 못하는 것입니다.

마찬가지로, 인간은 누구나 스스로 필요한 운동을 해서 건강을 지킬 수 있도록 하나님께서 만들어 주셨습니다. 우리의 머리에서 우리 몸에 필요한 동작을 해 달라고 끊임없이 신호를 보내지만, 인간이 혼탁하게 살아서 그 신호를 알아채지 못합니다. 그러니 자연스럽게 자기 몸이 원하는 그 신호를 따라서 운동하는 것이 하나님께서 가르쳐 주신 운동 방법입니다. 바로, 우리의 영이 육을 이끄는 운동입니다.

▶ 하나님 운동법

1. 눈을 감고, 발을 어깨너비로 벌리고 바르게 선다.
2. 몸에 힘을 풀고, 허리를 숙이면서 손과 머리를 아래로 내린다.
3. 허리를 펴고 싶을 때, 천천히 펴면서 하고 싶은 동작을 하면 운동이 시작된다. (사람마다 다르다.)
4. 멈추지 말고, 어떤 동작이든지 자기 몸의 느낌대로 계속 이어서 한다.

▶ 참고 사항

① 눈을 감은 상태로 아무 생각 하지 않고, 자기 몸의 느낌대로 움직입니다.

② 마음을 비우고, 욕심을 버리고, 지난날의 잘못을 반성하면서 몇 차례 시도하다 보면, 자기도 모르게 하고 싶은 동작이 끊임없이 생깁니다.

③ 운동 장소는 방 안이든 운동장이든 관계없으며, 걷거나 달리고 싶을 때는 눈을 떠도 됩니다.

④ 매일 40분 이상, 주 4회 이상, 3개월 이상 하면 음식 조절에 들어갑니다.
- 음식으로 생긴 병은 음식으로 치료하게 되며, 어떤 음식을 먹어야 하는지 스스로 알게 됩니다.
(자기 몸에 필요한 음식만 먹고 싶어집니다.)

⑤ 사랑하는 사람과 함께 운동하면 서로 치료해 주기도 합니다.

⑥ 운동을 하다가 몸의 어느 한 부분을 계속 손으로 자극한다면 그쪽에 이상이 있는 것이니, 의사에게 상담을 받고 적절한 치료를 받으면 됩니다.

⑦ 다이어트 및 기타 건강관리에 효과적입니다.

⑧ 꾸준히 운동하여 영이 맑아지면, 자신의 과거와 미래를 스스로 보게 됩니다.

누구나 스스로 하실 수 있습니다.

간 행 사

《새로운 성경》은:

· 새로운 성경은, 하나님께서 선량하고 선한 자를 선택하여 십계명을 암송하도록 하시고, 십계명을 암송한 다음에 음성으로써 들려주시는 말씀을 듣고 그대로 카세트테이프에 녹음해서 받아쓴 책입니다.

· 90분짜리 녹음테이프 700여 개에 달하는 말씀으로, 1999년 8월부터 2004년 7월까지 총 160권(권당 288쪽)을 완성하였으며, 그 이후에도 현재까지 계속 말씀을 내려 주고 계십니다.

· 새로운 성경은 "하늘을 두루마리 삼고 바닷물을 먹물 삼아 쓰고 써도 다 못 쓴다"는, 끝없이 방대한 하나님의 말씀이 두루마리로 직접 내려오는 것입니다. 이러한 새로운 성경은 구약과 신약을 폐하려는 것이 아니라 "인봉된 성서의 비유의 뜻"을 상세히 설명하여 완성하고자 하나님께서 직접 내려 주신 말씀입니다.

《새로운 성경》의 구성:

· 제 목: 2013년, 160권 모음집을 발간하면서, 본 도서의 제목을 "하나님! 말씀하옵소서"에서 《새로운 성경》 으로 명해 주셨습니다.

· 단행본: 각 권당 288쪽(신국판) 책이 160권까지 시리즈로 출판됩니다.
(모음집은 단행본을 16권씩 묶어서, 총 10부로 구성됩니다.)

《새로운 성경》의 성경적 근거:

· 신약 성경 [요한복음] 16장 13절에 "진리의 성령이 오시면 그가 너희를 모든 진리 가운데로 인도하시리니 그가 자의로 말하지 않고, 오직 듣는 것만을 말하며" 하신 말씀처럼 하나님의 음성을 들은 것만 기록하였으며,

· "장래 일을 너희에게 알리시리라" 하신 말씀과 같이 개인, 나라, 인류의 "장래"일을 하나님께서 알려 주시는 것만 기록하여 책으로 만들었습니다.

《새로운 성경》의 기록 방법:

· 1999년 8월부터 하나님께서 저에게 들려주시는 음성을 기록하였습니다. 처음에는 제가 들은 말씀을 불러 주면 저의 아내가 기록하여, 2000년 1월 29일에 1권 초판이 세상에 나왔습니다. 2000년 4월부터는 주시는 말씀을 받아 녹음기에 기록하기 시작하였습니다.

· 녹음을 시작하면서 하나님의 말씀을 받는 데 가속도가 붙었고, 2001년 5월 3일에 1부(1~16권까지)를 인쇄하여 출판하였으며, 2004년 7월까지 총 160권 분량의 말씀을 받아 기록하였습니다.

하나님께서 저에게 주신 것은:

· 첫째, 만백성을 상대로 내려 주시는 "기도", 둘째, 수시로 내려 주시는 "묵상", 셋째, 개인의 과거, 현재, 미래를 알려 주시는 "개인 기도", 넷째, 개인의 건강을 위해서 내려 주시는 "음식 처방", 다섯째, 하나님께서 가르쳐 주신 "운동"등이 있습니다. 이 중에 첫 번째, "기도"를 책으로 편찬하였습니다. 사람의 생사, 개인의 미래에 관한 천기는 수록하지 말라 하셨습니다.

강론 안내:

· 하나님께서는 지금도 매일 저에게 새로운 하늘의 비밀의 말씀을 내려 주고 계십니다. 수시로 내려 주시는 말씀을 정리해서 제자를 육성하라는 말씀에 따라 매주 강론을 하고 있습니다. 누구나 무료로 들으실 수 있습니다. (book160.com)

《새로운 성경》을 읽는 분들에게 드리는 선물:

· 개인 기도: 개인의 과거, 현재, 미래에 관하여 말씀을 내려 주십니다.

· 음식 처방: 사람은 음식을 먹고살다가 건강을 잃으니, 음식과 운동으로 건강을 되찾는 방법을 알려 드립니다. 단, 하나님이 계심을 믿고, 십계명을 지키겠다고 진실로 서약하는 분들께 알려드립니다.

《새로운 성경》의 은혜와 기적:

· 새로운 성경 전160권은 16권씩 묶어서 총 10부의 모음집으로 구성됩니다. 모음집 한 부를 읽고 깨우치는 자에게 하나님께서 다음과 같은 기적이 있다고 하셨습니다.

· "첫째, 그가 죽어 하늘에 갔을 때 그의 죄를 묻지 아니하며, 구원을 받는 위대한 은혜가 있으며, 둘째, 그의 소원과 소망이 이루어지고, 셋째, 죽은 자(부모, 형제, 자식, 사랑하고 은혜 입은 분)의 이름으로 구입한 책을 읽고 누군가 한 사람이 깨우칠 때, 그 죽은 자가 지옥에서 천국으로 구원을 받게 되며, 넷째, 유산, 중절 수술 등으로 태어나지 못한 아이를 위하여 구입한 책을 보고 한 명이 깨우쳤을 때, 그 아이가 사람으로 다시 한 번 태어나는 은혜를 받는다."

· "새로운 성경"을 3회 이상 정성을 다해 정독하는 자, 성서의 비밀을 알게 되고, 세상의 이치를 알게 되며, 세상을 지배하고 통제할 수 있는 지혜를 다 얻게 된다고 하셨습니다. 이 책은 만백성이 정독하고 이웃에게 전하여, 평생 가슴에 묻은 슬픔과 고통의 짐을 벗고 미래를 위한 힘찬 삶을 살아가도록 하는 책입니다.

끝으로

· 하나님께서는 흰 눈이 세상을 덮듯이 새로운 성경을 온 세상에 전하라고 하셨습니다. 《새로운 성경》 을 각국어로 번역해서 온 인류에게 구원의 길을 깨우쳐 주고, 그 수익으로 가난하고 어려운 백성을 구제하여, 만백성의 영과 육을 함께 구원하는 선지자의 임무를 수행하라고 저에게 명하셨습니다.

· 하늘에서 내려 주신 말씀의 보화를 만백성에게 나누어 주는 것이 선지자의 임무라고 하셨습니다. 새로운 성경을 통해서 얻는 재물을 사용할 곳도 하나님께서 일일이 명해 주십니다. 모든 재물은 저의 자의로 쓸 수 없고, 하나님께서 명하시는 대로만 쓰여집니다.

· 어떤 명분으로든 십일조나 각종 헌금을 거두어들이지 말라 하셨으며, 국내뿐 아니라 각국에 성전과 단독 서점을 운영하며, 한국의 많은 젊은이들을 전 세계에 지도자로 내보내라고 하셨습니다.

· 우리는 세계적으로 새로운 성경을 보급하며 어려운 이들을 돕는 역사를 해 나갈 것입니다. 지금까지 비록 몇 명 안 되는 제자들과 함께 이러한 일을 역사했지만, 앞으로도 계속 하나님께서 기뻐하시는 일들을 해 나갈 것입니다. 부족한 저희에게 여러분들의 지혜와 성원을 보내 주시기를 바랍니다. 많은 분들의 참여와 도움을 간절히 기다립니다. 감사합니다.

한국어로 내려온 《새로운 성경》 단행본을 출간하며
2016년 4월 10일

발행인 **김 용 철**

한국어로 내려온

새로운 **성 경** · 9부 · 제144권

지은이 하나님 말씀
대역자 김용철

초판인쇄 1쇄 2017년 4월 3일

펴낸 곳 도서출판 하얀마음
등록번호 제 10-2107호 (2001년 2월 14일)
주소 서울시 노원구 덕릉로86길 5, 2층
전화번호 02) 313-1114
팩스 02) 393-5554
전자우편 book160@hanmail.net
편집위원 조나영 김미향 이석교
제작지원 이기종

도서상담 1600-7527
ISBN 978-89-5875-244-8 (04230)
978-89-5875-100-7 (세 트)

값 10,000원
잘못된 책은 구입하신 곳에서 바꾸어 드립니다.

※이 책은 10부로 제작되며, 각 부 16권씩 총160권으로 구성됩니다.※

1부	2부	3부	4부	5부	6부	7부	8부	**9부**	10부
1권	17권	33권	49권	65권	81권	97권	113권	129권	145권
2권	18권	34권	50권	66권	82권	98권	114권	130권	146권
3권	19권	35권	51권	67권	83권	99권	115권	131권	147권
4권	20권	36권	52권	68권	84권	100권	116권	132권	148권
5권	21권	37권	53권	69권	85권	101권	117권	133권	149권
6권	22권	38권	54권	70권	86권	102권	118권	134권	150권
7권	23권	39권	55권	71권	87권	103권	119권	135권	151권
8권	24권	40권	56권	72권	88권	104권	120권	136권	152권
9권	25권	41권	57권	73권	89권	105권	121권	137권	153권
10권	26권	42권	58권	74권	90권	106권	122권	138권	154권
11권	27권	43권	59권	75권	91권	107권	123권	139권	155권
12권	28권	44권	60권	76권	92권	108권	124권	140권	156권
13권	29권	45권	61권	77권	93권	109권	125권	141권	157권
14권	30권	46권	62권	78권	94권	110권	126권	142권	158권
15권	31권	47권	63권	79권	95권	111권	127권	143권	159권
16권	32권	48권	64권	80권	96권	112권	128권	144권	160권